文言經典與文化教學
文化實踐新探

陳曙光　何志恒　施仲謀　主編

中華書局

□ 責任編輯：熊玉霜
□ 裝幀設計：陳玉珠
□ 排　版：陳美連
□ 印　務：林佳年

文言經典與文化教學實踐新探

□
主編
陳曙光、何志恒、施仲謀

□
出版
中華書局（香港）有限公司
香港北角英皇道 499 號北角工業大廈一樓 B
電話：（852）2137 2338　傳真：（852）2713 8202
電子郵件：info@chunghwabook.com.hk
網址：http://www.chunghwabook.com.hk

□
發行
香港聯合書刊物流有限公司
香港新界荃灣德士古道 220-248 號
荃灣工業中心 16 樓
電話：（852）2150 2100　傳真：（852）2407 3062
電子郵件：info@suplogistics.com.hk

□
印刷
迦南印刷有限公司
香港葵涌大連排道 172-180 號金龍工業中心第三期 14 樓 H 室

□
版次
2023 年 4 月第 1 版第 1 次印刷
© 2023 中華書局（香港）有限公司

□
規格
16 開（260 mm×187 mm）

□
ISBN：978-988-8809-81-3

編輯委員會

序　言

　　文言經典語言簡煉，而且盛載古人的智慧和對世界的觀照，是中華民族的瑰寶。隨着祖國崛起和中華文明復興，中國人逐漸建立「民族自信」，不少地區的中文課程都加強文言文元素。2019 年，中國內地教育部推出部編版教材，最大特色就是大量增加文言篇章。2021 年，香港教育局推出 93 篇文言經典篇章，貫穿第一至第四學習階段。學習文言文經典不單能提升語文水平，更能令學生深入認識中國人的思想和文化。此外，文言經典多具有正面和積極的思想，是極佳的生命教育教材，有助培養學生建立正確的人生觀和價值觀。然而，不同的研究均指出學生普遍認為文言經典的文字古奧難懂，而且距離現代社會太遠，內容與生活脫節。學生文言閱讀能力欠佳，也缺乏學習動機，以致文言教學成效未如理想。

　　有見及此，香港教育大學中國語言學系出版《文言經典與文化教學實踐新探》，共收錄了 15 篇各地學者的研究成果，從不同方面探討文言經典的價值以及研究有效的施教方法。例如李子建以現代學術的視角，以多元角度探討《中庸》對生命與價值觀教育啟示；杜若鴻、施仲謀分析詩詞學習與品德情意教育的關係，為文言經典教學增添現代教育意義。梁佩雲研究語文與歷史教育之間的關係，指出兩者有相輔相成的作用；張凌提出以創意、調整、反思和成效的策略教授古詩文，提供可行的教學策略和優秀的示例。羅燕玲和潘樹仁聚焦文言文教學，分別提出以「字源系統識字」和「唱遊畫寫道」等方法學習，值得前線教師借鑒。酈曉穎、蔡沁希以及林善敏、蕭詠珍關注非華語的文言及文化教學，分別為非華語學生設計農曆新年和古典詩歌課堂，協助他們打破文化隔閡，瞭解和欣賞中華文化。亦有學者關注教材與文言教學的關係，張壽洪考察過去半世紀小學教材的演變，發現文言教材有增加趨勢；張燕珠以香港中文課程的建議篇章為框架，分析民國以來書寫香港的作品。

本書涵蓋層面廣闊，所有稿件均經匿名評審，學者關注的重點不同，卻各具灼見，對於推動文言經典的研究和教學不無裨益。

本書得以順利付梓，實有賴各方協助，荷蒙陳國球教授、古川裕教授、劉樂寧教授、孟柱億教授、陶紅印教授、謝錫金教授、信世昌教授、袁博平教授、張洪明教授、鄭國民教授以及本校的李子建教授、鄭吉雄教授及朱慶之教授諸位飲譽國際的學者擔任學術顧問；施仲謀教授、何志恒博士、陳曙光博士擔任主編；復得梁佩雲教授、梁源博士、廖先博士、羅燕玲博士、文英玲博士、謝家浩博士、張連航博士、張壽洪博士諸位同仁評審文稿；李敬邦先生任編務助理，負責排版校對等工作，謹在此一併致謝。

目　錄

從多元角度初探《中庸》
對生命與價值觀教育的啟示

香港教育大學
李子建*

摘要

　　《中庸》是《四書》之一，在一定程度上反映儒家孔子的思想，雖然孔子沒有明確和系統地提出「中庸」的哲學思想，但是他的言行反映「中庸」的特質。筆者選擇《中庸》，其中一個原因是它從傳統儒學和中國文化為「生命教育」所含蘊的「天、人、物、我」理念提供了一些對人生意義的重要啟示，本文也嘗試從跨學科的視角初步探討《中庸》對教育的啟示。

關鍵詞　　　中庸　四書　儒家　生命教育

一、《中庸》的背景及其本義的初步探討

　　《中庸》是《四書》之一，是儒家的重要典籍。王慶光（1999）和不同學者認為《中庸》可能並非一人一時之作，但相傳主要的作者為孔子孫子思，他認為《中庸》的主要貢獻為締構人文價值的本體論（頁 66），並具有下列特點（頁 66；經作者修訂）：(a) 君子慎獨修身，並把德性應用於倫常生活，建立中庸之道（「極高明而道中庸」，第二十七章）；(b) 從祖先祭祀開始繼承孔子「祭神如神在」，在方世豪及劉桂標（2014，頁 128）論及大德者受命得位（《中庸》第十六章），以建立禮樂政刑的合法性；(c)

---

*　李子建，香港教育大學課程與教學講座教授，聯絡電郵：jcklee@eduhk.hk。

從「誠」作為修養施政的動力來源，到「誠」與天地萬物和民生經濟的聯繫（回應誠者「盡物之性」，《中庸》第二十二章；以及第三十二章「唯天下至誠，為能經綸天下之大經」），建立內聖外王之道（頁 66）。

伍振勳（2019）從文本、學說及歷史脈絡分析，推測《中庸》產生於先秦儒學前期（頁 1）。方世豪及劉桂標（2014）指出《中庸》以「誠」為道為核心的觀點，其發源與祭祀禮儀密切有關，「誠」的意思包含了「虔誠」敬慎的祭祀態度，《中庸》十六章所提及的子曰：「鬼神之為德，其盛矣乎！」某種程度上呼應和繼承孔子「祭神如神在」的觀點（頁 128）。此外，主張以祭祀等禮儀活動為中心的禮樂文化，如《中庸》第十九章所言「明乎郊社之禮、禘嘗之義，治國其如示諸掌乎！」和以舜為例指出「故大德者必受命」（第十七章），結合治國和政治倫理（如「文武之政」（頁 30 及頁 38），從而提以「誠」為「道」的修身和「盡其性」（第二十二章）的基礎，值得大家留意（伍振勳，2019，頁 15，17-18）。

「中」的本形本義根據《說文解字》是指有飄帶的旗幟，最早是指一種禮器，以前的皇帝用之以號令四方（鄭基良，1992，頁 109），而其引申義是指中心、中點，亦有假借義為內部或準則。至於「庸」其本形本義是指一種有耳可搖的樂器，後來假借義包括：「用、功、常、不改易、通」等（鄭基良，1992，頁 109）。到了宋代，大儒程伊川認為「中」指不偏於道理的某一方面，而「庸」為恆久不改變的意義，而「中」「庸」分別為「天下的正道」和「天下的定理」。鄭基良（1992，頁 109-113）指出《中庸》的道德哲學包含五種意涵：（1）時中義（時間的恰當性）；（2）位中義（空間、人際關係或職務地位在德位一致的程度）（頁 110 及頁 118）；（3）中和義（喜怒哀樂的處理得體恰當度）（頁 111）；（4）內聖外義（至誠的程度）（頁 112）；（5）天人合一義（天道與人道的貫通性）（頁 112）。此外，鄭基良（1992，頁 122）認為子思以「成聖至誠，德配天地」作為中庸道德哲學目的論的基礎。鄭吉雄（2018）指出儒家繼承了《周易》經文中的一些觀念，例如「中」的觀念，卦爻辭出現「中行」一詞，可解釋為「一國穩定的狀態順利運行、行走」（頁 133）。孔子之前《左傳成公十三年》：劉子曰，吾聞之，民受天地之中以生，所謂命也。」（其後《漢書・五行志中之上》中也有相似段落），鄭教授認為「中」的意思為「天地調和的精髓」。及後孔子也提倡「中庸」的想法，包括調和了夏殷周三代「禮」的損益因革（可見《論語・為政》及《論語・八佾》），也包括「叩其兩端」（《論語・子罕》）的學問求知態度（頁 144）。

《尚書・大禹謨》裏提及「允執厥中」，相傳是堯傳給舜的（見朱熹《中庸章句》），及後舜傳給禹的時候，變為十六個字：「人心惟危，道心惟微，惟精惟一，允執厥中」

（第十三章）（魏承思，2016，頁 018），裏面的「中」，較接近《中庸》的「中」（頁 028）。根據漢代鄭玄對中庸的注解，云：「中庸者，以其記中和之為用也；庸，用也。」（梁偉賢，2017，頁 104。魏承思（2016，頁 027-028）認為中庸的意思為「中和之用」，「中者，體也，和者，用也」（可見袁煥仙《中庸勝唱》）。他引述清氏黃元吉：「聖人之道，中庸而已。中庸之道，順其自然而已。」他認為「率性」、「中節」、「致和」都有相通之意思（頁 51）。

根據鄭吉雄（2013）的分析，子思（中庸作者）的貢獻在於建立儒家的情感哲學，把「喜怒哀樂」與「道」聯繫起來，正如《中庸》第一章指出「喜怒哀樂之未發，謂之中。」與《郭店楚簡‧性自命出》的思想「凡人雖有性，……喜怒哀悲之氣，性也。」在理念上有相近之處（頁 66）。至於「天」的概念，鄭吉雄（2015）為儒家承周朝禮樂思想而建立對「天命」的新注釋，直接宣示人性的崇高，並把人類喜怒哀樂的情感視為德性根據，溯至天道（頁 88）。鄭教授在另一篇《試論子思遺說》（鄭吉雄，2013）上談及《中庸》的「慎獨」，第一章提及「是故君子戒慎乎其所不睹，恐懼乎其所不聞。」闡明「戒慎」和「恐懼」屬於「情感」範疇，與德目結合在一起（頁 68-69），這一方面與生命教育裏的「知、情、意、行」的「情意」有一定的關聯，另一方面，情意與價值觀（儒家則強調仁、中庸則重視誠）互有連結，而受到禮法規條影響的行為也不只是無情的教條規矩，而是含蘊道德性的踐行和回應天道所賦予（和自覺自我修養）的人生意義，邁向天道與人道契合圓滿。

筆者選擇《中庸》，其中一個原因是它從傳統儒學和中國文化為「生命教育」所含蘊的「天、人、物、我」（王秉豪等，2016；李子建，2022a；Lee et al, 2021）提供了一些對人生意義的重要啟示，本文也嘗試從跨學科的視角為廣義的生命教育，即所謂教育是含蘊生命教育（如顧明遠）初步探討對教育的啟示（李子建，2022a；2022b）。

二、《中庸》的首尾呼應

《中庸》首章或第一節可說是總綱，首三句更是精華和子思學派的心法：「天命之謂性、率性之謂道、修道之謂教。」南懷瑾（2015，頁 30）指出「天」是代表「心物一元形而上的義理之天。」而「性」則指「天人之際，人物一元，人生生命本有的自性。」（頁 31）傅佩榮（2013）進一步認為「性」是向善，並需要「擇善固執」（頁 181），《禮運》以「天道，人情」作為綱領，陳章錫（2013，頁 81）指出天道是禮的

形而上依據，禮的制定在於「順承天道，治理人情。」（頁81）「率性之謂道」則具有善惡並具的作用（南懷瑾，2015，頁33）（雖然有向善的傾向），因此要靜思反觀，讓善性不斷發展，以去惡從善和「止於至善」（頁34）。方世豪及劉桂標（2014，頁95）理解「率性」為「人根據道德理想而命令自己」、「率領」自我，連續不斷地修養和實踐，即「盡性」（頁82）。楊伯峻（2020，頁20）則認為「天命之謂性」，使「爭先肯定人的本性是至為善良的」，比孟子的性善觀（善的萌芽）更進一步。

朱熹在他的〈書中庸後〉對於《中庸》三十三章一敘述，首先首章是子思以孔子之意立言，為總綱體要，第二至十一章，是引述先聖的言語作為解釋，十二章為子思之言，第十三至二十章也是引述先聖的話，第二十一章至最後一章，都為子思之言（陳榮開，2004，頁3）。李卯（2020，頁83）認為首三句反映「從生命自然觀的角度回答了教育何以發生，如何發生以及教育發生的基礎」等一系列關鍵問題。

除了首尾呼應的特點外，《中庸》在一些學者看來，天道作為宇宙生命體生命運行，以「生生之道」（周衛勇、曾繼耘，2018，頁102）作為根本機制，根據朱熹的演繹，其《易本義》把「生生」理解為：（一）本體為「一陰一陽」的天道；（二）它是天下萬物運行的基本原理；（三）包含着天道運行不已不息、變化無窮；及（四）天道在人的本性之中，誠的實質為仁，所以人的道德生命的生成為體觀仁，做人做事為仁（頁106）。另一方面，「生生之道」為「成己成人」之道，儒家自求「內聖外王」，內在的價值追求為本，外在價值為末。此外，生生也反映自然生命的繁衍延續，以及道德生命價值的有限性超越。「生生」的概念源自《易傳》，當中提及：「一陰一陽之謂道，繼之者善也，成之者性也。」及「生生之謂易，成象之謂乾，效法之為坤。」（頁105）《中庸》思想對後世，包括宋初儒學方面的影響很大，其中周敦頤（號濂溪）（1017-1073）被視為理學派開山祖師之一，其著名作品《太極圖說》及《通書》等，思想承續《易傳》和《中庸》，指出「太極」的內涵為「誠」，以「無極而太極」的宇宙觀作為「立人極」的基礎，以「誠」作為心性論的最高概念，統合了天道和人道，並由《中庸》的「天命—人性」關係發展至「無極—人極」的心性宇宙（統合）觀（黃秋韻，2013，頁67及頁74）。

三、《中庸》的「誠」

吳怡（1993）指出《易經》文言所云「閑邪存其誠」和「修辭立其誠」與《中庸》的「誠」有一定的關係（第二章），而且「庸言之信，庸行之謹」與《中庸》第十三

章云「庸德之行，庸言之謹」有些相近。她亦指出「忠」、「恕」兩個概念都是具有天人合一和內聖外王的功能（第六章）。此外，吳怡（1993）指出「誠」對西方思想的貢獻不少，包括把「形而上道德化」（第九章）、「把知識化為睿智」（「博學、審問、慎思、明辨、篤行」），包含求知識和使知識為善的取向（第七章）和「由自成而成物」（第九章）等。

周濂溪在其《通書》提及誠（黃宗羲，《宋元學案》，頁 482；《卷十一濂溪學案（上）》30；黃秋韻，2013，頁 75），「誠者，聖人之本」。「大哉乾元，萬物資始」，「誠之源也。」又有「元、亨」，誠之通；「利、貞」，誠之復（《卷十一濂溪學案（上）》30）。《通書・誠上第一》有云：「大哉《易》也，性命之源乎！」，藉着《易傳》的「乾元」概念作為誠之本源，而陰陽變化之易成為性命之源，回應《中庸》的「天命之謂道」，以及「誠者，天之道也，誠之者，人之道也」（第二十章）的核心概念。從《中庸》的誠角度來說，「誠」包含「生生不已，成己成物」（第二十五章）的天地之道，「自誠明」及「自明誠」（第二十一章）的合外內之道（自誠明及自明誠（第二十一章）），以及聖人之道與君子之道（黃秋韻，2013，頁 84-85）。黃秋韻（2010，2013，頁 86-87）透過「主體性參與」和「統合性折衷」去注釋《中庸》及周濂溪的思想。筆者嘗試以圖解去簡化地表示（李子建，2022 年 7 月 14 日）：

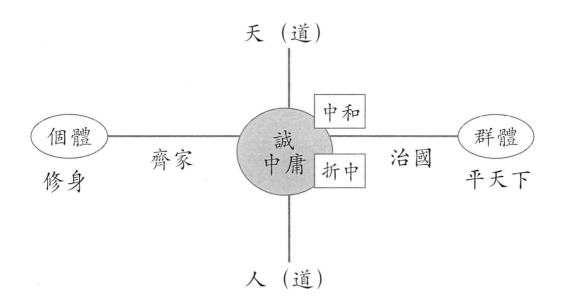

除了「誠」為一切人儒道德的依據外，劉振雄（2011）認為周濂溪進一步以「誠無為，幾善惡」（頁 93）和「誠、神、幾」（頁 94；《卷十一濂溪學案（上）》，38，

44）。就「誠無為」而言，誠的狀態是寂然不動（頁 94），「幾」則處於發動之中，便有善惡之分，而誠作為「五常之本，百行之源」（出自《通書・誠下第二》，2），依誠而產生的功效為「神」（頁 93）。回到《中庸》，第二十章所述：「誠者不勉而中，不思而得，從容中道，聖人也。」，要達致聖人的境界，必須要實踐「擇善而固執」的博學、審問、慎思、明辨、篤行步驟可能達致「誠」的境界或狀態（頁 105 及頁 109）。不過相對於宋儒周濂溪的學說而言，「誠」僅是作為天道呈顯的內蘊之一，當不可直截視為等同（頁 111）。

四、《中庸》、《大學》與儒家思想

《中庸》末章（第三十三章）指出：「知遠之近，知風之自，知微之顯，可與入德矣。」最後一句為：「上天之載，無聲無臭，至矣！」根據于述勝（2018，頁 150）的分析，「知遠之近」至「知微之顯」是有「自外而內，層層遞進」之意涵，並以《大學》與《中庸》相對應如下（經補充和修訂，李子建，2022 年 7 月 14 日）：

	《大學》（方世豪、劉桂標，2014）	《中庸》（方世豪、劉桂標，2014）
齊家	「古之欲明明德於天下者，先治其國，欲治其國者，先齊其家」（齊家、治國、平天下）（第一章）	知遠之近 「君子之道，辟如行遠必自邇」（第十五章）
修身	「欲齊其家者，先修其身」（修身、齊家）（第一章）	知風之自 「修身則道立，尊賢則不惑」（第二十章）
正心、誠意	「欲修其身者，先正其心，欲正其心者，先誠其意」（誠意、正心、修身）（第一章）	知微之顯（第三十三章） 「夫微之顯，誠之不可揜如此夫」（第十六章）
慎獨	「誠於中，形於外，故君子必慎其獨也」（第六章）	「君子戒慎乎其所不睹，恐懼乎其所不聞。莫見乎隱，莫顯乎微。故君子慎其獨也」（第一章）

可見一方面《大學》與《中庸》在部分觀念頗有相通之處，另一方面從「慎獨」結合「誠意」作為《中庸》的核心概念（頁 147），最後以人道與天道相互呼應，感通天下，「無聲無臭」作結（頁 151），回應《中庸》的首句「天命之謂道」。吳凡明（2007，頁 204；2000）也指出「誠是天道與人道的合一」。

《大學》、《中庸》與《淮南子》（高誘，無日期）文句和觀念甚多相近之處（頁

248）。陳鼓應（1995）在《中州學刊》「早期儒家的道家化」也指出：(1)「中和」的哲學觀繼承於道家的思想，例如老子提及「守中」（第五章）、「其中有物」（第二十一章），乃指形而上之道（頁63）；莊子亦提及「環中」、「養中」、「中德」、「中和」等理念。《中庸》的「中和」較接近莊子學説和稷下道家（頁61）。(2)「誠」的道家意涵反映在《莊子》徐無鬼；《漁父》篇云「真者，精誠之至，不精不誠」；《九守》云：「誠暢乎天地，通於神明」；《庚桑楚》「不見其誠己而發，每發而不當」等（頁64）。(3)《中庸》的「道」與《庚桑楚》云：「性者，生之質也。」似乎有點相近，而《中庸》所提及的的「隱微」與《老子》所提及的「道隱無名」（第四十一章），稷下道家《心術上》所云：「道……不遂，與人並處」與《中庸》第一章所言「可離非道」有些相似之處（頁64）。陳鼓應教授（2015）引述錢穆先生在《中庸新義中釋》的文章，認為：「中庸本義，正重在發揮天人合一，此一義亦道家所重視。」（原載香港《民主評論》七卷一期，其後收於《中國學術思想史論叢》）。勞思光先生（1981）在《中國哲學史》（第二卷）也認為：「今中庸持説乃多與淮南相近，則其思想亦當屬於此一儒道混合之階段。」當然這種觀點在儒家思想體系會引起相當的爭議，但是這值得不斷地研究和學術界進一步討論。

《中庸》談天地之道為「生物不測」（第二十六章），而《繫辭上傳》則曰：「陰陽不測之謂神」，「太極」作為「誠」的本體一方面雖然不動，但另一方面亦具能動性，所謂「動而生陽，動極而靜」（出自「太極圖説」）（傅玲玲，2009，頁66），這種想法反映了周濂溪融通《中庸》及《易傳》去討論「誠」的本質（頁64-72）。日本學者淺野裕一認為《五行》文獻（1973年在湖南省長沙馬王堆三號西漢墓出土的帛書；1993年在湖北省荊門市郭店村一號楚墓出土的郭店楚簡）與《中庸》和《孟子》的關係密切，他認為「誠者，不勉而中，不思而得，從容中道」，可理解為「即使不勉強，也能沿着仁→義→禮→智的正確道路進行下去」的從人道開始修身養性的理念（淺野裕一，談仁譯，2017，頁144），值得注意的是修養成為聖人的歷程會表現為「上升→挫折→再上升」的發展過程（頁147）。「仁、義、禮、智」其實是指《五行》所謂之人道，而「仁、義、禮、智、聖」謂之天道（頁153），因此要成德成王，必須從「仁」出發開始（頁156）。

五、跨學科研究與《中庸》及相關思想

謝文郁（2011）從「君子」的概念去分析《中庸》，他指出「誠」傾向涉及「本

性之善」和「善觀念」，分別對應於《中庸》第二十章所言的「孤身有道：不明乎善，不誠乎身矣」中的「明乎善」和「誠乎身」（頁 17）。此外，人（若成為君子）需要概念化「誠」所看到的善，成為「善」之觀念，來引導人的選擇與判斷（頁 17），正如《中庸》所言：「誠之者，擇善而固執之者也」（第十九章），由於人的成長和經歷不斷有變化，因此，人的善觀念（及其行為）是一個不斷自我修養和不斷自我完善的過程（相近於《中庸》所云：「弗措也」，第二十章）。謝文郁（2011）指出「誠」由「言」（當中涉及人的語言和意識／思想）和「成」（成長過程）所組成，而「誠」含蘊着「善觀念」對「本性之善」的領悟、判斷和表述的不斷完善化，即「修身養性」的過程（Xie, 2012, p.98。相對於西方的基督宗教而言，《中庸》沒有「罪人拯救」的概念（頁 19），反之具有「本性之善」，同時有人與天地存在着「善」和「誠」，因此儒家的宗教性可以理解為道德（morality）（Xie, 2012, p.103）。杜維明先生（1989）認為儒學可理解為倫理性宗教（ethico-religion）（Tu, 1989, p.96, Xie, 2012, p.103）。杜氏有主張儒家的宗教性是經由個人的自我超越而展現出來（杜維明，1997，頁 105）。

　　除了哲學歷史和文學研究外，部分學者對「中庸思維」進行心理學研究，其中楊中芳教授（2010，頁 12）建構（中庸實踐思維體系構念圖），包括：（1）生活哲學層次，細分為「看人論事」（感知）、「生活目標」（動機）、「處世原則」（信念／價值）；（2）處理具體個別事件的層面，細分為「擇前審思」、「慮」、「行動策略抉擇」（略）、執行方式（術）；及（3）事後反思層面（頁 13-16 及頁 21），細分為「自我修養提升」及「個別事件改善」。林安梧（2010）則從文化心理學和社會心理學視角，並引用三個層次（「理念層」、「常民層」、「俗流層」）去審視《中庸》理念的實踐（費孝通，2018）。經典《中庸》所論的主要是「理念層」，而《中庸》思維在日常生活中實踐可能較接近「常民層」，甚至部分《中庸》理念的不當運用（例如平均、妥協、庸碌、庸俗、無原則、和稀泥）可能屬於「俗流層」（頁 127-128）。中庸思維所包含的「社會現存規範的制約」（張德勝等，2001，頁 41）與趙志裕（2010，頁 141）所建議的「有設限的主動性（bounded agency）的實踐」（頁 141）頗有相通之處（Chaturvedi et al., 2009）。張仁和（2010）則從西方學者提出的「正觀」（或稱正念／靜觀）和關愛目標的角度探討中庸實踐思維（頁 145）。根據筆者的理解，若個體持守關愛目標，可能會引發第三種自我調節的「暖系統」（Crocker et al., 2010）（頁 149），由自我延展至他人導向（頁 150），有機會透過服務和愛護他人，又若得到正面的回應，逐漸建立動態互惠的良性循環（頁 151）。另一方面，若個人減少自我控制和自我涉及，即少點「我」，多點「我們」（頁 152），由大我與大愛結合，藉着助人和利社會行為，提升自己和他人的幸福感（頁 153）。正如《中庸》第二十章所言，天下通達的路包括

君臣、父子、夫婦、兄弟、朋友，亦如孔子所云的九經（方世豪、劉桂標，2014，頁137-141），使中庸之道得以實現。

六、《中庸》與西方「中道」對生命及價值觀的啟示

西方亞里斯多德（Aristotle）也提出中庸之道（Doctrine of the Mean），其含蘊的意義偏近中間的「中道」。根據亞里斯多德所言：「德性就是中道，是對中間的命中，是最高的善和極端的正確。」（董根洪，2002，頁 21；陳雪麗，2000）。儒家「中庸」與亞里斯多德「中道」都選擇過度和不及中間的「中道」（卜亭亭，2019）。卜亭亭（2019）認為「中道」，是一種適度和適中，人應該堅持「過猶不及」的適度原則，過有德性的生活，才能獲得至善的幸福。亞里斯多德的「中」與《中庸》的「中」都可視為一種關係（彭文林，2012）。亞里斯多德在《尼各馬可倫理學》進一步提出，「勇敢」（courage）是恐懼和自信的中道；「節制」（moderation）是快樂和痛苦的中道temperance）；「慷慨」或「大方」（liberality）是財富的接受與支付的中道（亞里斯多德著，廖申白譯注，2003，頁 48-53）；名譽和不名譽的中道「淡泊」或「寬宏大量」（magnanimous）（鄭基良，1992，頁 115）。此外，在言行和情緒控制上，遵守中道的人表現出溫良和善（gentleness）、誠實（truthfulness）、幽默（humous）和正義（justice）等（頁 116-117）。[(Aristotle, 1955, p.104]（各學者對亞氏的「中道」有不同的解釋譯本，本文參考其中一個版本進行解說，例如鄭基良（1992）的版本）。余紀元（余紀元著，林航譯，2009; Xia, F, 2020）曾對亞里斯多德及《中庸》的學說進行比較如下：

亞里斯多德的中庸	《中庸》的中庸之道
(1) 品格（character）的內部中庸（Mean） (2) 行動（action）和情感（passion）的外部中庸 (3) 實踐內部中庸，達致（或瞄準 aiming to）外部中庸	(1) 中（Zhong）：內部的中庸（Mean） (2) 和（He）：外部的中庸 (3) 庸（Yong）：實踐內部的中庸達致（或瞄準）外部的中庸（筆者所譯）
(Xia, p.368；李子建，2022 年 7 月 14 日)	

余紀元以「射箭」（archery）為例（余紀元著，林航譯，2009，頁 89）去解釋中庸的內外之理。正如《中庸》第十四章所云：「子曰：射有似乎君子，失諸正鵠，反求諸其身。」中西學者的中庸之道亦有一些比較（李子建，2022 年 7 月 14 日）：

亞里斯多德的中庸之道	《中庸》的中庸之道
(1) 中庸（the mean）或中道：品格的狀態（state）作為道德性美德（moral virtue）	(1) 中庸：產生或創造平衡（equilibrium）的過程
(2) 中庸的結果：經選擇後指導美德的行動（virtuous action）	(2) 中庸的創造（creativities），結果：優化（optimizing）環境和諧化的可能性以達致中和（harmony）
(3) 方法：自我修養習慣、實踐實用性智慧（practical wisdom）	(3) 方法：「庸」根據「禮」去培養「禮」（sincerely）；同時透過中庸之道把日常經驗「禮化」（ritualize）
(4) 行動者（agent）：利用理性思辨（rational deliberation）	(4) 行動者：人、天、地三位一體（ternion，三元）（修訂自 Xia, 2020, p.374）

韓國學者張英蘭（Chang Yong Ran, 2018, p.81）指出亞里斯多德的中庸或中道強調「中的」（"hitting the mark"），而儒家《中庸》強調「時中」（"acting at the proper time"）。此外，亞里斯多德的概念限於人的思想和行為，而《中庸》則具備形而上的原理。不過兩者都認為實踐中庸需要不斷努力，而且都觸及人的非理性部分（例如感情）（張英蘭，2018，頁 81、91、95）。董根洪（2002）指出亞里斯多德的倫理學與政治學和法律緊密相連，而且亞氏中道觀強調自願性和意志的自由（頁 25-26），而儒家中庸之道則強調自覺性和道德的責任。

張德勝等（2001）認為狹義的中庸，比較接近亞里斯多德的「中道」，但廣義的中庸則涵蓋了重要的儒家價值和德行（頁 39）。簡單而言，狹義的中庸則有「節制」、「最大化」考慮對方的想法和利益，並以整全觀回應情勢，不斷修訂目標和結果（頁 40-42），不過儒家的中庸仍然以儒家的基本道德原則尋求「恰如其分」的最佳方案（頁 41）。這與課程範式中的實用性範式，強調溝通、對話、協商的課程發展取向有些相近（李子建、黃顯華，1996；李子建，2002）。

七、中庸與生命教育

李卯（2020）是結合《中庸》與教育理念進行詳細分析的學者之一，李卯（2020）認為《中庸》為古典生命哲學思想的教育意蘊提供很多寶貴的思想如下（李子建，2022 年 7 月 14 日）：

中庸的分析度向 （李卯，2020，頁84）	特點
互動結構	「天—地—人」與「人—物—我」
循環（內在邏輯）	「天—命—性—道—教」
生命自然的本源	天命之謂性（第一章）
生命過程的表現	率性之謂道（第一章）
生命實現的路徑	修道之謂教（第一章、二十二章）
生命價值的功能	成己—成物—贊天地之化育（第二十五章）
生命完善的方法	誠明（自誠明，謂之性）（第二十一章） 明誠（自明誠，謂之教）（第二十一章）
生命理想的境界	極高明而道中庸（第二十七章）
生命發展願景	「至誠—盡人之性（不息則久）→盡物之性（徵則悠遠）→贊天地之化育（悠遠則博厚，博厚則高明）→與天地參矣」（不見而章，不動而變，無為而成）（第二十二；二十六章，李卯，2020，頁84及88）

李卯、張傳燧（2018，頁78）進一步闡明《中庸》的生命實現及其教育路徑圖，簡單而言，它包括兩種路徑，「自誠明」，意即「激發內在能動性，讓生命率真自由地展現」，這含蘊人之為人的特性和本質，一方面得到天賦具有善性德性，只要自主自覺自發，有可能自我體悟（頁77），自我完善。另一為「自明誠」，即藉助外在力量激活內在生命的潛質（頁77），這含蘊着學習和教育的重要性（頁78）。李卯、張傳燧（2018，頁76及頁78-79）以圖表示（經修訂；李子建，2022年7月14日）：

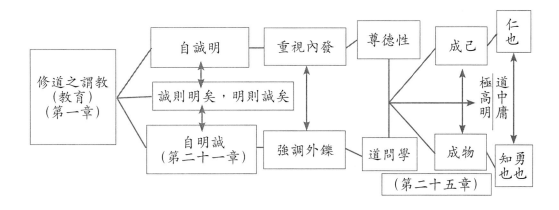

李卯及張傳燧（2016，頁24）認為「天命之謂性」的「天」包括自然之天，人格意義上之人以及主宰之天的三重意思，而「天命之謂性」和「率性之謂道」的「性」

為上天賜予的自然生命，而命則為「天」和「性」的中介（李子建，2022 年 7 月 14 日）。

生命教育的相關思想	特點（《中庸》）（參考李卯及張傳燧（2016，頁 26）（經修訂及補充）
(1) 生命的來源性（頁 26）	生命源於自然，本於自然 例如：「上天之載，無聲無臭，至矣」（第三十三章） 「洋洋乎發育萬物，峻極於天」（第二十七章）
(2) 生命的普遍性（頁 27）	天→命→性（人與萬物透過「盡己之性」） 例如：「萬物並育而不相害，道並行而不相悖」（第三十章）
(3) 生命的目的性（頁 27）	自我生命與他者生命的雙向互動「盡物之性，則可以贊天地之化育」 「可以贊天地之化育，則可以與天地參矣」（第二十二章） 盡性為最大限度地激活和發揮生命的天賦和潛能

從這些角度而言，生命教育是根據天命之性，天所賦予的潛能、才能和向善（或善端），引導自己完成人之所以為人的過程，亦即《中庸》所言的「修道」，達致「至誠」、「盡性」和「性命合一」的聖人境界（頁 29）。如果用人本主義心理學家馬斯洛的話來說，教育是幫助人自我實現發展的途徑之一（頁 29），但用《中庸》的視角而言，這麼「自我實現」是邁向「天」、「命」、「性」的統一，並且包含「誠」的價值取向和其他儒家核心價值（如仁、義、禮、智）。李卯及張傳燧（2015，頁 101）認為《中庸》蘊含着十分豐富的生命教育思想，而其生命教學思想則反映在「尊德性」和「道問學」兩方面（第二十七章），現根據李卯（2014，頁 53）所建議的《中庸》生命教學加以修訂（李子建，2022 年 7 月 14 日）：

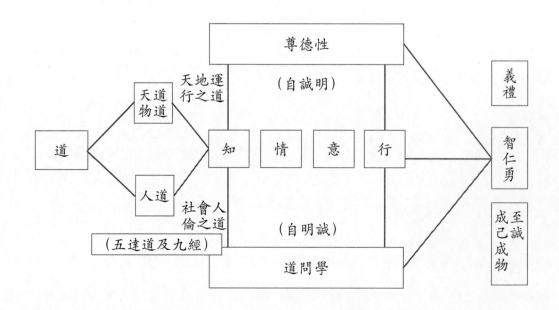

　　值得注意的是，樊華強（2007，頁 44；2010，頁 41）指出《論語》所提及的「道」，多指人倫之道，而天道僅出現於《論語・公冶長》所云：子貢曰：「夫子之言性與天道，不可得而聞也。」但是《中庸》對「天道」的演繹豐富很多，從教育及生命教育的角度而言，其內容包含博大深微的「天道」和「人道」，兼涉科學及人文及宗教祭祀知識，也涵蓋人的自我修養（德性）和通過學問實踐達致「至誠」的境界。

　　就生命及道德／價值觀教育而言，「明誠」正如《中庸》第二十章所提及的「五達道」相關的「忠君、信友、孝親，然後誠身」的順序展開（曾山金、楊琳及肖瓊，2016，頁 82），而「誠明」為內而外透過自我啟動、自我領悟／頓悟和自我調整（頁 81）而達致「至誠」境界（頁 84）。

　　《中庸》既然成為儒家經典四書之一，在一定程度上反映孔子的思想，雖然孔子沒有明確和系統地提出「中庸」的哲學思想，但是他的言行反映「中庸」的特質。正如《論語・雍也》中孔子曰：「中庸之為德也，其至矣乎！民鮮久矣。」。于建福（1991）指出孔子的中庸教育哲學思想反映在道德教育和學習上，例如在品德修養方面，孔子以「仁」和「禮」為中心，提出「過則勿憚改」（《論語・學而》）、「行己有恥」（《論語・子路》）、《論語・陽貨》第二十四章有云：子貢曰：「君子亦有惡乎？」子曰：「有惡：惡稱人之惡者，惡居下流而訕上者，惡勇而無禮者，惡果敢而窒者。」（頁 45）在學習方面，孔子注重「博文約禮」（《論語・雍也》）、「學與思」的對立統一（如《論語・為政》第十五章有云「學而不思則罔，思而不學則殆」（頁 45），克服「過猶不及」（《論語・先進》），以及「知與行」的統一和一致，而《中庸》的「博學、審問、慎思、明辨、篤行」正好反映知行統一觀（頁 46）。其中針對教師，孔子在《論語・為政》第十一章提到「溫故而知新，可以為師矣」，同時《禮記・經解》亦云：「入其國，其教可知也，其為人也，溫柔敦厚，《詩》教也」，呼應《中庸》第二十七章所云：「溫故而知新，敦厚以崇禮。」

　　孔子的天人合一思想，以及《中庸》的「參贊天地之化育」都反映人與自然天道的和諧關係，就儒家的生態智慧而言，《中庸》一方面明確了人存在於萬物中所具有特殊和重要的道德和自然生命，但另一方面，也提出人不能凌駕於自然，其自身價值要透過與天道合一，與天地萬物和宇宙秩序達致和諧一體才算圓滿（黃燕女，2009，頁 199）。這與儒家的中和觀基本上是一致的，其中《中庸》開篇有云：「致中和，天地位焉，萬物育焉。」（第一章）其含義是指人類與萬物在世界上有各自應有的位置和功能，就生態的角度而言，動植物和大自然之間互相依存，生態平衡有預彼此和諧地互動，人類要愛己、愛人和愛物，與《孟子・盡心上》所提出的「親親而仁民，仁民而愛物」頗有相通之處（謝樹放，2018，頁 35）。王福義（2012）指出相對道家對

自然的生態中心論，儒家的自然觀偏向人類中心主義（頁 85）。其中他引述《中庸》第二十六章解釋天道具有「生生不息」的特點，是「具有生命創造意義的實體」（頁 86），並逐漸演變為人生命終極意義的本源。值得注意的是人應該以「誠」的原則（見《中庸》第二十章）去善待萬物（頁 88）。此外，人與萬物並存，並非對立，也不是凌駕於其他萬物（見《中庸》第三十章），不過若能達致人以道德「仁」為基礎（頁 102），並且人與環境「中和」的境界，人與天地鼎足而三（頁 89）。

李瑞全（2004）在討論「永續發展」（或稱「可持續發展」）的概念時，指出儒家在「天人合一」的思想中，透過自主自發的道德意識，促使人類和其他萬物或途徑去補足天地之化育（如《中庸》說：「天地之大也，人猶有所憾」）（第十二章），因此可成為萬物的守護者和化育者（李瑞全，2004，頁 30，頁 41 及頁 43）。李超（2014）則從「時中」的角度分析儒家的生態倫理自然觀，正如《中庸》曰：「君子而時中」（第二章）和「中也者，天下之大本也」（第一章），時中在儒家思想大多以「『中庸』『中道』『中行』『中和』和『中正』等詞表達」，既是境界，亦是方法、態度、價值和智慧（頁 143）。

筆者認為雖然《中庸》的思想偏於環境哲學思想在「人類中心的取向」，但是它的「時中」、「天人合一」，似乎反映《中庸》的環境觀既不是人類中心論，也不是非人類／生態中心論（李超，2014，頁 145）。此外，李超（2014，頁 145）指出儒家生態倫理觀反映「同心圓」理論，對大自然萬物一方面以仁愛為本之心愛護，但同時因應不同生物、動植物、土壤、瓦石和大自然生態系統的地位功能，人的對應或承擔的義務而有所調整（頁 145-146）。

郭實渝（2010，頁 14）則引述孔子在注《易傳》提出解釋，並整理成為《十翼》中的《易傳》或《繫辭傳》，成為孔子的自然觀，其後由弟子曾子及孫子子思注解於《中庸》中，尤其以第二十二章為其中代表思想，其中道以「至誠」為最高境界，使人與天、地形成三位一體，而農獵生活的相關敬神、祭祀禮儀與行為都包含對自己及天地表示尊重的敬意（頁 16），這與西方 Bateson 的傳統生態智慧觀含蘊着人與地與自然的直接關連頗有相通之處（頁 1 及頁 17）。另一方面，莊萬壽（1992，頁 248）認為《中庸》中「道」的本體論受到道家和黃老思想的影響。《中庸》內「中和」和「萬物並育」與道家自然觀有一定的關聯，「寬柔以教，不報無道」（第十章）所提及的「南方之強」（第十章）較貼近道家的觀念。

Anh Tuan Nuyen（2011）討論儒家孔子角色為本（role-based）倫理與環境倫理的可能關聯時，引用了杜維明（Tu, 1998a, 1998b）有關中國人自然觀的討論（Nuyen, 2011, p.564），指出杜先生的天人一體（anthroprcosmic）觀，一方面儒家的自我除了

適用於人際和社會關係外，另一方面亦包含對非人類社群的責任和義務。因此儒家的自然觀雖然偏向人類中心主義（anthropocentric），但可以支持環境倫理，至少盡量減少對大自然（以及其他人類）的傷害（Nuyen, 2011, p.564）。筆者相當認同杜先生的觀點「儘管我們有優越的智力，但我們對『太和』並不擁有特權。」（杜維明，1997；2021，頁 56）。杜維明先生（2001）在討論新儒家人文主義（New Confucian Humanism）時，建議四個促進人與天地（Heaven & Humanity）一體（unity）或和諧地融合（harmonious integration）的人類條件 (p.253)：自我（self）、社群（community）、自然（nature）和天（heaven）。人與社群的互動在杜先生而言宜由家庭延展至地球村（全世界），人與自然的可持續和諧關係是生活的實用性指南，至於人與天道（Way of Heaven）的互相感應（mutual responsiveness）則為人類幸福／生命圓滿（human flourishing）的終極途徑（ultimate path）（p.253）。這種新儒家的生態願景或理想與生命教育的全人「天、人、物、我」（王秉豪等，2016；李子建，2022a）度向頗有契合之處，而天道的「神靈性」（sacredness）有待儒學家、東西方神學家、宗教及靈性領袖（p.255）進一步探討人與天道或神的關係。

　　《中庸》的思想具體反映生命教育的「天、人、物、我」（李子建，2022 年 7 月 14 日）：

生命教育度向	《中庸》例子
（1）人與天	「天命之謂性，率性之謂道」（第一章）（頁 106） 子曰：「鬼神之為德，其盛矣乎」（第十六章）
（2）人與我	「君子素其位而行，不願乎其外。君子無入而不自得焉！」（第十四章）（頁 107）（意謂按每個人的位置要他／她應做的事，在哪裏都要樂自得）（頁 124，方世豪、劉桂標，2014） 「故君子必慎其獨也」（第一章）
（3）人與人 　　人與物	「成己，仁也；成物，知也；性之德也，合外內之道也，故時措之宜也」（第二十五章；第十五章） 「萬物並育而不相害，道並行而不相悖」（第三十章）

八、《中庸》的教育學意義及對生命教育的啟示

　　陳怡（2006）在《中國大學教學》中指出：(1) 引用了郭店出土竹簡：「性自命出，命自天降，道始於情，情生於性」，加上《中庸》所提及的「喜怒哀樂」的「情」，建議《中庸》的天人合一思想可以「天→命→性→情→道→教」表示出來。現今教育

界頗重視兒童的社會情緒能力，以及社會情緒教育（孫敏芝，2010），日後，西方社會情緒教育的理念和研究，如何與儒家《中庸》的「發而皆中節」（《中庸》第一章）進行學術上的對話或跨學科研究，值得進一步思考。(2)《中庸》的《學問思辨行》所含蘊的「知、行、合、一」（王秉豪等，2016）和為學的步驟仍具有現代和現實的意義，也回應生命教育裏「知、情、意、行」（王秉豪等，2016；李子建，2022a，2022b）。知情意行的整合把品德和倫理教育與情緒教育有機地結合起來，一方面內化正向的價值成為自己的價值觀和品格，並在生活上實踐出來，即回應《大學》所言「誠於中，形於外」，及孫效智教授的《生命教育的內涵與實施》（孫效智，2001）。此外，作為四書之一，《中庸》是國學教育必讀的經典之一。《中庸》的內容博大精深，有不少啟迪智慧金句和成語，例如「成己成物」（第二十五章），「人一己百」（第二十章）、「隱惡揚善」（第六章）等（子思，無日期），很值得我們學習和反思。

《中庸》所含蘊的教育思想對現今教育也有一定啟示，例如于偉（2017）提出「率性教育」，建基於「天命」、「率性」、「修道」（第一章）概念在教育學的轉化，根據兒童的生物性和神經教育學科等的發展、自然適應性原則（頁27-29），建構「有根源」的教學、「有過程」的教學和「有個性」的教學（頁30-31）。

《中庸》的內容在一定程度上反映中華文化脈絡下的傳統教育模式（參考丁鋼，2009）如下：(1) 體用不二的本體論，如前所述，《中庸》以中為體，以和為用，同時反映「天人合一」的思想（頁5），即天道與人道互相契合呼應（頁9-10），而天道與人道的交互貫通，亦反映在聖賢至誠與常人曲誠的關聯（李明，2014; 2015），傾向把「自然擬人化，把宇宙倫理化」（頁10）。(2)「仁智統一」的倫理教育，《中庸》強調「智仁勇」，事實上儒家不少經典或思想重視「仁」和「智」的發展，尤其把道德教育和修身成為君子聖人置於崇高位置（頁12），而個人的德性發展強調自覺原則，結合社會規範（禮及對五倫的要求），例如《中庸》第一章「戒慎乎其所不睹，恐懼乎其所不聞」的「戒慎恐懼」，提出良心的作用和個人的道德反省（頁14）。(3)「知行相即」的認知與行為方式（頁16），這與《中庸》的博學、篤行（第二十章），大致可說互相印證（第二十三章）。「勇德」相對地似乎是中華文化或儒家較少討論的一環，《中庸》提出「知仁勇」作為三達德，並在第三十一章有云：「唯天下至聖，為能聰明睿知，足以有臨也；寬裕溫柔，足以有容也；發強剛毅，足以有執也。」傅佩榮教授（2013，頁456-458）解釋至聖的能力涉及「仁」，[如「寬裕溫柔」、「智」（「聰明睿智」代表智慧）以及「勇」反映「有執」和「發強剛毅」，含蘊着振作奮發的意涵（《中庸》第三十一章，頁458）]。但昭偉（2010，頁87）認為「勇」包含三個元素，一為克服內心的恐懼，不怕危險艱難去行動，另一為「見義即為」（源於《論語·

為政》）「見義不為，無勇也」。此外也包含「堅忍不拔的全力行動」（見朱熹《中庸章句》）的意思，與《中庸》所云「南方之強」（具柔和性的力量）（頁87-88）。而「勇德」亦包括「見義即為」的原則，即勇與義結合才大致符合倫理道德的準則（頁88-89）。根據《說文》所云：「勇、氣也。」張再林（2020）指出孟子讀「勇」時結合養氣（其中一步驟為「養勇」），另一步驟為持其志，其他兩步驟為「集義」和「寡欲」（程運，2000）。正如《孟子‧公孫丑上》曰：「持其志，無暴其氣」，因此就儒家的角度而言，培養「志」「氣」令身心一體的「勇」得以涵養發揮（但昭偉，2010，頁94）。而「勇德」、「勇氣」、「勇力」分別反映「生命之能」、「生命之氣」和「生命之力」三者內在一致性（但昭偉，2010，頁95）。

在劉劭編寫《人物志‧九徵》作為品鑒人物本性的玄學著作（並非後來《禮記》的《中庸》）提及「兼德而至，謂之中庸」。馬建新和解如華（2014）認為「中庸」的理念（廣義）適用於大學生人格教育，包括：（1）「至誠」的道德情感；（2）「尊榮知恥」的道德要求；（3）「忠恕」的道德準則；（4）「內聖外王」的人生價值取向；（5）「真善美」（知仁勇及中和）的理想人格；（6）慎獨的教育取向（頁100，格式經修訂）。

筆者認為《中庸》及中庸之道博大精深，可結合不同價值觀教育（例如第十八章、第十九章、第二十七章）（包括中國語文教育和國學教育）如下（李子建，2022年7月14日）：

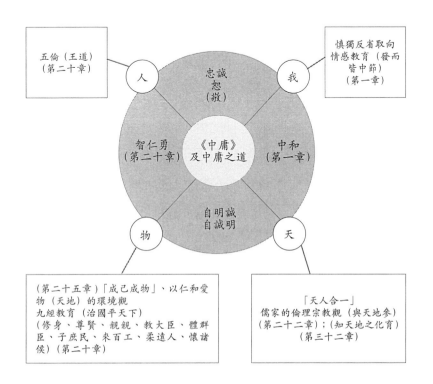

　　李長偉（2019）提出以「敬」與「誠」的張力去瞭解《中庸》的教育。他指出在儒家文化，敬與畏相近，《論語・季氏》第八章云：孔子曰：「君子有三畏，畏天命，畏大人，畏聖人之言」，孔子所言的「畏天命」亦指敬天命（頁47）。《中庸》第一章所云的「戒慎恐懼」也包含敬畏的意思（頁49）。此外，「誠」傾向內在性，「敬」則通過禮儀（例如祭禮）、人與他人、大自然和天道宇宙的互動而展現出來，具有外在性（頁55），簡而言之，「誠」與「敬」互動，缺一不可（頁56），值得我們重視和反思。除了「誠」和「敬」外，孔子對「忠」和「恕」（見《論語・里仁篇》）也十分重視。《中庸》第十三章提到：「忠恕違道不遠，施諸己而不願，亦勿施於人。」亦反映儒家的理想為人取向（李子建，2022a）。

　　包慶德（2017）分析儒家生態的自然觀，包括「仁民愛物」的生態從善性原則（《孟子・盡心上》）、「釣而不綱，弋不射宿」的生態棄惡性（或限制性）原則（《論語・述而第七》），以及「與天地參」的生態完善性原則（《中庸》第二十二章）（頁156）。這些理念與生命教育（環境度向）和可持續發展教育或環境教育都有一定的啟示。

　　學校禮儀教育也可與生命教育的「知、情、意、行」（王秉豪等，2016；李子建，2022b）有機地結合，包括禮儀背後的知識和表現形式背景，也包含情感的元素，例如人際交往以禮相待，「施禮」和「受禮」在現代社會的合宜行為等的感受（劉次林，2008，頁48）。總括而言，《中庸》及中庸之道給予我們豐富的中華經典思想，其中關鍵在於如何在現代社會（甚至是後現代社會）和在學校教育加以解釋和實踐。蔡捭雄（2018）針對《大學》、《中庸》中生命意涵之研究，指出兩本經典反映生命教育的四個面向，包括（經筆者修訂）：（1）人的生命與天一樣具有光明的德性；（2）人必須努力進德修業；（3）人必須為自己的選擇負責；（4）人在與他人的互動中，能夠成己成他；及（5）人對天命及大自然的敬畏中，達致「內聖外王」和「天人合一」的理想（頁106-107）。

　　作為本文的結語，《中庸》的思想博大精深，本文題作「初探」，結合作者既非中國語文研究出身，亦欠缺國學訓練，恐怕是有誇大之嫌。只能算是一項小型閱讀報告，目的為拋磚引玉，希望讀者能多發掘四書（如《中庸》）對價值觀教育以至對教育理論與實踐的啟示。

鳴謝

　　作者感謝鄭吉雄教授及李卯教授提供論文參考、周立老師對本文修訂的意見，黃朝君小姐及廖凱兒小姐協助整理文稿。作者亦感謝香港教育大學國學中心「Life education for Chinese Culture and Virtues［中華文化品德生命教育研究］」計劃對本文的支持。

　　本文所發表內容及觀點僅代表李子建個人的意見，並不代表香港教育大學及其觀點與立場。本文部分內容曾於香港教育大學第四屆語文教育國際研討會發表（日期：2022 年 7 月 14 日），因篇幅所限，部分參考文獻從略。

參考文獻

包慶德（2017）：〈天人合一：生存智慧及其生態維度研究〉，《思想戰線》，43(3)，154-159。

卜亭亭（2019）：〈儒家「中庸」與亞里斯多德「中道」之辨析〉，《收藏》，16。

蔡掙雄（2018）：〈《大學》、《中庸》中生命教育意涵之研究〉（碩士論文）。取自 https://ndltd.ncl.edu.tw/cgi-bin/gs32/gsweb.cgi/login?o=dnclcdr&s=id=%22106NKNU0332072%22.&searchmode=basic。

曾山金、楊琳與肖瓊（2016）：〈《中庸》誠論思想中的教育倫理訴求及當代啟示〉，《大學教育科學》，2，78–85。

陳鼓應（1995）：〈早期儒家的道家化〉，《中州學刊》，02，59-61 及 63-66。

陳榮開（2004）：〈朱子對《中庸》一篇結構的分析〉。論文發表於儒學、宗教、文化與比較哲學的探索，1-23。取自：http://www.scu.edu.tw/philos/062412.doc。

陳雪麗（2000）：〈中庸之道（亞里斯多德）〉，《教育大辭書》，取自 https://terms.naer.edu.tw/detail/1302297/。

陳怡（2006）：〈《中庸》的教育學意義〉，《中國大學教學》，8，48-63。取自 https://doi.org/10.3969/j.issn.1005-0450.2006.08.021。

陳章錫（2013）：〈《禮記》教育哲學之總體考察〉，《鵝湖學誌》，(50)，71-115。

程運（2000）：〈中庸〉，《教育大辭書》，取自 https://pedia.cloud.edu.tw/Entry/Detail/?title=%E3%80%94%E4%B8%AD%E5%BA%B8%E3%80%95。

但昭偉（2010）：〈智仁勇與道德行為產生的關係：從勇德的分析再出發〉，《北京教育學刊》，36，75-96。

丁鋼（2009）：《文化的傳遞與嬗變：中國文化與教育》，桂林市：廣西師範大學出版社。

董根洪（2002）：〈論亞里斯多德中道觀與先秦儒家中庸觀的異同〉，《社會科學輯刊》，(1)，21-26。

杜維明（1989）：〈儒學第三期發展的前景問題：大陸講學、問難和討論〉，聯經出版事業公司。

杜維明（1997）：〈宋明儒學的宗教性和人際關係〉，《儒家思想：以創造轉化為自我認同》（頁 105-149），台北：東大圖書股份有限公司。

杜維明（2021）：《儒家思想——以創造轉化為自我認同》，台北：東大圖書股份有限公司。

樊華強（2007）：〈《中庸》教育哲學思想探微〉，《哲學研究》，3，42-44。

樊華強（2010）：〈什麼是教育——《中庸》教育思想探究〉，《河北師範大學學報（教育科學版）》，05，40-42。

方世豪、劉桂標（2014）：《大學·中庸》，香港：中華書局。

費孝通（2018）：《鄉土中國·鄉土·重建》，中國圖書（美國）有限公司。

傅玲玲（2009）：〈周濂溪《中庸》及《易傳》之融通的探討——以「誠」概念為核心〉，《哲學與文化》，36(11)，59-75。

傅佩榮（2013）：《止於至善：傅佩榮談《大學》·《中庸》》，台北：遠見天下文化。

高誘（1965）：《淮南子注》，世界書局。

郭實渝（2010）：〈從 Bateson 生態智慧觀探討孔子思想的價值〉，《市北教育學刊》，37，1-18。

黃秋韻（2010）：《中庸哲學的方法性詮釋》，台北：文史哲出版社。

黃秋韻（2013）：〈論周濂溪哲學對《中庸》思想的承繼與發展〉，《當代儒學研究》，15，67-90。

黃燕女（2009）：〈孔子人生哲學及其對生命教育的啟示〉，《國民教育研究學報》，23，189-204。

黃宗羲（2022 年 7 月 20 日）：《卷十一濂溪學案（上）》，中國哲學書電子化計劃。取自 https://ctext.org/wiki.pl?if=gb&chapter=258944（保留自 2022 年 7 月 20 日）。

黃宗羲（1986）：《宋元學案》（全四冊），北京：中華書局。

李長偉（2019）：〈「敬」與「誠」張力中的古典教育——《中庸》教育思想讀解〉，《全球教育展望》，48(4)，45-58。

李超（2014）：〈論儒家的生態倫理自然觀——「時中」生態智慧與同心圓生態模型〉，《北京理工大學學報（社會科學版）》，2，142-146，154。

李卯（2014）：〈《中庸》尊德性與道問學：本土生命教學思想初探〉，《湖南師範大學教育科學學報》，13(1)，52-56。

李卯（2020）：〈「率性之謂道」：《中庸》的古典生命哲學思想及其教育意蘊〉，《湖南師範大學教育科學學報》，19（1），83-90。

李卯、張傳燧（2015）：〈性—道—教：《中庸》的生命教育思想〉，《教育學報》，6，100-106。

李卯、張傳燧（2016）:〈「天命之謂性」:《中庸》的生命思想及其教育哲學意蘊〉,《湖南師範大學教育科學學報》,15(1),24-31。

李卯、張傳燧（2018）:〈「修道之謂教」:《中庸》的生命實現路徑及其教育哲學意蘊〉,《湖南師範大學教育科學學報》,17(5),75-82。

李明（2014）:〈儒教基本價值觀與思維方式述要〉,《孔子研究》,6,99-106。

李明（2015）:《儒教基本價值觀與思維方式述要》,山東:山東社會科學院。取自 http://m.sdass.net.cn/articles/ch00072/202011/6ff82078-c86c-4c15-8433-1c3349ca7ee0.shtml。

李瑞全（2004）:〈論永續發展及人與天地萬物之關係:儒家之論述〉,《中央大學人文學報》,29,29-48。

李子建（2002）:〈課程概念的剖析:批判的觀點〉,載於李子建主編《課程、教學與學校改革:新世紀的教育發展》（頁 5-25）,香港:香港中文大學。

李子建主編（2022a）:《生命教育:理論基礎、取向和設計》,台北市:高等教育出版。

李子建主編（2022b）:《生命與價值觀教育:視覺和實踐》,香港:中華書局。

李子建（2022 年 7 月 14 日）:〈從多元角度初探《中庸》對生命與價值觀教育的啟示〉（專題演講）,第四屆語文教育國際研討會,香港。

李子建、黃顯華（1996）:《課程:範式、取向和設計（第 2 版）》,台北市:五南圖書出版社。

亞里斯多德著、廖申白譯注（2003）:《尼各馬可倫理學》,北京:商務印書館。

梁偉賢（2017）:〈論鄭玄注「中和」之「覆載」說〉,《國文學報》,(62),101-123。

林安梧（2010）:〈跨界的話語、實存的感通——關於《中庸實踐思維體系探研的初步進展》一文讀後〉,《本土心理學研究》,34,127-136。

余紀元著、林航譯（2009）:《德性之境——孔子與亞里斯多德的倫理學》,中國人民大學出版社。

劉次林（2008）:〈「禮之用,和為貴」——兼談學校禮儀教育〉,《教育科學研究》,6,46-49。

馬建新、解如華（2014）:〈儒家中庸思想在大學生人格教育中的價值研究〉,《長春工業大學學報:高教研究版》,1,98-100。

南懷瑾（2015）:《話說中庸》,北京:東方出版社。

彭文林（2012）:〈從亞里斯多德《範疇論》的觀點談幾種不同的「中」〉,《鵝湖學誌》,(48),169-192。

孫敏芝（2010）:〈提升兒童社會情緒能力之學習:美國 SEL 教育方案經驗之啟示〉,《幼

兒教保研究》，5，99-116。

孫效智（2001）：〈生命教育的內涵與實施〉，《哲學雜誌》，35，4-31。

淺野裕一著、談仁譯（2017）：〈《中庸》「誠者天之道也」再考——以其與《五行》之關係為中心〉，《饒宗頤國學院院刊》，4，137-158。

王秉豪、李子建、朱小蔓、歐用生、吳庶深、李漢泉與李璞妮編（2016）：《生命教育的知、情、意、行》，台北市：揚智文化事業股份有限公司。

王福義（2012）：〈中國文化與生態神學〉，《中國神學研究院期刊》，53，79-107。

王慶光（1999）：〈儒學人文的現代發展〉，《宗教哲學》，5（1），62-79。

魏承思（2016）：《我們時代的中庸：中庸解讀》，上海：上海人民出版社。

吳凡明（2007）：〈《中庸》誠說的理論建構及其致思理路〉，《求索》，11，頁204-206。

吳凡明、楊健康、龍躍君（2000）：〈《中庸》誠說探析〉，《湖南大學學報社會科學版》，14(4)，16-22。

吳怡（1993）：《中庸誠的哲學》，台北：東大圖書。

伍振勳（2019）：〈《中庸》「誠」論的思想史意義——兼論〈中庸〉，孟，荀「誠」論系譜〉，《台大中文學報》，(66)，1-3, 5-42。

謝樹放（2018）：〈儒家中和觀及環境倫理哲學啟示〉，《社會科學輯刊》，1，31-35。

謝文郁（2011）：〈《中庸》君子論：困境和出路〉，《文史哲》，4，17-19。

楊伯峻（2020）：《四書全譯》，北京：中華書局。

楊中芳（2010）：〈中庸實踐思維體系探研的初步進展〉，《本土心理學研究》，34，3-96。

于建福（1991）：〈孔子的中庸教育哲學思想初探〉，《山東師範大學學報：人文社會科學版》，1，43-48。

于述勝（2018）：〈《中庸》「知遠之近」一節的教化哲學內涵〉，《北京大學教育評論》，16(3)，144-151。

于偉（2017）：〈「率性教育」：建構與探索〉，《教育研究》，38(5)，23-32。

張德勝、金耀基、陳海文、陳健民、楊中芳、趙志裕與伊莎白（2001）：〈論中庸理性：工具理性、價值理性和溝通理性之外〉，《社會學研究》，2，33-48。

張仁和（2010）：〈聚焦中庸實踐思維體系於心理空間與大我系統〉，《本土心理學研究》，34，145-157。

張英蘭（2018）：〈亞里斯多德與儒家的中庸之差別化原理與形而上學基礎〉，《哲學與文化》，45（10），79-96。

張再林（2020）：〈論勇德〉，《中州學刊》，42(05)，92-98。

趙志裕（2010）：〈中庸實踐思維的道德性、實用性、文化特定性及社會適應性〉，《本土心理學研究》，34，137-144。

鄭基良（1992）：〈亞里斯多德與子思之中庸道德哲學的比較研究〉，《人文學報創刊號》，107-127。

鄭吉雄（2013）：〈試論子思遺說〉，《文史哲》，2013(2)，63-79。

鄭吉雄（2015）：〈釋「天」〉，《中國文哲研究集刊（國科會哲學門）》，46，63-99。

鄭吉雄（2018）：《周易階梯》，上海：上海古籍出版社。

周敦頤（2022 年 7 月 20 日）：《通書·誠下第二》，中國哲學書電子化計劃。取自 https://ctext.org/wiki.pl?if=gb&chapter=999963（保留自 2022 年 7 月 20 日）。

周衛勇、曾繼耘（2018）：〈生生之道：先秦儒家教化哲學的理論基礎——以《中庸》為主體的研究〉，《教育學報》，5，102-108。

莊萬壽（1992）：〈《大學》、《中庸》與黃老思想〉，《道家文化研究》，1，248。

子思（2022 年 7 月 20 日）：《禮記·中庸》，中國哲學書電子化計劃。取自 https://ctext.org/liji/zhong-yong/zh（保留自 2022 年 7 月 20 日）。

Aristotle. (1955). *The Ethics of Aristotle: The Nichomachaen Ethic.* (rev. ed.) (J. K. Thomson，trans.). New York: Viking. 104.

Chaturvedi, A., Chiu, C.-Y., & Viswanathan, M. (2009). Literacy, Negotiable Fate, and Thinking Style among Low Income Women in India. *Journal of Cross-Cultural Psychology*, 40(5), 880–893. https://doi.org/10.1177/0022022109339391.

Crocker, J., Moeller, S., & Burson, A. (2010). The Costly Pursuit of Self-esteem: Implications for Self-regulation. R. H. Hoyle (eds.) , *Handbook of Personality and Self-regulation* (pp. 403–429). Wiley-Blackwell. https://doi.org/10.1002/9781444318111.ch18.

Lee, J.C.K., Yip, S.Y.W. and Kong, R.H.M. (Eds.) (2021). *Life and Moral Education in Greater China*. London: Routledge.

Nuyen, A. T. (2011). Confucian Role-based Ethics and Strong Environmental Ethics. *Environmental Values*, 20(4), 549-566.

Tu, W. M., (1989). *Centrality and Commonality* (revised edition). New York, SUNY Press.

Tu, W. M., (1998a). Beyond the Enlightenment Mentality. M. E. Tucker and J. Berthrong (eds.), *Confucianism and Ecology* (pp. 3-21). Cambridge.: Harvard University Press, 3-21.

Tu, W. M., (1998b). The Continuity of Being: Chinese Visions of Nature. M. E. Tucker and J.

Berthrong (eds.), *Confucianism and Ecology* (p. 10).　Cambridge.: Harvard University Press, 105-121. Tu, W. M., (2001). The Ecological Turn in New Confucian Humanism: Implications for China and the World. *Daedalus*, 130(4), 243–264.

Xia, F. (2020). A Comparative Study of Aristotle's Doctrine of the Mean and Confucius' Doctrine of Zhong Yong. *International Communication of Chinese Culture*, 7(3), 349-377.

Xie, W. (2012). The Concept of 'Cheng' and Confucian Religiosity. *Journal of East-West Thought*, 1(2), 91-106.

A Preliminary Exploration of the Enlightenment of "Chung Yung" on the Education of Life and Values from a Diversified Perspective

LEE, Chi-Kin John
The Education University of Hong Kong, HK

Abstract

Chung Yung is one of the *Four Books*. It is an important classic of Confucianism and reflects the thoughts of Confucius to a certain extent. Although Confucius did not clearly and systematically put forward the philosophical thought of "Chung Yung", his words and deeds reflect the characteristics of "Chung Yung". The reason why the author chooses "Chung Yung" is that it provides important inspirations for the meaning of life from the traditional Confucianism and Chinese culture's concept of "heaven, people, things, and self" contained in "life education". This article tries to investigate life education in a broad sense from a cross-discipline perspective, in which the so-called education is the enlightenment to education from the preliminary discussion of life education.

Keywords   Chung Yung, Four Books, Confucianism, Life education

語文教育與歷史教育的相互作用

香港教育大學中國語言學系
梁佩雲*

摘要

古人讀書歷來文史哲不分家，而現代社會分工精細，中學教育已經語文、文學、歷史各自成科。分科雖然能令教學更加聚焦，但分立的如果是選修科，學生難免錯過學習專科的機會，中國歷史科正是典型例子。學生無緣學習中國歷史，將減少對中華文化的認識，同時削弱語文素養。

為促進香港學生對國情和中華文化的認識，教育當局落實中國歷史成為初中的獨立必修科，並於 2020 年 9 月從中一級起逐級推行。如何能把握教學機遇，引起學生學習歷史的興趣，並提升學生的語文及文化素養，值得教育同行深思。

從文史不分家的角度出發，本文將以新編的歷史教材為例，剖析新修訂的歷史科學習內容在專科中的語文運用特色，並評價學習歷史對提升語文素養的現實意義。

關鍵詞　　跨學科學習　教科書分析　專科語體　初中中國歷史　語文教學

一、引言

傳統以來，文人都遵循聖賢遺訓認真學習，也甚少刻意將學術經典劃分為文學、歷史或哲學等門類。文史哲不分家，大概由於古代的知識分子學問淵博，「讀書求學」的應用範圍甚廣。除了明德達道，提高個人修養外，讀書還是議論治國主張或參與政治管治的重要途徑。

---

*　梁佩雲，香港教育大學中國語言學系，聯絡電郵：pleung@eduhk.hk。

中國傳統文化的重要典籍，均以典雅的文言表達，其中既蘊含發人深省的思想哲理，又記載不同時地的人物和歷史，文史哲的養分共冶一爐。以「四書五經[1]」為例，就記述了政治、軍事、外交、文化等多方面的歷史材料及孔、孟等儒家代表人物的重要思想。鑽研文史哲學問，無疑能提升個人學養，潤澤文采，發展學術思想，進而形成較成熟的觀點和立場。

現代社會發展迅速，學問越趨專精，早於中學教育，語文、文學、歷史均見各自成科，其中語文多屬必修科，文學、歷史每由學校自決是否開辦。雖然如此，反映文史哲互通的學術示例卻比比皆是，例如香港中學文憑考試（2014）的中國語文科節錄《史記・孔子世家》為評核閱讀能力的考材；嶺南大學文學院開設「中國文學、歷史與哲學主修課程」，為學生創設跨學科學習的機會[2]；香港城市大學設中文及歷史學系，開辦中文及歷史本科生課程[3]；香港珠海學院設立中國文學及歷史研究所[4]等。

關於認識中國歷史對學習語文的助益，歐玉剛（2019）指出，利用歷史知識與文學的緊密關係，在語文教學中結合歷史文化，以史促文，將能令語文學習更輕鬆，事半功倍。有鑒於中國歷史科（中史）的課時遠不及其他必修科目，而其要求、訓練的思維能力卻是學習所有學科的共同能力，吳善揮（2015）建議跨學科協作教學，例如以中國歷史的重要大事為材料，語文教師可以引導學生寫作議論文的關鍵要素，在滿足中文科的寫作訓練目標之餘，培養學生的史論能力。林育池（2015）則建議教師以歷史知識為切入點，藉助歷史上較有爭議性的話題，激發學生討論，以活躍高中的語文課堂氣氛，提升教學效能。此外，教師還可以開展文史結合的研究性學習，例如通過關於歷史名人的調查和報告，鍛鍊學生的寫作能力，並培養學生解決問題的能力。

為增進香港學生對國情和中華文化的認識，教育當局在 2018/19 學年落實中國歷史成為初中的獨立必修科，並於 2020 年 9 月從中一級開始逐級推行。在新課程的指引下，當局強調通過多元化的策略推動中國歷史教學，鼓勵教師按「政治演變」、「文化特色」及「香港發展」等主題，調適教學內容，以照顧學習差異。

從文史哲不分家的角度出發，本文將以新編的初中中史科教材為例，剖析新修訂

1　中國傳統文化的重要典籍：「四書」包括《論語》、《孟子》、《大學》、《中庸》，「五經」則指《詩經》、《尚書》、《禮記》、《周易》、《春秋》。

2　嶺南大學（2016.5.20）：《嶺大文學院增設「中國文學、歷史與哲學主修課程」》，檢自 https://www.ln.edu.hk/cht/news/20160520/new-majors/，檢索日期：2022.8.22。

3　香港城市大學中文及歷史學系（2021），《課程資訊》，檢自 https://deptcah01.wcm.cityu.edu.hk/zh/programme/chis202021，檢索日期：2022. 8.22。

4　香港珠海學院（2021），《中國文學及歷史研究所簡介》，檢自 https://www.chuhai.edu.hk/zh-hant/，檢索日期：2022.8.7。

的課程學習內容在專科中的語文運用特色，並評價學習歷史對提升語文素養的現實意義。

二、以語料庫工具輔助文本分析

為較客觀地反映中史科教材的語文運用特色，本文參考了語料庫語言學的研究方法，採用語料庫的檢索工具和統計技術輔助文本分析（余國良，2009）。研究團隊搜集了五套新課程適用的中學一年級教科書[5]，先將書本的文字內容整理成文字檔，然後匯入電腦軟件 SegmentAnt[6]，完成初步斷詞稿，再以人工校對覆核。確定文本內容的斷詞後，再將檔案匯入另一軟件 AntConc[7]，統計詞頻及所得詞彙中的類符（Types）和形符（Tokens）比率（Type-Token Ratio, TTR）等資料，產出每冊教科書的詞頻表，從而按需要排列或分類，如按音節分，可分為單音節、雙音節、多音節等。在分析過程中，由於語料的內容是專科，所有經軟件檢索的結果，都必須經過人工反覆查證和對照才能核實，反映中史科的專科用語與現代語文的表達有頗大差異。

三、分析結果

（一）文字篇幅詳略不同

新修訂的中史科課程旨在推動初中學生認識中國歷史文化，以加強學生的國民身份認同[8]。為了引發學生的學習興趣，在新編的教材中，課文的篇幅都趨於概略扼要，反而加插的圖片、漫畫、學習活動建議、多媒體學習資源介紹等卻豐富多姿，數碼時

5　本文分析的教材包括：陳漢森、陳柏榮與洪天宇（2020）:《亮點中國史 1》；李偉雄、徐曉琦（2020）:《新編中國史旅程 1 上、下》；呂振基、陳贊永（2020）:《現代初中中國歷史 1（第二版）》；徐振邦、關卓峯（2020）:《現代智趣中國歷史 1》及張志義、徐溯、周慧怡、陳錦輝（2020）:《新探索中國史 1》。為免標籤效應，只以教材甲、乙、丙、丁、戊為代號，不直接點名。

6　Anthony, L.（2017）. SegmentAnt（Version 1.1.3）[Computer Software]. Tokyo, Japan: Waseda University. Available from https://www.laurenceanthony.net/software.

7　Anthony, L.（2021）. AntConc（Version 4.0.0）[Computer Software]. Tokyo, Japan: Waseda University. Available from http://www.antlab.sci.waseda.ac.jp/.

8　《行政長官 2017 年施政報告》，段 132 以「期望學生能藉着學習中國歷史和有意義的活動，建立正面的價值觀和態度，成為有識見、富責任感、具國家觀念的公民，對國家及社會作出貢獻」作結。

代的教材內容遠超出印刷版面。因此,〔表一〕統計結果反映的,甚至包含英文網址的用字。

〔表一〕五套中一中史教材用詞分析

	教 材				
	《甲》	《乙》	《丙》	《丁》	《戊》
類符	10,922	8,323	9,501	11,799	8,082
形符	62,741	48,967	59,531	70,340	42,373
類符 / 形符比	17.41%	17.00%	15.96%	16.77%	19.07%
總字數	130,597	102,381	121,234	149,531	88,159

即使課程相同,而且所有教材都通過教育當局審訂發行,〔表一〕中的五套教材篇幅卻由 8 萬多字《教材戊》到接近 15 萬字《教材丁》不等,差異不小。字數一方面反映內容的詳略或編寫風格,而類形符的比率 TTR 越高則顯示該文本所使用的不同詞彙量越大,用詞變化越多。因此,《教材戊》的篇幅看似在五套教材中最短,其中的用詞變化卻最大。

(二)教材間相同用詞有限

五套教材的詳略有別,但卻都要滿足新課程的要求。研究者於是通過對照詞表,嘗試探求五者的共通用語,以瞭解各自如何闡述課程內容。結果以總數 22,829 個類符和 283,952 個形符而言,五套教材都相同的類符總數只有 2,993 個,約 13.11%。五套教材的相同用詞情況詳見〔表二〕:

〔表二〕五套中一中史教材的相同用詞概況

	單音節	雙音節	三音節	四音節	五音節	七音節
相同類符	506	2,248	180	54	3	2
相同形符	90,591	119,342	6,966	1,626	78	32
相同類符 / 形符比	0.56%	1.88%	2.58%	3.32%	3.85%	6.25%

如〔表二〕所示,按音節數目劃分,五套教材都相同的類符以雙音節詞最多,除了朝代、年號、人名、地名、數目等專名術語外,還有現代漢語常用的高頻詞,如

「他們、社會、經濟」等。單音節和三音節的用詞情況也相若。四字詞則有戰役名稱[9]、皇帝政績[10]、管治謀略[11]、朝政禍患[12]、學術思潮[13]、歷史名勝[14]等。五音節的相同類符都是歷史專名「五胡十六國、玄武門之變、麥積山石窟」，而七音節的「挾天子以令諸侯、中華人民共和國」更是典型的歷史用語。

（三）四字詞獨樹一幟

由以上分析可見，中史科教材中的四字詞蘊含的內容最豐富多樣，而四字詞組也是中文書面語濃縮精練的表達特色，不少更形成固定結構的成語，有歷史淵源和出處，流傳久遠。由於五套教材內相同的四字詞只有 54 個，不足以反映文史哲互通的特色，研究者於是以四字成語為焦點，並以成語量最多[15]的《教材甲》為參照，探索各套教材的四字成語出現情況，整理成〔表三〕。

〔表三〕五套中一中史教材的四字成語出現情況

	教　材				
	《甲》	《乙》	《丙》	《丁》	《戊》
四字詞	575	548	419	698	338
與《甲》相同的四字詞	575	130	133	205	130
與《甲》相同的四字成語	206	35	36	56	27

如〔表三〕所示，四字詞在中文書面語中的使用情況普遍，而各套教材的使用率與其文本篇幅（見〔表一〕類符分析）的比例相若，其中《教材丁》錄得 698 項最多。然而撇除初中中史科課程規範的內容後，《教材甲》出現的成語數量則相當顯著。究竟中史科教材內可以蘊藏哪些成語，而這些成語對語文學習有何意義？值得教育同行審視省思。

9　如：長平之戰、官渡之戰、淝水之戰、赤壁之戰。

10　如：文景之治、開皇之治、貞觀之治、開元之治。

11　如：用人唯才、勵精圖治、約法三章、遠交近攻、先發制人、乘勝追擊。

12　如：八王之亂、永嘉之亂、六鎮之亂、安史之亂、黨錮之禍、牛李黨爭。

13　如：百家爭鳴、九流十家、獨尊儒術、萬世師表、有教無類。

14　如：萬里長城、五斗米道、河西走廊、絲綢之路、龍門石窟、雲岡石窟。

15　對照台灣教育部《成語典》https://dict.idioms.moe.edu.tw/search.jsp?webMd=2&la=0，從正文核實出處者 84 項、從附錄核實出處者 107 項，另有 15 項能有其他出處支持，合共 206 項。

四、中國歷史蘊藏的語文養分

(一) 文史相通

中國歷史源遠流長，為引起現代學生學習歷史的興趣，不同的中史科教材都通過形形色色的活動建議，加插了歷史成語故事。如李偉雄、徐曉琦（2020，頁 53）指出「先秦是成語的寶庫」，並以連環圖展示楚莊王「一鳴驚人」的故事，還臚列了「網開一面、愛屋及烏、管鮑之交、作法自斃、喪家之犬、圖窮匕現」等其他成語，鼓勵學生仿效創作。其他教材或以不同欄目介紹成語典故，如「歷史百味」[16]、「意想圖」[17]、「歷史典故」[18]、「自習室」[19]、「解碼站」[20] 等，讓學生自習或討論。

以《教材甲》的 206 項成語為例，與《香港小學學習字詞表》對照（見〔表四〕），其中 80 項（38.83%）納入詞表範圍，其餘超過六成的成語，都見於中史科的教材，可見歷史學習與語文學習的緊密關係；中史科是認識中華文化的自然語境，而認識中華文化也是學習中國語文的重要途徑 [21]。

〔表四〕《教材甲》的四字成語與《香港小學學習字詞表》對照

分類	成語	數量
第一學習階段	安居樂業、不可思議、千方百計、滔滔不絕、獨一無二	5
第二學習階段	四通八達、一事無成、一目了然、一視同仁、不計其數、不遺餘力、別開生面、束手無策、津津樂道、舉足輕重、變本加厲、順理成章、鮮為人知	13
《字詞表》附錄一 四字詞語	約法三章、大興土木、有教無類、一無是處、四分五裂、因材施教、岌岌可危、後來居上、打成一片、破釜沉舟、落荒而逃、一命嗚呼、一意孤行、一網打盡、一蹶不振、不動聲色、不遑多讓、似是而非、前因後果、前無古人、匪夷所思、千里迢迢、半信半疑、取長補短、古今中外、同歸於盡、名存實亡、四面楚歌、國泰民安、天經地義、如出一轍、挺身而出、按兵不動、實至名歸、推陳出新、揮金如土、晴天霹靂、延年益壽、曇花一現、從一而終、情不自禁、欣欣向榮、沒精打采、油然而生、源遠流長、潛移默化、潰不成軍、為所欲為、狐假虎威、秋後算帳、積少成多、紙上談兵、自相矛盾、自給自足、草木皆兵、蛛絲馬跡、衝鋒陷陣、衣冠楚楚、迫不得已、逃之夭夭、速戰速決、長治久安	62

---

16 徐振邦、關卓峯（2020）：《現代智趣中國歷史 1》：如指鹿為馬（趙高）、投筆從戎（班超）、三顧草廬（劉備、諸葛亮）、淝水之戰（風聲鶴唳）、口蜜腹劍（李林甫、嚴挺之）等。

17 同上：如徙木示信、百家爭鳴、懸樑刺股等。

18 陳漢森、陳柏榮與洪天宇（2020）：《亮點中國史 1》：如不入虎穴，焉得虎子。

19 李偉雄、徐曉琦（2020）：《新編中國史旅程 1》：如蕭規曹隨、約法三章。

20 同上：以二維碼連結三個出自淝水之戰的成語故事——投鞭斷流、草木皆兵、風聲鶴唳，還有破釜沉舟、樂不思蜀等。

21 按課程發展議會編訂（2017），「文化是語文的重要構成部分，認識文化有利溝通，也有利於文化承傳。語文學習材料蘊含豐富的文化元素，文化學習和語文學習可以同時進行。」頁 17。

(續上表)

分 類	成 語	數 量
其他	舉一反三、勵精圖治、臥薪嘗膽、克己復禮、功敗垂成、審時度勢、窮奢極侈、請君入甕、不入虎穴、焉得虎子、不得要領、互通有無、前倨後恭、席地而坐、戰無不勝、拋頭露面、政通人和、明爭暗鬥、玩物喪志、知人善任、移風易俗、積穀防饑、自毀長城、衣錦還鄉、賢良方正、長生不老、開疆拓土、鞠躬盡瘁、一統天下、一線生機、三顧草廬、上行下效、不以為意、不出所料、不切實際、不堪一擊、不拘小節、不相上下、乘勝追擊、五穀不分、以訛傳訛、作壁上觀、作威作福、偃武修文、先發制人、兵不厭詐、分久必合、合久必分、制禮作樂、刻苦耐勞、勞苦功高、勾心鬥角、匹夫之勇、十惡不赦、卑辭厚禮、南征北伐、及時行樂、反目成仇、口蜜腹劍、可想而知、唯今之計、國富兵強、圖窮匕現、壯志未酬、大獲全勝、大費周章、大開殺戒、妖言惑眾、房謀杜斷、尊王攘夷、家財萬貫、投鞭斷流、文武雙全、專心一意、攻其無備、政簡刑清、平步青雲、星羅棋佈、暗渡陳倉、木牛流馬、從善如流、必爭之地、恩同再造、情同手足、東西南北、成群結隊、橫行霸道、歃血為盟、死而後已、民不堪命、民不聊生、洋洋得意、消聲匿跡、焚書坑儒、無所不為、無為而治、營私舞弊、膾炙人口、牽強附會、玉樓金閣、生死與共、痛痛快快、發奮圖強、盛極一時、知書識禮、禍國殃民、禮崩樂壞、細水長流、羅織罪名、脫胎換骨、自相殘殺、與生俱來、言之有理、豐衣足食、赤身露體、趨之若鶩、身臨其境、退避三舍、選賢任能、鞭長莫及、順口開河、風度翩翩、養尊處優、驕兵必敗、魚貫而出、鳥盡弓藏	126*
總 數		206

*「不入虎穴，焉得虎子」與「分久必合，合久必分」一般連用，統計時作四字成語看待，分別點算。

（二）歷史成語發人深省

　　回顧〔表四〕，尤其是第一、二學習階段（小學六年）內學習的成語，如「安居樂業、不可思議、千方百計、滔滔不絕、獨一無二、四通八達……」即使望文生義，不深究來源出處，已經是扼要而形象的表述，極其合乎語文運用言簡意賅的經濟效益。在中史的專科學習情境中，學生有機會接觸歷史人物的睿智思想和歷史事件的深刻教訓，認識成語的歷史淵源，鑒古知今，受益匪淺。

　　在〔表四〕臚列的 206 項成語中，涉及思想層面的有孔子「有教無類、因材施教」教育哲學；涉及歷史層面的有「臥薪嘗膽、破釜沉舟、『不入虎穴·焉得虎子』、審時度勢、約法三章、勵精圖治、發奮圖強、從善如流、政簡刑清、無為而治、知人善任、選賢任能、鞠躬盡瘁、推陳出新、一視同仁」等積極正面的管治模式或原則，還有「焚書坑儒、明爭暗鬥、自相殘殺、草木皆兵、驕兵必敗、口蜜腹劍、請君入甕、鳥盡弓藏」等慘痛教訓和警世提醒。至於前人從歷練中凝聚的智慧又有「舉一反三、『分久必合·合久必分』、兵不厭詐」之類。對平民百姓而言，對生活的嚮往無非「安居樂業、政通人和、國泰民安、自給自足、豐衣足食」；國家一旦「禮崩樂壞、四分五裂、民不聊生」，將完全喪失「國富兵強」的條件。最後，認識歷史，還能夠獲得

「知書識禮、克己復禮、玩物喪志、刻苦耐勞、積穀防饑、賢良方正、專心一意、從一而終」等個人修養方面的啟發。歷史成語的文字雖然精簡，卻意味深長。

（三）運用歷史成語的語境

在新編的中史科教材中，成語運用的情況頗為普遍。下文以《教材甲》中出現頻率最高的成語「安居樂業」[22]（7 次）、「約法三章」[23]（4 次）和「功敗垂成」[24]（3 次）為例，說明運用歷史成語的語境。

安居樂業

出現「安居樂業」的課文正文共有四處，分別是關於古代禪讓政治「堯退位讓賢」的：「相傳堯仁厚愛民，他做共主時，人民安居樂業……」[25]、關於東漢光武中興的：「（光武帝）劉秀在位時，推行與民休息政策，百姓安居樂業……」[26]、關於隋文帝開皇之治的：「隋文帝即位後，勤於政務……結果他在位二十四年間，國家富強起來，人民安居樂業……」[27] 以及關於唐玄宗開元之治的：「開元後期，唐朝戶口充實……當時政府倉庫充盈，民間藏糧也極豐富，所以物價低廉，百姓安居樂業……」[28] 等。

正文以外，「安居樂業」還在教材的不同補充資料出現，如「歷史識見」專欄提醒學生評論歷史人物時應該考慮多方面因素：「曹操『挾天子以令諸侯』，被普遍認為是奸臣，但……他提倡節儉，發展生產，令北方經濟恢復；又厲行法治，誅除豪強，使人民安居樂業……」[29]；又如在「人物亮點」專欄介紹令唐朝揚威國際的唐太宗：「……他長大後不負「世民」之名，幫助父親推翻隋的暴虐統治，即位後又努力改善施政，令人民安居樂業……」[30]；最後是在「專題研習室」的「詩情史意」專欄中，通過杜甫的《憶昔》，引導學生探索詩中的歷史，並表達對史事的感悟：「唐玄宗開元盛世，人口多，糧食充足，治安良好，人民安居樂業。多美好！」[31]

---

22 按《成語典》：「生活安定和樂，而且喜好自己的職業。」語本《漢書·卷九一·貨殖傳·序》。

23 同上：漢高祖劉邦初入咸陽，臨時制定三條法律，與民共守。語出《史記·卷八·高祖本紀》。後用「約法三章」泛指事先約好或規定的事。

24 同上：「指事情在即將成功時卻失敗了。」垂，「將近」之意。語出《晉書·卷七九·謝安列傳》。

25 同注 20，頁 16。

26 同上，頁 89。

27 同上，頁 175。

28 同上，頁 197。

29 同上，頁 123。

30 同上，頁 170。

31 同上，頁 234；又錄杜甫《憶昔》：「憶昔開元全盛日，小邑猶藏萬家室。稻米流脂粟米白，公私倉廩俱豐實。九州道路無豺虎，遠行不勞吉日出。齊紈魯縞車班班，男耕女桑不相失。」

約法三章

「約法三章」源自楚漢相爭的歷史。教材的正文先提及鴻門宴的背景：「劉邦進入咸陽後，廢秦苛法，約法三章，百姓擁護劉邦。項羽在鉅鹿之戰大勝後，連忙率主力趕入關中，準備討伐劉邦……」[32]，然後輔以注釋說明：「約法三章即『殺人者死，傷人及盜抵罪』，包括：（1）殺人者償命，（2）傷人者按罪處罰，（3）偷盜者按罪處罰。」[33] 最後，以資料表對照項羽與劉邦的個人特質，突出劉邦優勝的謀略之一：「攻入咸陽後，與父老約法三章，安定民心。」[34]

功敗垂成

按照歷史時序，「功敗垂成」的典故出自晉朝，本來應該在教材較後的篇幅才出現。然而，晉朝以前的古人似乎已有類似「功敗垂成」的經驗，所以在教材早期的活動欄目已有反映，如「專題報告示範」中介紹荊軻的生平：「……荊軻為回報（太燕子丹）恩情，願意接受行刺秦王的任務……在秦王面前攤開地圖，『圖窮匕現』，荊軻左手抓住秦王衣袖，右手執匕首，想制住秦王，但……武士衝上殿來，殺掉了荊軻，行刺功敗垂成。」[35] 又如在「人物亮點」專欄介紹「鑿空」絲綢之路的第一人張騫：「……奉（漢）武帝之命出使大月氏，聯合它夾攻匈奴，途中張騫被匈奴俘虜十年，但他仍不忘使命，伺機逃離匈奴繼續前行，可惜大月氏無意結盟，令張騫功敗垂成……」[36]。

直至東晉北伐的課題，「功敗垂成」才正式在教材的正文出現：「……東晉將領如祖逖、桓溫、劉裕等，都曾率兵北伐，收復過不少失地。可惜，東晉君臣及士族都貪圖苟安，無意北伐；皇帝更怕北伐軍人功大難制，令北伐缺乏充分支援，功敗垂成。」[37]

由「安居樂業」、「約法三章」和「功敗垂成」在教材中運用的語境可見，順應歷史事件的變化，個別用語逐漸形成描述或記載歷史的概念，進而發展為固定的成語。這些成語不但濃縮表達重點，而且意涵豐富，更是中文書面語詞彙的精華。只從初中一年級的教材已經發掘出超過 200 項適用的歷史成語，如能按照歷史發展，在教材中適時加插相關的成語故事，應有助引發學習興趣，並加強學生對歷史知識的記憶。

32　同上，頁 76。
33　同上。
34　同上，頁 78。
35　同上，頁 53。
36　同上，頁 59。
37　同上，頁 128。

五、中史科語體與語文能力

岑紹基（2003）指出，語言分為字詞、句子和通篇三個層次，只有在通篇的層次才能表達完整的意義，語體就是在通篇層次的表達[38]，而學生需要學習運用語言來建構學科知識。在新課程的指引下，中史科的教材都刻意引用不同的課外資料，以培養學生分析和評價史事的能力[39]。例如比較唐朝貞觀和開元的成就時，有教材分別引用高明士《中國通史》和林天蔚《隋唐史新論》各不到100字的相反觀點[40]，然後要求學生根據資料回答問題，而問題明確標注的性質（理解、分析、比較、評鑒），與語文科的閱讀理解的認知層次[41]吻合：

(1) 根據資料一，高明士認為唐玄宗有何地方及不上台總？這有沒有影響他對貞觀、開元之治的總評價？〔理解、分析〕

(2) 根據資料二，林天蔚對貞觀、開元之治的總評價，與高明士有何不同？他的理據是甚麼？〔比較〕

(3) 你認為開元之治是否比貞觀之治優勝？試結合所學，抒發你的意見。〔評鑒〕

若論中史科有別於語文科的語體特色，最鮮明者莫過於其中提綱挈領的表述風格。以開元之治的政績為例，上述教材就以五個50至100字的小段落概括[42]，每個段落以編號的標題領起，即是（1）任賢訥諫、（2）振興經濟、（3）提倡文教、（4）改革兵制、（5）開元之治的影響，而每項重點標題，又以歷史的時、地、人、事延伸說明。如「提倡文教」的說明內容，節錄如下：

> 玄宗禮待如是文人，提倡詩歌、音樂創作，促使文風大盛。鑒於前代典籍散失，玄宗特設「集賢院」，搜羅了遺籍多達幾萬卷。

38　岑紹基（2003）：《語言功能與中文教學：系統功能語言學在中文教學上的應用》，頁 24。

39　按課程發展議會（2019），中國歷史科（中一至中三）課程的目標之一是讓學生「採用不同的方法理解及整理歷史資料，並以求真持平的態度分析及評價不同的史事，從而培養他們客觀分析與評價史事的能力」，頁 5。

40　同注 20，頁 198。

41　按祝新華、曾凡懿、廖先（2019）：閱讀六層次能力框架包括「1. 復述：認讀原文，抄錄詞句，指出顯性的事實；2. 解釋：用自己的話語概說詞語、句子的表面意思；3. 重整：概括篇章內容，辨識內容關係、表達技巧；4. 伸展：在理解篇章表層意義後，推出隱含意義；5. 評鑒：評說思想內容，鑒賞語言表達；6. 創意：找新方法，提新想法，運用所讀資訊解決問題」，頁 70。

42　同注 20，頁 197。

教師如能引導學生理解概括的重點，並掌握概括的原理，將更有利學生系統地認識中史科的專科知識；過程中學生如能養成重點鮮明、言之有據的表達習慣，對提升論說能力也必有裨益。

六、結語

語文是學習不同學科的基礎，學生必須具備語文能力，才能學習學科的內容，而在學習學科內容的過程中，又同時認識學科的學術語言。張賴、李加斌和申盛夏（2020）的研究發現，從自然科學到人文社會學的一系列專科學術漢語（中文），無論在語體、詞彙密度和用詞上都各有特色。張賴等更建議母語及二語研習者加強學習專科學術語言的意識，以提高以漢語從事研究的效能。

本文的分析圍繞初中程度的學習，但學生學習學術語體的意識同樣合適。事實上，類似的討論英語教學界早有語言學習與內容學習並重的主張[43]，並發展出「內容與語言整合學習」的理論架構[44]，甚至以香港中學為研究場景[45]。換言之，即使是香港的中學生，只要曾以英語學習其他學科，也會有學科內容與專科學術語言同步學習的經驗。既然「內容與語言整合學習」適用於以英語為教學媒介語的學科，也應該適用於以中文為教學媒介語的情境。

中國語文教育領域涵蓋的範圍廣泛，除了讀寫聽說的語文技能訓練外，還着重文學、中華文化、品德情意、思維和語文自學等方面的發展[46]。在課程規劃層面，教育當局又建議學校加強不同學習領域之間的聯繫[47]。以中文為教學媒介語的科目而言，中國語文科與中國歷史科可謂實踐「內容與語言整合學習」的最自然搭配，最能為學生提供認識中華文化的情境，也最有條件推動跨課程閱讀和跨課程語文學習[48]。至於如何能把握教學機遇，引起學生學習歷史的興趣，同時提升學生的語言及文化素養，將有賴教育同行齊心協力，共同實踐「內容與語言整合學習」的意識。

43　如 Met (1991)。

44　如 García Esteban (2013), Content and Language Integrated Learning (CLIL)。

45　如 Hu, J., & Gao, X. (Andy) (2021)。

46　課程發展議會編訂（2017）：《中國語文教育學習領域課程指引（小一至中六）》，頁 16-18。

47　同上，頁 28-30。

48　按同上，中國歷史科從屬於「個人、社會及人文教育」學習領域，聯繫中國語文教育領域的學習活動舉隅包括「閱讀人文素養的有關材料，探討中國傳統人文精神的竟意，以及在今天的意義和價值」，頁 30。

　　綜合本文的分析，可見中國歷史科蘊藏豐富的語文學習養分，重要歷史人物的際遇、影響深遠的歷史事蹟，通過成語昇華成精警的專科學術語言；認識歷史成語，既能增進歷史知識，又能豐富書面語詞彙，積澱文化修養，收「以史促文」的效益。除了文本內容外，各出版商為中國歷史教育努力塑造生動活潑的形象，豐富的圖表不但輔助文字說明，大量具時代感的漫畫、連環圖、照片、多媒體學習資源等，更縮短學習內容與學習者的生活差距。學生從中史科學習理解、整理、分析和評價歷史資料的方法和能力，也是語文能力的重要元素。當然，如果能同時探討「詩情史意」，結合歷史時代賞析經典篇章，無論是學習語文還是學習歷史，都會相得益彰。

參考文獻

岑紹基 (2003)：《語言功能與中文教學：系統功能語言學在中文教學上的應用》，香港：香港大學出版社。

陳漢森、陳柏榮與洪天宇 (2020)：《亮點中國史 1》，香港：齡記出版有限公司。

課程發展議會編訂 (2019)：《中國歷史科課程指引（中一至中三）》，香港：課程發展議會。

課程發展議會編訂 (2017)：《中國語文教育學習領域課程指引（小一至中六）》，香港：課程發展議會。

課程發展處中國語文教育組編 (2007)：《香港小學學習字詞表》，香港：教育局。

李偉雄、徐曉琦 (2020)：《新編中國史旅程 1 上、下》，香港：雅集出版社有限公司。

林育池 (2015)：〈淺析歷史教育在高中語文教學中的滲透〉，《當代教研論叢》，12，頁 20。

呂振基、陳贊永 (2020)：《現代初中中國歷史 1（第二版）》，香港：現代教育研究社出版有限公司。

吳善揮 (2015)：〈香港中國歷史科課程的反思與檢討〉，《台灣教育評論月刊》，4(7)，頁 64-70。

歐玉剛 (2019)：〈文史結合以史促文──談歷史知識在語文教學中的運用〉，《中小學教學研究》，2，頁 28-30。

香港考試及評核局 (2014)：〈香港中學文憑試中國語文試卷──閱讀能力試題答題簿〉，香港：香港考試及評核局。

徐振邦、關卓峯 (2020)：《現代智趣中國歷史 1》，香港：現代教育研究社出版有限公司。

余國良 (2009)：《語料庫語言學的研究與應用》，成都：四川大學出版社。

張志義、徐溯、周慧怡、陳錦輝 (2020)：《新探索中國史 1》，香港：齡記出版有限公司。

張穎、李加斌、申盛夏 (2020)：〈學術漢語的詞彙使用特徵研究〉，《語言教學與研究》，06，頁 19-27，doi:CNKI:SUN:YYJX.0.2020-06-004。

祝新華、曾凡懿、廖先（2019）：〈閱讀六層次能力框架在小學閱讀試卷編製中的使用〉，《華文學刊》，17(2)，頁 67-91。

Anthony, L. (2017). SegmentAnt (Version 1.1.3) [Computer Software]. Tokyo, Japan: Waseda University. Available from https://www.laurenceanthony.net/software.

Anthony, L. (2021). AntConc (Version 4.0.0) [Computer Software]. Tokyo, Japan: Waseda University. Available from http://www.antlab.sci.waseda.ac.jp/.

García Esteban, S. (2013). Three Frameworks for Developing CLIL Materials. URL: http://hdl.handle.net/10017/19944.

Hu, J., & Gao, X. (Andy). (2021). Understanding Subject Teachers' Language-related Pedagogical Practices in Content and Language Integrated Learning Classrooms. *Language Awareness*, 30(1), 42–61. https://doi.org/10.1080/09658416.2020.1768265.

Met, M. (1991). Learning Language through Content: Learning Content through Language. *Foreign language annals*, 24(4), 281.

The Interplay of Chinese Language Education and History Education

LEUNG, Pui Wan Pamela
Department of Chinese Language Studies,
The Education University of Hong Kong

Abstract

Ancient Chinese scholars always studied literature, history and philosophy as a holistic subject. In modern societies, however, there is a fine division of labour. Chinese Language, Chinese Literature, and Chinese History have become individual subjects in secondary school curricula. Despite teaching could be more focused, if the individual subjects were set as electives, students may miss the opportunity to learn the content knowledge of respective subjects which they have not taken. Chinese History is a typical example. Students who do not take Chinese History will reduce their opportunities of understanding Chinese culture, and weaken their language literacy.

In order to promote Hong Kong students' understanding of national situations and Chinese culture, the education authority has made Chinese History an independent compulsory subject for junior secondary schools. The initiative has kick-started from Secondary One since September 2020 and will be progressed on a yearly basis gradually. How to seize such teaching opportunities, arouse students' interest in learning history, and enhance students' language and cultural literacies etc., should be carefully considered by teachers across the language and history subjects.

From the perspective of Chinese Language, Literature and History as a holistic whole, this article will take the newly published Chinese History textbooks as an example to analyse the subject-specific register of Chinese in the revised contents of Chinese History, and to evaluate the practical significance of learning history for improving Chinese language literacy.

Keywords   Cross-disciplinary learning, Textbook analysis, Subject-specific register, Chinese History in junior secondary school, Chinese language teaching and learning

研究與實踐：
從詩詞欣賞到品德情意教育

香港大學中文學院 杜若鴻
香港教育大學中國語言學系 施仲謀*

摘要

　　本文從中國詩詞的欣賞切入，結合學生生活，探討文學作品的品德情意教育和語文提升功用。其目標為引發學生學習中文的興趣及提升語文能力，為教育界提供教學大綱、實驗教材及數位學習資料庫網站。期待此項研究可從詩詞部分為中文教學提供借鑒。

　　研究證明，從小構建學生的「經典誦讀模式」，對提高文學感悟和語文能力，是一項行之有效的重要途徑。誦讀的內容，優秀的詩詞正是最佳的學習材料。所謂「聲入心通」、「口誦心惟」，通過生動而富感情的朗誦，不但可以加深學生對文化的感悟，還可以提高閱讀的興趣和能力。通過朗誦優美的作品，更可以累積詞彙，理解詞義，掌握句子和段落的組織，懂得連段成篇的佈局手段，對於文章的結構、語法、修辭等技巧的運用，通過語調、節奏等變化的表現，可以留下深刻的印象，有效提高書寫和表達能力。

　　此外，依據美國教育心理學家托馬斯·里克納（Thomas Lickona）品格教育（Character Education）和中國詩教觀，生動的誦讀還可發展思維能力，喚發想像，加深對文化的理解。學生會對作品的警句和優美的語言，留下深刻印象，收到潛移默化之功，得到品德情意熏陶，從情感上認同詩詞文學載體，打破學習隔閡，收到事半功倍效果。

關鍵詞　　詩詞欣賞　品德情意　誦讀模式　品格教育　詩教觀

---

* 　杜若鴻，香港大學中文學院，聯絡電郵：toyk@hku.hk。（本文通訊作者）
　　施仲謀，香港教育大學中國語言學系，聯絡電郵：cmsi@eduhk.hk。

一、研究背景

為落實香港課程發展議會初中階段中文學習領域的教學目標，香港教育大學中國語言學系聯同香港大學中文學院、國際經典文化協會的教研團隊，聚焦研究中華古典詩詞欣賞，結合學生生活，探討文學作品的品德情意教育功用，培養學生正確的人生觀，引發學生學習中國語文科的興趣及提升語文能力；長遠則為教育界提供品德情意教學的示範模式，為校本課程老師自編教材提供參考。研究計劃由 2019 年 8 月至 2021 年 7 月，為期兩年。[1]

我們知道，中華文明有着五千多年的歷史，源遠流長，自先秦至明朝，長期處於世界前列。然而，在中華文化的皇冠上，最耀眼的寶石不是科技，而是人文，其中尤以文學為最。早在先秦時代已有優秀詩作流傳於世，並由編訂於春秋時代的《詩經》總其成，收錄了前人作品共三百零五篇，是為最古的中國詩集。此後，優秀詩人輩出，如戰國的屈原、三國的曹植、東晉的陶淵明等，佳作如林。詩歌發展至唐朝，達到了另一高峰，世稱「唐詩」。唐中葉後，另一新體裁——詞，正在萌芽。宋代繼起，文學家把精力由作詩轉向填詞，造就了「宋詞」的輝煌。時至今日，人們談及中國文學，皆稱道唐詩宋詞為中國韻文的雙峰並峙，相互輝映。

隨着「國學熱」持續升溫，有關詩詞的書籍陸續面世，如《唐詩三百首》的銷情歷久不衰。此外，坊間還有以「鑒賞辭典」為名的詩歌賞析系列，對於普及古典詩詞欣賞不無助益。然而，這些解讀詩詞的書籍，絕大部分是為成年的社會大眾而寫成的，真正適合初中學生作啟蒙教育的並不多見。《禮記》說：「入其國，其教可知也。其為人也，溫柔敦厚，詩教也。」對於青少年而言，詩歌教育之最大功用，乃在於品德情意之培養，若單單着重於增加文學知識，甚至於為求研習修辭手法以爭取作文試卷的高分數，實在是捨本逐末，買櫝還珠。本計劃的實驗教材，正是從此一空白地方而着墨的。而為了進一步加強可實踐性，我們在 27 所中學[2] 進行實驗教學，聆聽學生和教師的意見，修訂教材並把成果編纂成書。

1　優質教育基金計劃編號：QEF/EDB/2019/0588《從詩詞欣賞到品德情意教育》。
2　實驗學校名單如下：上水官立中學、中華基督教會何福堂書院、中華基督教會譚李麗芬紀念中學、天主教新民書院、伊利沙伯中學、伯裘書院、何文田官立中學、余振強紀念第二中學、佛教何南金中學、佛教沈香林紀念中學、李求恩紀念中學、沙田培英中學、青年會書院、保良局甲子何玉清中學、香港真光書院、香港培道中學、浸信會永隆中學、荃灣聖芳濟中學、高主教書院、基督教香港信義會元朗信義中學、將軍澳官立中學、救恩書院、新亞中學、聖公會林護紀念中學、趙聿修紀念中學、鄧鏡波學校及賽馬會毅智書院。

二、「聲入心通」、「口誦心惟」理念

基礎教育影響學生一生最為深遠。從小培養學生的朗誦興趣，對提高文化感悟和語文能力，是一項行之有效的重要途徑。至於朗誦的內容，優秀的古典詩詞正是最佳的學習材料。所謂「聲入心通」、「口誦心惟」，學生通過生動而有感情的朗誦，不但可以加深他們對文化的感悟，還可以提高閱讀的興趣和能力。而通過朗誦優美的作品，更可以累積詞彙，理解詞義，掌握句子和段落的組織，懂得連段成篇的佈局手段，對於文章的結構、語法、修辭等技巧的運用，通過語調、節奏等變化的表現，留下深刻的印象，提高書寫和表達的能力。

此外，生動的朗誦還可發展思維能力，喚起想像，加深對文化的理解和鑒賞。而中華文化的核心價值——傳統美德，如尊重、誠實、勤奮、堅毅、謙厚、禮讓，更是重中之重，是教學上最難處理的問題。學生應該從小培養，以達至培養良好品德和積極的人生態度。而這些皆可從豐富的詩詞經典中找到素材，聯繫學生的生活實踐，古為今用。進行朗誦時，學生會對作品中的警句和優美的語言，留下深刻的印象，收到潛移默化之用，得到品德情意的熏陶。

三、品格教育與詩教精神

品格教育（Character education）是目前西方品德教育的主流，代表人物為美國教育心理學家托馬斯・里克納（Thomas Lickona）。里氏認為儘管世界上有不同的宗教、民族、文化，衍生出各種各樣的道德觀念，但它們背後均有一套普世適用的道德原則2R：尊重（Respect）和責任（Responsibility）。以 2R 為基礎，塑造良好品格的核心元素為 3M：道德認知（Moral knowing）、道德體會（Moral feeling）和道德行為（Moral action）。

在中華傳統文化中，《詩大序》明確指出了「詩言志」，詩人直抒胸臆的陳述包含着「道德認知」中的道德原則；詩人從情景事理的體會中，塑造的文學意象包含着「道德體會」；而讀者反覆吟誦優秀詩篇，詩中美德會內化為「道德行為」的習慣思維。可見傳統詩教與現代品格教育關係也是非常密切的。「不學詩，無以言。」從童稚時期，先哲就通過學詩、讀詩、解詩的活動，對青少年展開啟蒙教育，藉以培養他們的品德情意、形象創意，以至邏輯思維。

四、「上而下」與「下而上」教學實驗

供初中生閱讀的文學書籍，其廣度與深度務須合宜。初中階段應着重學生對中華文化精粹的吸收，啟導學生通過愉快學習和趣味閱讀，汲取基本文化知識，然後進行反思，從而認同中華文化，提升思想質素，優化人格。這樣，學生在完成初中的學習階段後，才能為將來高中縱深的學習奠定堅實的基礎。有見及此，本研究訂立目標如下：

（1）配合初中中國語文課程，為全港初中學生學習古典詩詞提供參考教材。

（2）培養中學生正確的人生觀與價值觀。

（3）供教育界作品德情意教學的示範。

（4）供自編教材的校本課程老師作參考之用。

（5）增添中學中國語文科的趣味性，提升學生的語文能力。

（6）使學生對傳統文化、國家和民族的感情得以強化。

計劃力求兼顧廣度與深度，所謂廣者，使實驗材料能普遍地吸引中學師生閱讀與學習；所謂深者，使實驗內容具備深厚的文化底蘊，同時又能與學校課程相銜接。要達致廣度與深度的對立統一，取得辯證平衡，我們必須同時做好「上而下」及「下而上」的雙向設計模式。計劃邀得海內外文學界及教育界的專家學者擔任顧問，合力從環球視野來全面探討古典詩詞在現代社會的重要意義。由詩詞專家學者組成的研究團隊設計教學大綱，編寫實驗教材，以呈現詩詞的深層內涵和當代意義，並在二十多所學校進行實驗教學。

實驗學校的老師參加了專門為培訓詩歌與德育教學的教師工作坊，掌握了實驗教材的編寫理念、教學方法和評估方式，據此指導學生學習，逐步進行階段性的評估，以求為學校編訂校本教材提供示範及參考。通過實驗教學，我們獲取了教師與學生的回饋，瞭解師生在教與學的實際操作中面對的問題和難點，並據此反覆修訂教材。研究成果正是經過多輪「上而下」與「下而上」的雙向設計操作後，匯集了各方努力而成的心血結晶。

五、教材的設計與示例

（一）八大範疇

我們根據中華詩詞的常見主題與中華傳統文化的品德情意條目，把教材分作八

章，內容如下：

第一章：家庭倫理。本單元選取以家庭倫理為主題的詩詞名篇作分析，展現親子之情、夫妻之情、手足之情，作品包括〈詩經・小雅・蓼莪〉、古詩十九首〈迢迢牽牛星〉、曹植〈七步詩〉、王維〈九月九日憶山東兄弟〉、〈木蘭詩〉、蘇軾〈水調歌頭・明月幾時有〉。

第二章：待人交友。本單元選取以友誼為主題的詩詞名篇作分析，展現待人之道、友儕之情，作品包括陶潛〈移居〉（其二）、王勃〈杜少府之任蜀州〉、王維〈渭城曲〉、杜甫〈客至〉、歐陽修〈浪淘沙・把酒祝東風〉。

第三章：端正品德。本單元選取以道德品格為主題的詩詞名篇作分析，展現詩人高尚的品德情意，作品包括張孝祥〈念奴嬌〉、文天祥〈過零丁洋〉、王冕〈墨梅〉、于謙〈石灰吟〉、鄭燮〈竹石〉、林則徐〈赴戍登程口占示家人〉（其二）。

第四章：擁抱自然。本單元選取以山川風物為主題的詩詞名篇作分析，展現仁者樂山、智者樂水之意趣，作品包括王維〈山居秋暝〉、李白〈望廬山瀑布〉、杜甫〈望嶽〉、楊巨源〈城東早春〉、白居易〈錢塘湖春行〉、蘇軾〈飲湖上初晴後雨〉。

第五章：知識學習。本單元選取以學習為主題的詩詞名篇作分析，展現好學精神、學習之道，並勸勉讀者愛惜時光，作品包括顏真卿〈勸學〉、蘇軾〈題西林壁〉、陸游〈冬夜讀書示子聿〉（其三）、陸九淵〈讀書〉、朱熹〈觀書有感〉、錢福〈明日歌〉。

第六章：人生態度。本單元選取以各種人生觀為主題的詩詞名篇作分析，展現詩人悲天憫人、關愛眾生之情，胸襟豁達、逍遙自在之意，作品包括王維〈終南別業〉、李白〈將進酒〉、杜甫〈茅屋為秋風所破歌〉、蘇軾〈念奴嬌・赤壁懷古〉、辛棄疾〈青玉案・元夕〉。

第七章：家國情懷。本單元選取以愛國精神為主題的詩詞名篇作分析，展現詩人忠心為國、胸懷天下之情，作品包括陳子昂〈登幽州台歌〉、王翰〈涼州詞〉（其一）、陳陶〈隴西行〉（其二）、王昌齡〈從軍行〉（其四、其五）、杜甫〈春望〉、李煜〈虞美人〉。

第八章：生活情趣。本單元選取以琴、棋、書、畫、酒為主題的詩詞名篇作分析，展現詩人陶冶性情、遊心於藝的雅趣，作品包括韓愈〈聽穎師彈琴〉、黃庭堅〈弈棋二首呈任公漸〉（其二）、蘇軾〈石蒼書醉墨堂〉、杜甫〈畫鷹〉、李白〈月下獨酌四首〉（其一）。

以上為課程的八個學習章節，每章含五課，每課包含九大部分，結構如下：

1. 趣味說書亭：為引起學生的閱讀興趣，每課開首均設有與本課內容相關的小故事。

2. 佳作陳列廳：收錄詩詞作品正文。

3. 注釋閱覽室：包含作者簡介，並注解較難的字詞，便於學生理解。

4. 白話翻譯館：把文言文轉譯為白話文，便於學生理解。

5. 賞析分享會：分析篇章內容，加深讀者認識，引導學生作高階思考。

6. 詩藝挑戰台：設置詩歌創作小測試，引發學生的創意思考，鍛鍊他們的寫作技巧。

7. 知識補給站：列舉與課文相關的小知識，提高學生的知識水平。

8. 反思討論區：提出問題，引導學生把課文內容聯繫到日常生活，並反思其現代意義，從而古為今用。

9. 參考答案欄：提供「詩藝挑戰台」的參考答案。

（二）樣章示例

端正品德‧疾風勁竹

【趣味說書亭】

格竹窮理

　　王陽明為明朝大儒，年輕時曾伴隨其父上京赴任。其時王陽明醉心於宋儒朱熹的學說，當中有論及「格物致知」的道理。他和友人錢德洪切磋學問，着其往園子「格竹」，即觀察和研究竹子的道理。錢氏「格」了三日三夜，百思不得要領，積勞成疾。王陽明得悉後，認為這是因為錢德洪精力不足，於是親身往園子裏格竹，苦苦思索了七日七夜，同樣一無所獲，枉自病了一場。他倆大為感嘆，認為聖賢不是想做便能做的。然而，這次苦學苦思的失敗經歷，卻在日後幫助了王陽明成為大學者，可見追求學問所下的功夫是不會白費的。

（故事來源：《傳習錄》、《王文成公年譜》）

【佳作陳列廳】

竹石/ 鄭燮 [1]
(zhú shí / zhèng xiè)

咬定青山不放鬆，立根原在破巖中 [2]。
(yǎo dìng qīng shān bù fàng sōng, lì gēn yuán zài pò yán zhōng)

千磨萬擊還堅勁，任爾東西南北風 [3]。
(qiān mó wàn jī hái jiān jìng, rèn ěr dōng xī nán běi fēng)

【注釋閱覽室】

(1) 鄭燮（粵：屑 sit3）（1693-1766）：字克柔，號板橋，清朝文學家、書畫家，尤以詠竹和畫竹聞名於世。

(2) 巖：通「岩」。

(3) 爾：代名詞，意即「你」。

【白話翻譯館】

竹子一口咬緊了青山不放鬆，根子原是立定於殘破的岩石中。

無論千般折磨萬般打擊仍舊堅韌強勁，任憑你颳的是東西南北甚麼風。

【賞析分享會】

中國歷來吟詠竹的詩文頗多，或讚譽其「虛心」，如「虛心竹有低頭葉」；或讚譽其「有節」，如「未出土時先有節，便凌雲去也無心」，取徑各有不同。現代詩人王守勳的《竹》，同樣對準竹有節和節節上升的特點作文章，但卻別具新意，全詩只兩行：「每攀登一步/ 都做一次小結」。竹自小筍起便已分成若干節數，步步高升，猶如一級又一級地邁向上空的梯子。詩人匠心獨運，把每一竹節形象化地聯想成一個階段的「小結」，提醒世人前進時不忘反思，可謂「格」出竹子的理了。

在鄭燮以前，古人詠竹詩文無數，欲再開新境誠非易事。然而，鄭板橋畢竟非泛泛之輩，他別出心裁，為竹子找來了一個好伴侶——石頭。本詩寫扎根於岩石上的竹子，作者「格」出了一番不一樣的哲理。首句「咬」字極好，放於全詩第一個字，觸目驚心，使本來偏於靜態的竹根具備了動感，也使本來無情的竹子有了意志，讓詩人的堅執溢於言表。次句道出此根竹子艱苦卓絕但仍能昂然挺立的原因——它牢牢地立根於岩石上。岩石給人的感覺，是堅硬、剛毅、頑強的，富於獨立的個性，與竹子剛好成一絕配。有了這堅如磐石的立足處，此竹豈是種在鬆軟泥土上的普通竹子可比！

詩的前兩句做好了鋪墊，尾兩句順勢而下，把竹子不怕任何外力打擊的大無畏精神表露無遺。不僅是不怕，它甚至歡迎疾風的挑戰和考驗。這根竹尤如百煉鋼般，你越是錘打它，它越強，儼然是詩人一生百折不撓、特立獨行的寫照。

【品德體驗營】

誠如莎士比亞在《科利奧蘭納斯》中所言：「患難可以試驗一個人的品格，非常的境遇方才可以顯出非常的氣節。」鄭板橋筆下的竹，並不是在暴風中被連根拔起的大樹，也不是卑微渺小任風擺盪的小草，它咬實牙關，忍受着疾風的千磨萬擊而始終

不折腰，其直節勁氣值得敬佩。宋朝詩人陳與義在其作品《竹》中寫道：「高枝已約風為友，密葉能留雪作花。」風不但不是竹的敵人，反而是竹的朋友。竹子高而受風，顯出其高風；與清風為友，更見其清絕。正是風讓竹子更具動態、美態，並發出悅耳的清音。同樣，雪亦非竹的敵人，竹子葉密而無花（竹子鮮少開花），堪耐雪寒，以雪為花，更見其品格。正因竹的品格高尚堅貞，中國古人把竹、松、梅稱為「歲寒三友」，又把梅、蘭、菊、竹列為「四君子」。

傳統上竹的形象較男性化，一如前述，但竹也有女性化的一面。陳與義《竹》中寫道：「昨夜嫦娥更瀟灑，又攜疏影過窗紗。」詩人用擬人的手法，以嫦娥借代月亮，把月下竹影之美態寫得活靈活現，一派雅淡清幽，令人神往。杜甫《佳人》有句：「天寒翠袖薄，日暮倚修竹。」可見竹子之美，除堪為男子的楷模外，也可作高雅女士的象徵。

同樣是竹，不同時代的詩人各自「格」出了不同的理來，使竹的「格」變得更豐富，更多彩多姿，成為了中華文化中代表着高尚品格的象徵之一。

【詩藝挑戰台】

「虛心竹有低頭葉」本為上聯，下聯為「ＸＹ梅無仰面花」，試為「ＸＹ」填上適當的字詞。

【知識補給站】

鄭燮有多個外號。他自號「板橋道人」，世人多喚他作鄭板橋；因兼擅詩歌、書法、繪畫三門絕藝，而有「三絕」的稱號；其畫風被後人歸入「揚州畫派」，故鄭燮又被列作「揚州八怪」之一。

【反思討論區】

(1) 你認為竹子還有哪些特質可比喻成為人的優秀品格？請與大家分享。

(2) 你認為竹子所代表的虛心謙下、高風亮節等傳統美德，在現代社會是否仍然合時？試和同學討論。

這裏再以白居易的〈錢塘湖春行〉和蘇軾的〈飲湖上初晴後雨〉為例略說。兩者作為描寫「自然山水」中心主題[3]的經典作品，選作語文範文亦很恰切。上述審美能

3　其他選篇可參考網站 https://www.eduhk.hk/poetry/（從詩詞欣賞到品德情意教育），擷取了八個分別以不同主題為中心的單元，共 40 篇詩詞，作為配合語文學習的素材。

力，審美情趣，培養品德，體認文化，等等目標，都大有可發揮空間。課文的引子可用美麗的西湖傳説引入；雲腳、亂花、淺草、澱灩、空濛、相宜，作為語文的詞彙，又不失文學的內涵，是學習的重心之一，語文的嬗變元素（如相宜／適宜），特殊用法，皆可加以注釋或解説；自然知識，如孤山寺、賈亭、白沙堤，是全面瞭解文義需要知道的背景，可加以説明；白話語譯，古今對照，幫助學生理解；理性的分析和感性的賞析並舉，以提高其語文能力和情感感悟；加入寫作實踐，從修辭手法切入，如本選篇的比喻、白描手法，引而廣之，訓練學生針對描寫山水自然的寫作能力；而嵌入文學知識，如詩詞七律七絕樣式、風格，融匯其源流正變，從知識理論（Theory of Knowledge）的層面知其所以然；文化知識，則可擷取兩位作者和西湖的關係，從政治仕途、審美情趣延伸到對西湖的建樹等方面切入，讓學生從美育和德育層面，深入文章，看似不關語文，實則為寫作的廣闊基礎面，環環相扣，逐步深入。（杜若鴻、杜振醉，2021，頁 71-73）

六、實驗回饋與教材優化 [4]

（一）前線教師的評價

為了全面審視教材編寫與實驗教學的工作成效，計劃團隊特意向各所參與教學計劃的中學進行了一輪訪問，由施仲謀、何志恒、杜若鴻、金夢瑤、張連航、陳曙光、謝家浩及李敬邦，訪問各所參與教學計劃的學校。

各研究員透過面談、電話、線上會議等方式，訪問參與教學計劃的負責老師，讓老師們就各單元教材的編寫、課文各部分的內容、教材多媒體的運用，以至計劃的整體安排，進行評估。結果如下：

問題	平均分 (5= 非常同意，1= 非常不同意)
一、對本計劃的整體評估	
1.計劃能引起學生學習中國古典詩詞的興趣	3.7
2.計劃能提高學生的文學素養	4
3.計劃能促進學生在品德情意教育方面的發展	3.8

4　本部分承項目主任李敬邦協助整輯。

（續上表）

問題	平均分 （5= 非常同意，1= 非常不同意）
二、對各單元教材的評估	
4.「單元一：家庭倫理」內容合適	4.2
5.「單元二：待人交友」內容合適	4.2
6.「單元三：端正品德」內容合適	4.1
7.「單元四：擁抱自然」內容合適	4.1
8.「單元五：知識學習」內容合適	4
9.「單元六：人生態度」內容合適	4.1
10.「單元七：家國情懷」內容合適	4.1
11.「單元八：生活情趣」內容合適	4.1
三、對課文各部分的評估	
12.「趣味說書亭」內容合適	4.1
13.「佳作陳列廳」內容合適	4.1
14.「注釋閱覽室」內容合適	4.1
15.「白話翻譯館」內容合適	4.1
16.「賞析分享會」內容合適	4
17.「品德體驗營」內容合適	3.9
18.「詩藝挑戰台」內容合適	3.8
19.「知識補給站」內容合適	4
20.「反思討論區」內容合適	3.9
21.「參考答案欄」內容合適	4
22. 整體而言，課文結構（由「趣味說書亭」至「參考答案欄」）設計合適	4
四、對教材多媒體的評估	
23. 插畫能緊扣課文內容	4.2
24. 插畫美觀	4
25. 插畫能引起學生閱讀興趣	3.8
26. 粵語詩詞朗誦鏗鏘悅耳，有助教學	4.2

(續上表)

問題	平均分 （5= 非常同意，1= 非常不同意）
27. 普通話詩詞朗誦鏗鏘悅耳，有助教學	4.13
28. 計劃網站設計良好，方便瀏覽	3.5
29. 網上自我評估練習設計良好，有助學生學習	3.65
30. 網上自我評估練習的自動批改系統，有助教學評估	4
31. 整體而言，本計劃的多媒體學習體驗效果良好	3.88

數據顯示，絕大部分受訪老師對實驗教材八大單元的內容相當滿意，有老師認同課文主題設計合理，能顧及品德情意教育的各方面，且所選詩詞作品能緊扣單元主題。

此外，受訪老師亦向我們提出了不少建議，如有老師希望我們能進一步提供適用於智能電話的網頁，這點與我們正在研發的手機應用程式不謀而合；另有老師認為教材中的「詩藝挑戰台」內容較深，學習難度較高，建議我們淺化該部分。我們虛心聆聽了師生反饋意見，修訂實驗教材及優化網絡平台。

（二）施教時的困難和解決方法

1. 增設教材插圖及有聲書

在計劃書的原初構思中，我們並沒有為實驗教材繪製插圖及錄製詩詞朗誦音頻的打算，唯聽取了計劃顧問的寶貴意見後，我們本着增進初中學生的學習興趣與豐富他們的多媒體學習經歷的宗旨，特意增設教材插圖及有聲書。由於經費預算所限，我們申請了香港教育大學 Specific Student Empowerment Work Scheme（Specific SEWS），從香港教育大學的視覺藝術系與中國語言學系招聘合適人員，負責繪製插圖與錄製音頻，無須額外動用本教學計劃的經費。此舉為教大學生提供實習機會，使理論付諸實踐，並體現香港教育大學師生團隊合作無間的精神。

2. 教師培訓課程變動

在計劃書的原初構思中，是次活動本應為「教師工作坊」。然而，受新冠肺炎疫情影響，以現場互動為主的工作坊模式難以舉行。經我方與合辦方教育局課程發展處中國語文教育組商討後，我們決定改以 Zoom Webinar 教師培訓課程形式舉行。由於

合辦方能使用教育局營運的「培訓行事曆」系統，宣傳效果十分理想，招收學員亦十分方便簡易，而且老師們報名踴躍，受惠人數眾多，過程非常順利。

七、研究成果的多維呈現

中國被譽為詩之國度，數千年來，名家輩出，碩果纍纍。詩詞這顆璀璨的明珠，閃耀着華夏文明獨有的智慧結晶和審美特質。鏗鏘悅耳的聲韻語調，通過會心的領悟和感受，再結合朗讀、朗誦、吟唱的方式，不僅能大大提高個人的鑒賞能力，更能進德修藝，觀乎人文，以化成天下，故〈詩大序〉說：「以是經夫婦，成孝敬，厚人倫，美教化，移風俗，莫善乎詩。」

《詩詞欣賞與品德情意》作為研究成果[5]，研究者在廣泛參照文獻的基礎上，力求做到承先啟後，從優秀的古典詩詞作品中，提擷出可以古為今用、適合現代人立身處世的德育寶訓。中小學生更可從書中學到中華典故及詩詞語法，積累古文知識，提升語文能力及應考中文科公開試的信心；社會人士可從中學到古人的道德教誨，以古為鑒，照亮人生前途，活得更精彩豐盛；語文教師及弘揚國學者，可把注釋、譯文與賞析，作為解讀中華詩詞作品的參照，裝備自己，應用於教學時自然無往而不利。

為了提供多維的學習體驗並增加學習趣味，每一課均配備由學生插畫師所繪製的插圖，並設有詩詞作品的廣州話及普通話朗誦錄音，讀者只要用手機掃描書中的二維碼，即可欣賞聲情並茂的朗誦音頻。本計劃並配備網站和手機應用程式，方便採用電子學習。

本研究聚焦中華古典詩詞欣賞，結合學生生活，探討文學作品的品德情意教育功用。資深教科書編著者杜振醉指出，通往語文學習的途徑，文學欣賞與情感教育均為其重要的組成部分，若能恰切地整合相關的知識點，相信語文教學成效，長遠必能事半功倍，而詩詞作品乃當中最佳選材。他認為本計劃「從感性和理性的闡釋方法切入，挖掘了詩詞經典的文藝菁華，也弘揚了適合現代人立身處世的德育寶訓。藉着闡發古代知識精英的思想和心靈，觸及文本學習的深層內核。我們知道，語文運用只是最終目標，而學習過程並非機械的操作，當中品德的導向、情感的滲透、熏染，都是引發學生語言興趣及提升語感的無形之手。這一點和純粹理性的語法、修辭分析，實有互補之功。」（杜振醉，2022，頁 vii）

5　施仲謀、杜若鴻、金夢瑤、李敬邦（2022）：《詩詞欣賞與品德情意》，香港：商務印書館。

　　而學者劉衛林則評述本計劃：「不但深入淺出地介紹詩詞興象與藝術技巧，更重要是能在詩詞欣賞之外，針對作品中所呈現品德情意，循循善誘地多方啟導讀者，讓老師和同學在閱讀過程中深受裨益。」他以本書的演繹實例指出，像結合范仲淹〈岳陽樓記〉，闡明文天祥〈過零丁洋〉的忠義本乎仁愛；在賞析〈墨梅〉與〈石灰吟〉的同時，又對照王冕與于謙兩者的仕隱，說明進退抉擇關乎時代興衰與個人責任；在析述蘇軾〈念奴嬌·赤壁懷古〉一篇氣象格調與才情之外，進而發揮人不患物貧而患心窮的道理，望同學成長為內心富有溫暖的人。這樣在個人品德情意上的啟導，乃「藉着對詩詞內容與情思的闡述發揮，讓老師同學們在欣賞詩詞聲音意象之美的同時，進一步從深刻領略前賢情志節操，得以在潛移默化當中擴展胸襟視野，並且提升個人氣質與品格，從而成就詩教的具體實踐。」（劉衛林，2022，頁 xi）

　　「從詩詞欣賞到品德情意教育」的研究及實踐，將兩者緊密聯繫起來，我們正是朝着這個方向來填補這一空白領域而努力。

餘論：詩詞範文的教學意義

　　回顧三十多年來，香港教育局先後制訂了多個中學中國語文課程。1990 年的「課本編纂指引」提出，語文科應以範文理解及語文運用為要。2001 年的課程，容許根據校本需要，選取教材，以能力導向為課程設計方向，坊間自選的語文篇章轉變為演繹教學重點的學習資料。雖然範文加不加入，指引頗具彈性，但在課程經過多年實驗後，範文教學的調適是有明顯苗頭的。

　　範文者，典範經典之意，是經過大浪淘沙留下來的傳世佳作。中文學習有綱有本，容易跟進，學習範文針對性強，非泛泛而讀，有法徑可循，其實是可取的重要法徑。

　　筆者以為，學生範文其實是重中之重，好書不厭百回讀，萬丈高樓平地起，有了紮實的根莖，枝葉自會茂盛。思維活躍，思路廣潤，是目標，但基本知識如根基不牢固，學生未能獲得清晰的材料，反覆咀嚼，在積澱語文的基本功方面，長遠是要出現問題的。中學語文是基礎教育環節，事實上離不開優秀的範文選材，離不開經典記誦的潛移默化之功，以能力導向談語文教學，抽取與學習重點相關的成分，不要求對文章全面的掌握，學生有點無面，造成支離破碎的割裂結果，是值得引以為鑒的。

　　指定範文的導向越來越受到重視，其實是找到了一個補足出路的方向，若能逐步增加和鎖定適量篇章，綱本會更趨明晰，可相應避免教材參差不齊的情況，為學生減

去選擇上的時間和精神負擔，在「目標為本」的理想下，切實幫助到學生「有本可據」，奠定厚實的語文基礎。

語文教育的目標可以高遠，但基本環節如若失衡，其走向會跟教育的目標越走越遠，這應引起我們格外的重視。香港的中文教育改革，在經過多年的教學驗證後，是否可以提速把範文導向和能力導向相互整合，經緯互契，執兩用中，釐定第三種模式，復以課外泛讀作為協同，為莘莘學子的中文學習，定下更切實可循的課程框架和具體內容？期待此項研究及實踐的成果，可供教育界從詩詞經典切入，為中文教學提供一些借鑒。

參考文獻

蔡元培（1987）：《蔡元培美育論集》，長沙：湖南教育出版社。

杜若鴻、杜振醉（2021）：〈香港中國語文與文學教學的科際整合問題〉，《語文建設通訊》（香港：香港中國語文學會），第 124 期。

杜振醉（2022）：《詩詞欣賞與品德情意·序一》，香港：商務印書館。

范開泰、張亞軍（2000）：《現代漢語語法分析》，上海：華東師範大學出版社。

馮勝利（2009）：《漢語的韻律、詞法和句法》，北京：北京大學出版社。

季鎮淮（1980）：《歷代詩歌選》，北京：青年出版社。

劉衛林（2022）：《詩詞欣賞與品德情意·序二》，香港：商務印書館。

李家樹、謝耀基（1999）：《漢語的特性和運用》，香港：香港大學出版社。

李維（2008）：《中國詩史》，南京：江蘇文藝出版社。

龍榆生（1978）：《唐宋詞格律》，上海：上海古籍出版社。

龍榆生（2001）：《中國韻文史》，上海：上海古籍出版社。

歐陽汝穎主編（1998）：《高效能中文教學》，香港：香港大學課程學系。

施仲謀、杜若鴻、金夢瑤、李敬邦（2022）：《詩詞欣賞與品德情意》，香港：商務印書館。

施仲謀、杜若鴻、鄔翠文（2013）：《中華經典啟蒙》，北京：北京大學出版社。

施仲謀、杜若鴻、鄔翠文（2009）：《中華經典導讀》，北京：北京大學出版社。

施仲謀、葉植興（2009）：《朗誦教與學》，香港：中華書局。

孫洙編選（2008）：《唐詩三百首》，北京：北京出版社。

唐圭璋箋注（1979）：《宋詞三百首箋釋》，上海：上海古籍出版社。

王力（1977）：《詩詞格律》，北京：中華書局。

吳熊和（1995）：《唐宋詞通論》，杭州：浙江古籍出版社。

香港課程發展議會（1990）：《中學中國語文科課程綱要》。

香港課程發展議會（2000）：《中學中國語文課程指引》。

朱光潛（1993）：《詩論》，台北：正中書局。

朱光潛（2019）：《談美書簡》，北京：正中書局。

Research and Practice: From Poetry Appreciation to Moral and Affective Education

TO Yeuk Hung

School of Chinese, The University of Hong Kong

SI Chung Mou

Department of Chinese Language Studies, The Education University of Hong Kong

Abstract

This article starts from the appreciation of Chinese poetry, combined with students' life, to discuss the moral and affective education and language improvement functions of literary works. Its goal is to arouse students' interest in learning Chinese and improve their language ability, to provide syllabuses, experimental materials, and a digital learning database website. It is expected that this research can provide a reference for Chinese teaching from the poetry classics.

Research has proved that it is an effective and important way to build students' 'Classical Recitation Mode' (CRM) from an early age to improve their literary perception and language ability. The reading of rhymed poetry is one of the best learning approaches. The so-called 'sound into the heart', through vivid and emotional recitation, not only can deepen students' understanding of culture, but also improve their interest and ability to read. By reciting beautiful works, one can accumulate vocabulary, understand the meaning of words, master the organization of sentences and paragraphs, understand the layout of consecutive paragraphs, and apply the structure, grammar, rhetoric and other skills of the article. Changes in intonation and rhythm can leave a deep impression and effectively improve students' writing and expression skills.

In addition, according to the American educational psychologist, Thomas Lickona's Character Education (CE) and Chinese Poetry Education (PE), vivid reading can also develop thinking ability, arouse imagination, and deepen understanding of culture. Students will be deeply impressed by the epigrams and beautiful language of the works, receive subtle influences, be influenced by morality and affection, and finally break down the barriers of language learning.

Keywords   Appreciation of poetry, Morality and affection, Recitation Mode, Character Education, Poetry Education

結合電子教學元素的語文情意學習：一個生命網課探究

香港教育大學中國語言學系
何志恒*

摘要

近年發表的課程文件，例如課程發展議會與香港考試及評核局聯合編訂（2021）《中國語文教育學習領域：中國語文課程及評估指引（中四至中六）》都強調中國語文課程應重視學生價值觀和態度培養。中國語文的學習，除了培養讀寫聽說的語文能力和思維能力，也應注重學生性情的陶冶和品德的培養。課程文件強調培養不同價值觀，諸如「堅毅」、「尊重他人」、「責任感」、「國民身份認同」、「同理心」和「守法」等。

與此同時，課程文件也強調資訊科技教育能促進語文學習，增加學習趣味，亦需要照顧學生不同的學習需要及風格。電子學習模式多元化，教師可以如何利用不同的電子學習資源發展中文科的情意學習？是次研究，將借用一個準教師的生命網課學習歷程個案，探究語文教學可以如何結合電子學習元素促進學生的情意學習。

關鍵詞　　準教師　語文教學　電子學習　價值培育　學生為中心學習

一、引言

中國語文科除了注重學生語文能力的發展，也關注學生的品德成長。世紀之交的課程改革，課程發展議會（2001，頁 7-23）《學會學習－課程發展路向》報告書，建議推行四個關鍵項目，發展學生的獨立學習能力，其中一項就是「德育及公民教育」。

---

*　何志恒，香港教育大學中國語言學系，聯絡電郵：chho@eduhk.hk。

課程文件指出，新課程的短期發展階段（2001-02 至 2005-06 年）着重價值觀和態度的培養，並強調 5 個價值觀（責任感、承擔精神、尊重他人、堅毅及國民身份認同）「對發展人生及學習目標是必要的」。

　　時至今日，語文課程對品德情意教學的重視與日俱增。課程發展議會與香港考試及評核局聯合編訂（2021，頁 4-27）《中國語文教育學習領域：中國語文課程及評估指引（中四至中六）》指出，中國語文課程重視學生價值觀和態度的培養，中國語文的學習需要關注學生性情陶冶，以至品德培養。課程文件強調的價值觀的數目也增加至包括「堅毅」、「尊重他人」、「責任感」、「國民身份認同」、「承擔精神」、「誠信」、「關愛」、「同理心」和「守法」等 9 項。

　　課程文件同時關注資訊科技教學的應用。課程發展議會（2001，頁 7-22）《學會學習－課程發展路向》報告書建議的四個關鍵項目，其中一項就是「資訊科技」。根據課程文件，「運用資訊科技進行互動學習」可以「協助學生在資訊年代和數碼世界，嚴謹而明智尋求、汲取、分析、管理和彙報資料」。

　　今天資訊科技發展一日千里，「運用資訊科技」也是課程文件的焦點項目。根據課程發展議會與香港考試及評核局聯合編訂（2021，頁 27）《中國語文教育學習領域：中國語文課程及評估指引（中四至中六）》，「資訊科技教育能促進語文學習，增加學習趣味，亦能照顧學生不同的學習需要及風格。電子學習資源的模式多元化，包括電子文本或電子書、圖片、錄音、錄像、動畫等，甚或是一些網上專題資源套，互動學習的網上課程。教師可運用這些電子學習資源，瞭解及掌握學生的學習進度，過程中教師仍需給予學生適切的指導，幫助學生養成自主學習的能力和習慣，運用資訊科技的正確態度，從而提升他們的資訊素養。

　　課程文件明確指出教師在課程執行上扮演重要的角色。教師應該「善用學生的生活情境或創設真實而具挑戰性的語文學習情境，靈活運用各種學與教策略施教，激發學生內在的學習動機」，究竟教師可以如何利用電子學習資源發展中文科的品德情意學習？是次研究，將借用一個準教師的生命網課學習歷程個案，探究語文教學可以如何結合電子學習元素促進學生的情意學習。

二、文獻探討

（一）語文科的品德情意學習

　　語文是思想的載體。課程發展議會（2017，頁 4-6）編訂《中國語文教育學習領

域課程指引（小一至中六）》強調中國語文教育「需均衡兼顧語文的工具性和人文性，全面培養學生的語文素養」，並指出中國語文教育的課程發展方向包括：

- 加強培養學生的品德情意，提高學生的道德操守，滋養情意；
- 加強文化的學習，培養學生對中華文化的認識、反思和認同；
- 培養思維能力和思維素質，鼓勵獨立思考、明辨性思考，發揮創意；
- 加強培養學生自主學習語文的興趣、態度、習慣和能力。

在「品德情意」範疇，課程文件重申「語文是思想感情的載體，而思想感情是語文的內容。」品德情意教育可由感情激發到理性反思，以情引趣，以情促知，進而自我反省，並在道德上自覺實踐。品德情意範疇的學習目標是：

(1) 培養道德認知、意識和判斷力，從而促進自省，培養道德情操；

(2) 陶冶性情，培養積極的人生態度；

(3) 加強對社群的責任感。

課程文件也列出一些首要培育學生的價值觀及態度。教改之初，課程發展議會（2001，頁 23）《學會學習：課程發展路向》強調 5 個價值觀：責任感、承擔精神、尊重他人、堅毅及國民身份認同等。到了課程發展議會（2014，章 3A，頁 1-5）《基礎教育課程指引－聚焦·深化·持續（小一至小六）》，指出「堅毅」、「尊重他人」、「責任感」、「國民身份認同」、「承擔精神」、「誠信」和「關愛」7 種首要培育學生的價值觀和態度「對發展人生及學習目標是必要的」。

在 2021 年，課程發展議會發表《價值觀教育課程架構》（試行版），強調價值觀教育是學生確立正確人生觀的重要基石，並在「堅毅」、「尊重他人」、「責任感」、「國民身份認同」、「承擔精神」、「誠信」和「關愛」的基礎加上「守法」和「同理心」共9 項學校首要培育學生的價值觀和態度（2021，頁 5-10）。

學校首要培育學生的價值觀和態度的日漸增加，反映官方對推行價值觀教育的重視。課程發展議會（2021，頁 6）《價值觀教育課程架構》（試行版）提及香港學校和社會各界正進行不同形式的價值觀教育，例如道德教育、正向教育、品德／品格教育、生命教育等，它們的「方向及目標一致」，都是協助學生「以樂觀和積極的態度，勇敢面對轉變和挑戰。」上述項目中，「生命教育」是教育局重視的項目，教育局課程發展處總課程發展主任（德育、公民及國民教育）張永雄先生在《推行生命教育初探》一文指出，「生命教育是價值教育範疇下的重要一環」。對於課程理念架構，教育局建議「將生命教育的學習內容框架聚焦於認識生命、欣賞生命、尊重生命和探索生命這四個學習層次上。」鼓勵學校以學生的經歷為本，(1) 培養及強化學生的抗逆能力；(2) 提升學生對生命的瞭解，讓學生更明白生命的意義，培養積極人生（張永雄，

2010，頁 9-10）。

陳志威（2017，頁 85-101）綜合不同國家地區推行的生命教育，指出生命教育內涵寬廣，難有劃一定義。例如在英國，生命教育是指「個人、社會、健康和經濟」教育（Personal, Social, Health and Economic Education (PSHE)），「幫助兒童和青少年成長、以及發展成為家庭和社會一員的課程」（McWhirter, 2009）。

台灣於 1997 年在高中階段推動生命教育課程，教導學生瞭解生與死，省思生命意義，以應對校園自我傷害和不愛惜生命的事情，進而能夠珍惜生命和發揮生命的價值（張淑美，2000，頁 281-304）。而在美國，死亡教育關注生命的意義與價值，積極地生存以邁向死亡，使生命的終點成為無憾的善終。死亡教育的目標之一，就是幫助個體對自己有更清楚的認識，欣賞自己的優點和局限，從而得着更豐盛的人生。可見美國的死亡教育，其實就是「生命教育」（Corr & Corr, 2013）。

陳志威（2017）指出各地生命教育的共同內涵，在於幫助學生主動地認識自己、反思和探索生命的意義和價值以及和生死相關的個人價值、尊重自己和珍惜自己的生命、提升他們與他人和諧相處的能力、提升他們對生命的尊重與關懷、瞭解人與環境共生的關係並對社會作出積極的貢獻。至於香港的「德育、公民與國民教育」的大部分元素，例如品德倫理教育、價值教育，其實都可以涵蓋在生命教育之中。

從以上的論述，可見香港的品德情意教育、價值教育、生命教育的側重點雖或有別，但其內涵，其實互相關連。

（二）品德情意學習的推行

如何在中國語文科推動品德情意學習？課程文件建議「透過中華文化及品德情意的學習」，學生閱讀經典篇章，「既可學習篇中情理、認識中華文化，亦有助培養「堅毅」、「尊重他人」、「責任感」、「國民身份認同」、「承擔精神」、「誠信」和「關愛」等價值觀和態度。例如小學生通過閱讀孝親故事或詩歌，學習關愛父母，體諒家人，在日常生活中懂得關愛別人。

中學的語文課程，「可透過新聞時事或日常生活的事件，讓學生分析社會現象，對照古今人物的言行思想，發展明辨性思考能力，同時培養品德，討論尊重他人的精神如何由尊重自己做起，推己及人，在日常生活中身體力行。」

課程文件提出「連繫本學習領域科目，其他學習領域或學科的學習」，因為「語文學習有助促進其他學習領域的學習，而其他學習領域，往往又為語文學習開拓更大的空間。學生透過學習和運用語文，可以豐富知識，並且透過其他學習領域中的不同課題，如人際關係、社會及自然環境、中華文化、世界文化的多元性等，拓寬視野。」

（課程發展議會，2017，頁 27-28）

中國文化其實是「道德文化」。中國傳統學術思想，無論是儒家、道家，均本於人性道德：儒家強調仁義，推己及人、仁民愛物，人倫秩序乃從個人為中心自然推展而出；至於道家，主「無為而無不為」，引出儒家倫理規範以外的反向力，並為道德的普世性提供基礎。因此，無論儒道，其思想所關注的，皆是人與社會，人性與人的生活，以人為中心的道德生活。

香港在世紀之交的課程改革，「德育及公民教育」是課程發展議會（2001）在《學會學習－課程發展路向》報告書建議在各學習領域及跨學習領域推行的四個關鍵項目之一，並建議學校透過有策略的計劃，將四個關鍵項目靈活地融入不同的學習領域，以提高學生建構知識的能力，發展他們的共通能力，並協助他們建立正面的價值觀和培養積極的態度。

早於 1981 年的課程發展委員會《學校德育指引》已經指出：所有課程都應該重視學生的德育培養，教師可以正規課程的教授機會灌輸有關德育的意識。不過，到了《學校公民教育指引》（1996，頁 i），則指出「邁向二十一世紀，學校教育在傳授知識、技能之外，並培養態度、價值觀、信念。」課程文件以「培養」態度等字眼取代「灌輸」，並指出這重要的使命有賴課程、教材、教法相互配合，以滲透式、獨立學科或綜合學科等模式進行。

甚麼是合適的道德教育？霍爾（Hall, R. T.）及戴維斯（Davis, J. U.）（2003，頁 19-21）指出道德教育「不是簡單地向學生灌輸某種規定的或公認的信仰和行為」，因為人應有權自由自主進行理性思考，作出道德決定，因此，道德教育不應是「灌輸」（indoctrination）。霍爾及戴維斯進一步解說，道德教育與灌輸最大的分別在於「灌輸者」會不斷重述某些信念，但又不許人們批評這些信念。道德教育應該讓學生自由地考慮任何信念或意見的贊成或反對意見，避免灌輸。

中國語文教育新課程強調「以學生為主角，促進自主學習」，而不是以「教師為中心的教學」。課程發展議會（2017，頁 36-37）編訂《中國語文教育學習領域課程指引（小一至中六）》指出，「最有效的教學，是以學生為學習的主角，在課堂及其他學習場合，要讓學生自己主動經歷、積極參與活動。」語文教師的角色在於「營造情境，有效地指導學生從熟悉的學習情境，遷移知識和技能。」「教師可透過課堂內外的語文實踐活動，讓學生體驗學習的樂趣，進而引發他們積極主動地學習，掌握獲取新知識的能力和反思能力，養成良好的學習態度和習慣，為自己訂立個人的學習目標和方向，選擇合適的學習策略，監控、調節和反思自己的學習歷程。」

課程文件強調「以學生為學習主角」的語文教學，並不限於課室裏的學習，而是

包括課堂以外的學習。課程文件指出：在學習過程中，教師要「提供機會與空間讓學生自行探究，並與同儕共同建構知識，從而鼓勵學生主動參與，發展獨立和自主學習的能力」（課程發展議會，2014，頁 8）。

（三）語文教育與資訊科技發展

打從 20 世紀 50 年代起，資訊科技在電腦網絡發展下，逐漸影響着人們的生活。隨着智能手機及平板電腦在近十年的快速發展，5G 手機、VR、AR、AI 技術不斷湧現，加上推陳出新的應用程式，為人們提供高速搜尋資訊的方便。Fok（2012，頁 16）指出，現時我們正身處於一個「新的電子學習時代」（New era of e-learning）。

在這個「電子學習時代」，學生可以隨時、隨地，以及透過不同途徑學習。電子學習的價值越來越受到重視，Berge, Collins & Dougherty（2003，頁 50-52）指出電子學習「靈活多變」：學生可以利用網絡瀏覽器搜遍世界各地的圖書館，也可以快速瀏覽書本、期刊的內容，獲悉最新的資訊和觀念。而不同的在線網絡課程，也可以藉着互聯網，發展適應不同生活方式和學習需要的學生的課程，為那些主動學習的學生提供更有利的學習條件。

「運用資訊科技進行互動學習」是香港近年課程改革其中一個重點。課程發展議會（2014，章 3D）《基礎教育課程指引－聚焦・深化・持續（小一至小六）》指出近年電子閱讀器及電子讀物日趨普及，電子文本超連結、易檢索等特點，正改變學生的閱讀習慣，教師要教學生「學會閱讀」。隨着資訊科技的高速發展，在學與教過程中運用電子學習資源已是全球教育的趨勢，加上移動學習的漸趨普及，語文的學與教方式更趨多元，教師可善用無遠弗屆的學習平台、應用程式或網上資源等，同時配合適用的教學策略，讓學生隨時隨地進行學習，並可按個人興趣及學習進度，獲取知識、分享心得或鞏固學習成果，以促進獨立、自主學習語文的能力。

課程文件指出，電子教學可以「支援課堂內外的互動與協作」，因為「隨着資訊科技的發展，教師及學生已經透過網上日誌、合作式知識管理系統及簡易資訊整合提要等應用技術，進行協作學習及分享知識。這些應用技術讓學生可按照他們的興趣共同研究問題，有助發展探究式學習技巧。」

究竟課程文件視為可以推動學校教育的「範式轉移」——由以課本為主導、以教師為中心的教學模式，轉向互動和以學生為中心的學習模式的「資訊科技教學」可否促進學生的品德情意學習？

（四）項目學習

香港的課程改革，強調「學生是學習的主人」，教育的目標在於促進學生自主探究能力，以及建立課堂內外的學習社群。「項目學習」（Project Learning）是信息時代一種重要的學習方式。在香港的課程文件，「項目學習」被視為「有效的學習與教學策略，推動學生自主學習、自我監控和自我反思。」「能促進學生把知識、能力、價值判斷與態度結合起來，並透過多元的學習經歷建構知識。」（課程發展議會，2001，頁 78）

「項目」（project）在教育領域的應用，最早見於美國「實用主義」（Pragmatism）教育家杜威的學生克伯屈（William Heard Kilpatrick, 1871-1965）在 1918 年 9 月在哥倫比亞大學《師範學院學報》（*Teachers College Record*）發表的《項目教學法（*The Project Method*）》一文。「項目」是指學生自己計劃，運用已有知識經驗，通過自己的操作，在具體的情境中解決實際問題。克伯屈將「項目」教學劃分為以下四個階段：

（1）決定目的（Propose）

（2）擬定計劃（Plan）

（3）實施計劃（Execute）

（4）評定結果（Judge）（Berman, S. 著，夏惠賢等譯，2004，頁序 I-III）

「項目學習」要求學生在一定時間內選擇、計劃、提出項目構思，通過展示等多種形式解決實際問題。它是一種「以學生為中心」設計執行專案的教學和學習方法，以促進學生的學習效果。「項目學習」的形式、規模可以有不同的變化，可以引導學生製作一本書，或設計一個劇本。「項目學習」通過與現實相結合的實踐方式，使學生更有效率地掌握學科知識（subject core knowledge），並在此過程中培養學生的社會情感技能（social-emotional skills）（芥末堆，2016）。

不少研究發現，當採用「項目學習」進行教學實踐時，學生的參與情況會呈現更加積極的狀態。在促進行為、認知、情感參與上均具有一定積極作用（張凱黎、何加晉，2016，頁 168）。究竟教師課程採用「項目學習」方式，對學員的專業成長，例如電子教學的運用、品德情意的教學等，可以產生甚麼作用？

三、研究方法

是次研究，透過一個學生自由參與的計劃個案，探究以「項目學習」方式發展準教師設計中文科生命網課的作用，主要針對以下研究問題：

● 「參與者」會設計甚麼中文科生命網課？

● 「參與者」會如何評估自己設計的中文科生命網課？

● 「參與者」在「項目學習」過程中會有甚麼反思？

● 探究語文教學可以如何結合電子學習元素促進學生的情意學習？

是次研究的對象（下稱「參與者」）為 10 位香港教育大學「中國語文教育榮譽學士課程」學員（中文科準教師），不限年齡、年級、性別、學業成績等。計劃為期 7 個月（2020 年 12 月至 2021 年 6 月）[1]，以發展中文科生命網課為試點，「參與者」的主要「項目學習」任務包括：

（1）探究現時學校中文科品德情意教育及電子教學的需要；

（2）因應學校及課程需要設計中文科生命網課；

（3）實踐、檢視、反思中文科生命網課的設計，作為持續優化的依據。

「參與者」可以自行聯絡學校（中學或小學均可），搜集現時學校中文科品德情意教育需要、中文科品德情意教育的方式及可用資源等。「參與者」可以根據自己的識見，以及從學校搜集的資料，動手設計中文科生命網課。網課的教學對象、學習重點、內容，以及設計成品的數量等，均沒有限制。完成設計後，「參與者」需要邀請學校中文教師 / 準教師評鑒網課，並自評成品、分析得失，然後修訂成品。最後，學員檢視活動進展，反思回饋。

在「參與者」設計中文科生命網課的過程中，研究者會為「參與者」提供支援，但不干預他們進行活動。「參與者」完成項目活動後，研究者以省時省力但效率高的問卷調查搜集數據分析（Ruane, J. M. 著，王修曉譯，2007，頁 161）。問卷主要提問包括：

● 設計中文科生命網課時曾遇上的困難，以及如何解決；

● 參與這項計劃的得着。

四、研究結果與討論

10 位「中國語文教育榮譽學士課程」學員參與是次研究，其中 4 位是五年級生（40%，分別是 CS, C, W, S），四年級生佔 4 位（40%，分別是 CT, LS, YH, WL），另

---

1 是次研究獲得香港教育大學學生事務處 Specific Student Empowerment Work Scheme (Specific SEWS) 2020/21 資助，謹此致謝！是項計劃，參與學生名額 10 位。

外 2 位是二年級生（20%，分別是 NS, SL）。

（一）「參與者」設計的中文科生命網課

10 位「參與者」共製作了 9 個中文科生命網課，詳情如下：

表 1：學員生命網課實作成品的課題及適用年級

學員實作成品	主題	形式	教學對象
《魚我所欲也》	仁義抉擇	短片	高中
《外套——仁愛的故事》	仁義	短片	高小
《ABC 升降機之「生命中最重要的五件寶物」》	人生意義	廣播劇	高中
《ABC 升降機之「回到過去」》	人生價值	動畫影片	高中
《ABC 升降機之「當鴨子遇上死神」》	生命中的死亡	動畫影片	高小
《ABC 升降機之「天堂放映機」》	生命意義	動畫影片	高中
《積極人生》	積極人生	動畫影片	初中
《大腳丫跳芭蕾》	自我價值	動畫影片	初小
《我和我家附近的野狗》	愛護動物	動畫影片	高小

9 個中文科生命網課，五年級同學有份製作的有 2 個（22.2%）。4 個「ABC 升降機」系列成品均由四年級同學製作（44.4%）。另外 3 個生命網課則由兩位二年級同學製作（33.3%）。值得注意的是，《外套——仁愛的故事》由 4 位五年級同學、兩位二年級同學一起合作製作，而兩位二年級同學吸收了這次合作的經驗後，製作了 3 個生命網課成品，那大概反映了參與學生合作的經驗流傳。

1. 中文科生命網課主題

9 個中文科生命網課成品，4 個「ABC 升降機」系列成品的理念統一，同學指出這系列作品的核心理念在於「讓學生明白與思考人生價值」，例如《ABC 升降機之「回到過去」》「希望透過故事中醫生、商人與園丁在成就、影響力和生命價值三方面的對比，使學生思考成功人生的定義，從而進一步思考「人生」的意義。」《ABC 升降機之「當鴨子遇上死神」》則借用 Wolf Erlbruch《Ente, Tod und Tulpe（當鴨子遇上死神）》繪本作為藍本，製作動畫影片，期望學生能：

● 明白死亡是人生的必經階段；

- 明白死亡是無法預計的；

- 明白要放下心中的恐懼，冷靜面對死亡。

上述短片目標跟美國「死亡教育」的目標不謀而合。

五年級同學參與製作的 2 個短片（《魚我所欲也》及《外套——仁愛的故事》）由討論文本《魚我所欲也》（12 篇指定文言經典學習材料之一）內容出發，探究中國儒家仁義思想，進而討論仁義精神的生活實踐，其教學目標引導學生：

- 體會中國傳統思想中「仁愛」的精神；

- 探討現今學生如何實踐仁愛；

- 鼓勵學生於日常生活實踐仁愛。

至於另外三個生命網課，兩位二年級同學與一位五年級學長製作的《我和我家附近的野狗》以「愛護動物」為題，取材繪本《我和我家附近的野狗》，引導學生「探討如何愛護小動物」、「明白飼養小動物需要負上甚麼責任」，並「鼓勵學生於日常生活實踐愛護動物的行動。」兩位二年級同學合力製作的《大腳丫跳芭蕾》取材同名繪本，引導學生「明白自我價值的重要性」，以至學會「如何看待他人對自己的評價」。而《積極人生》則「培養學生以積極樂觀的態度面對逆境」。

9 個中文科生命網課成品，皆旨在幫助學生認識自己、反思和探索生命的意義和價值以及和生死相關的個人價值、尊重自己和珍惜生命，以及瞭解人與環境共生的關係等，能切合生命教育、價值教育與品德情意教育的目標。

2. 中文科生命網課設計

中文科生命網課成品的教學對象，以「高中」最多，共有 4 個（44.4%），其次是「高小」，共有 3 個（33.3%）。「初中」及「初小」則各有 1 個（11.1%）。針對不同的教學對象，9 個中文科生命網課成品採用了不同的表達形式，其中兩個是短片（真人演出，共 22.2%），《ABC 升降機之「生命中最重要的五件寶物」》是廣播劇（11.1%），其他 6 個網課是動畫影片（即是以動漫人物作主角，共 66.6%）。

「短片」運用了不同的表達技巧，增加短片的互動及趣味性，例如《魚我所欲也》設計「校園訪問」：主持人帶領短片主角到香港教育大學（「教大」）進行訪問，邀請教大學生說出他們對「義」的認識。主持人並利用三道情境問題，邀請學生選擇答案。主持人利用受訪者的答案，對比古今對「義」的看法，討論「捨生取義」的精神。

「短片」運用了生活實例引發思考，例如《積極人生》先利用考試不合格這些學生經常遇上的生活情景作引入，然後引用社會真人真事（有「亞洲攀石王」及「包山王」之美譽，又曾參加世界攀石巡迴賽的黎志偉，在 2011 年 12 月 9 日一次交通意

外失去雙腳），刺激學生思考黎志偉如何走出人生谷底？

短片加插了戲劇元素及思考問題，拓寬思考空間，例如《外套——仁愛的故事》運用戲劇方式呈現故事主角在天寒地凍的街角遇見一個衣服單薄、渾身發抖的小孩的道德兩難：應否將自己的外套送給這小孩？

品德情意教學注重實踐，短片也加插相關實踐建議，例如《外套——仁愛的故事》將仁愛分為三個層次，第一個為關心家人，第二個為關愛朋友，第三個為關愛社會，讓學生易於實踐。《積極人生》藉助介紹「情緒 ABC 理論」[A 即是 Activating Event（事件），B 即是 Belief（信念或看法），而 C 就是 Consequence（情緒反應／行為）]，說明我們在面對同一事情時，有不同的看法就會導致不同的情緒反應。明白情緒反應的原理，有助人們管理自己的情緒。《我和我家附近的野狗》在結尾階段通過提問邀請學生反思在日常生活中可以如何幫助流浪狗；《外套——仁愛的故事》鼓勵學生在日常生活實行仁愛，並將仁愛的實踐記錄下來，互相交流。

3. 中文科生命網課的評價

參與學員邀請教師、準教師評價中文科生命網課成品。以《ABC 升降機之「天堂放映機」》為例，在職教師張老師給予動畫影片以下評價：

● 動畫影片課堂對象設定為高中生合適，內容深淺適中，即使初中學生亦能理解故事內容；

● 片尾的思考問題，高中生能給予更多層次和多角度的意見；

● 故事情節惹人反思，影片流暢，短片製作精美有趣；

● 延伸活動方面，提供了片尾銜接的思考問題予學生思考，工作紙齊備，能夠銜接影片之餘，亦方便教師使用；

● 工作紙題四把中文科生命教育與 12 篇範文相連的意念不俗，值得一試。惟需要留意，12 篇範文之中未必每一篇都適合該題目，若然讓高水平的學生自由選擇 12 篇範文的相關人物，問題不大；但對於中低水平的學生而言，教師需要適當調節，例如縮窄選擇範圍。

圖1：工作紙題四

四、請根據本課節所學，以及十二篇範文中的人物角色及或作者生平，選擇一
　　至三位人物，並根據你所選的人物原型，於下表設計各個人物角色的人物
　　形象、評分，以及寫出你想從中表達的生命道理。

A.　我所選的人物是＿＿＿＿＿＿＿，出自＿＿＿＿＿＿＿＿＿＿＿＿。

B.　我所選的人物是＿＿＿＿＿＿＿，出自＿＿＿＿＿＿＿＿＿＿＿＿。

C.　我所選的人物是＿＿＿＿＿＿＿，出自＿＿＿＿＿＿＿＿＿＿＿＿。

人物名稱	人物形象	分數	你想從中表達的生命道理是……（小提示：可以從加分項或減分項思考，不限單一角度。）

　　參與學員訪談後跟進：建議教師在學生完成工作紙題四前，與學生重溫 12 篇範
文，並按照學生的水平篩選範文供學生選擇。高水平的學生可以自行選擇 12 篇範文
的人物。教師也須注意 12 篇範文中，個別篇章未必包含作者對生命的看法，例如《岳
陽樓記》，只有作者范仲淹的個人政治抱負，而非生命道理。

　　從上述例子看來，參與學生的網課成品獲得不少正面回饋。受訪者的評價，也可
以提示參與學生知悉如何修訂成品，提高網課的教學效能。

(二)「參與者」設計中文科生命網課後的反思

　　參閱學員設計中文科生命網課後，研究者從問卷調查搜集「參與者」的回饋與反
思，簡要摘錄如下：

1.「在你製作的生命網課中，哪一個最能針對現時學校中文科教學需要？」

　　學員肯定生命網課成品能切合學校中文教學的需要，學員 CT 提出《ABC 升降機
之「天堂放映機」》，她認為「生命教育在中文科是需要的，但更需要是能很自然而
又有效率地融入中文科課堂。」「而當中「天堂放映機」是結合視訊和討論的網課，
學生除了要觀看「天堂放映機」的影片，亦要對影片中的情節進行思考，然後進行小
組討論。影片採用開放式結局，保留思考空間，提升學生的理解能力。而近年 DSE
中文科的題目，也有不少與生命、人生觀有關，教師可以透過這堂網課增添學生對這

方面的認識，也配合小組討論，讓學生在討論的過程深入思考，並回歸到課程內容中，透過為 12 篇範文中的人物評分，可以更有效地讓學生預習或重溫。整個影片讓學生從不斷反思中，訓練思維能力。」

另一位參閱學員則提出《外套——仁愛的故事》，理由是「仁愛為一較為熱門的議題，無論是小學抑或中學階段均會有相關方面的教學，而網課的教學對象為高小學生，這有助他們建立有關仁愛的初步概念，並為中學課程作出銜接」。

2.「在你製作的生命網課中，哪一個最能針對現時學校中文科品德情意教學需要？」

參與學員肯定網課成品能針對中文科品德情意教學需要，例如學員 SL 提出《外套——仁愛的故事》，認為「仁愛此一主題為中華文化『五常』中的重要一環，故此一主題可針對現實中文科的品德情意教學需要，扣連儒家思想、文化教學，幫助學生瞭解如何將仁愛加以拓展」。

學員 YH 認為是《ABC 升降機之「回到過去」》，理由是短片內容切合學生的需要：「人生會有很多『早知道』，而中六學生面對過選科，即將揀選大學及思考將來的職業和生活，《ABC 升降機之「回到過去」》可以讓他們有一個機會檢視自己的以前，相信自省、調整過後他們可以更好地展望將來。」學員 WL 則提議《ABC 升降機之「五件寶物」》，原因是「可以協助學校針對『生死』以及『生命價值』這兩個課題提供教材，並協助教師通過使用教材套來讓學生進一步反思生命的意義，以及思考『自殺』這一課題。」

3.「在你製作的生命網課中，哪一個最能針對電子教學需要？」

關於這道問題，學員 CT 的答案是《ABC 升降機之「天堂放映機」》，她指出「電子教學的問題是單向的教授和無法得悉學生對課堂的吸收，而《ABC 升降機之「天堂放映機」》為故事留下了一個開放式的結尾，學生在課堂結束後，不是結束，而恰恰是思考的開始。若故事有足夠的張力，學生會在影片結束對結局有一個答案。而教師亦可以採取開放的態度，讓學生分享。」

另一位四年級學員 WL 則認為應該是《ABC 升降機之「回到過去」》，原因是「以動畫的方式呈現，可以貼合教師教學的需要，能夠放到網上平台供學生觀看，同時亦可讓教師在進行網上課堂時，以分享熒幕畫面的形式與學生一同觀看。」

學員 NS 則提議《積極人生》，指出這網課「能夠配合網上授課的特性，如利用不同的網上資源進行教學，而這個網課使用了不同的電子平台，比起傳統口語化的教授方式，透過短片和動畫進行理論分析，更能培養學生的好奇心和提高學習成效，符

合電子教學的需求。」可見學員認同網課成品能發揮電子教學的優勢。

4.「寫出你製作中文科生命網課時曾遇上的困難，你如何解決？」

參與學員在問卷反映他們遇上的困難及解決方法。學員 WL 指出其中一個困難來自「疫情」，「因為疫情，較難以真人拍攝的方式完成課題。」她的解決方法就是「以『邊做邊學習』的方式」「學會製作簡單的廣播劇及動畫，讓組員們不必出外拍攝。」同樣因為疫情，「難以面對面交談，令組員在溝通上容易出現問題。」解決方法就是「增加網上會面，盡量配合各組員的時間表，讓大家都可以定期彙報進度。」參與學員都能靈活變通，製作生命網課。

學員 SL 指出她的困難在於「不懂如何製作動畫」，但可以「與同學商量，比較不同平台的利弊，一同嘗試、試驗、學習。」不過，她也注意到「製作時需要不斷修改影片，有時或會遺失了原有的影片檔案或原稿。」她的解決方法，就是「每完成一個階段，便需備份、存稿」，那是很實在的電子教學實踐經驗。

學員 NS 也遇上一些技術困難，「製作短片的卡通需時長，以及需要由頭開始學習」。所謂「解鈴還須繫鈴人」，解決方法就是「利用專門製作卡通程式，例如 Animaker。此外，可以上網學習如何操作該程式，很快便能學會。而且，卡通也可用其他方法代替，例如簡報等等的方式展示。」另一個困難是「錄音背景有雜音，分開錄製會有聲量不一的問題」，而學員從活動歷程，學會使用了手機內的功能去除「雜音」；至於聲量的問題，「可與組員一起錄製，或者後期將聲量調製到最大。」參與學生從實踐經驗學習解決方法。

5.「你設計的生命網課可以對語文科教學產生甚麼作用？」

參與學員認同生命網課成品的語文教學作用，學員 CT 認為，生命網課主要的作用在語文科的品德教育方面，「因為以上生命網課主要以故事形式進行，更着重學生對品德情意的思考和分析能力。所以學生一方面能從反思中學習到生命、成長的課題，一方面能從說話、閱讀上提升能力。」學員 YH 指出，「生命教育很多時候會提及價值觀判斷、品德情意這些部分，所以這其實符合語文教育中的思維教學和品德情意教學甚至文學等範疇。」

學員 CS 則認為生命網課「更多元化及創新」，「現今學習模式轉變，學生需要不同方法幫助學習」。

6.「試寫出你對參與這項計劃的得着」

學員在問卷指出了他們不同的得着，例如五年級學員 CS 的得着是「帶領同年級或不同年級的同學一起合作，通過製作教學短片能提升教學設計能力，同時應用電子科技。」

對於學員 CT 來說，這次參與讓她「切身瞭解到生命教育是甚麼。在創作初期，不斷地懷疑自己的想法是否符合生命教育的要求，透過尋找資料、判斷，開始對生命教育有了更深的認識。亦瞭解到不同地區對生命教育的看法和處理方法，使我印象深刻的是，西方的繪本教學，西方有很多講述生與死的故事書，非常值得我們參考。到了真正製作階段，就是考驗我的解難能力，因為對製作動畫的能力不足，所以不停嘗試多種方法，希望能有更理想的呈現。」

學員 NS 明言「此計劃使我獲益良多。首先，在籌備計劃上，我瞭解到一個計劃由開展到結束的流程，當每一步都要親力親為下，便會深知當中不少的細節位需要顧及。例如在計劃開始之前需要準備完善，事前準備材料與觀看不同的資訊，才能定立一個好的主題，令到之後的發展比較順暢。除外，亦認識了一眾有熱誠的同行者，包括師姐與同學，在她們身上，我學會了如何有效地管理一個團隊，分配工作和各司其職。在遇到困難與需要修改的地方，如何有系統地分配人手與解決問題。當然，在這項計劃的過程中，我亦學會了不少製作網課的工具，例如製作動畫、拍攝和剪輯等等，期望之後能在教學上運用。」看來各位參與學員的收穫，比網課更豐富。

7.「參與這項研究活動的感想」

學員在問卷分享了她們的感想。學員 YH 指出，「能夠在疫情下嘗試設計生命網課是一件不容易的事情，原因是本來自己也在適應這新常態，同時又嘗試參與一件我覺得對教育而言很重要和很有意義的事情。討論主題和想法不算難，因為有十分優秀和值得信任的三位隊友，但在表達的形式上比較難決定，因為大家的課時不少，加上課務、實習等比較難騰出時間真人拍攝，這就需要運用動畫形式，但懂得動畫製作的人又不多，所以對負責該項事務的同學感到抱歉，因為她常常要肩負重任把大家的意念努力地用動畫呈現，其他同學都很用心、負責任一起想出有趣、實用的點子。我十分有幸可以與她們合作。」

學員 CS 用「充實」二字形容這次活動的感受。學員 SL 則指出「我很高興可以藉此計劃累積更多教學或課堂設計的經驗，而我印象最為深刻的是動畫製作，以及為不同角色進行配音，這有助我拓展自己的才能，當中的過程亦十分有趣難忘，十分感謝老師讓我參與是次計劃，嘗試更多範疇的事物。」

學員 LS 總結這次經驗：「電子課堂從無到有，並不容易，有了好點子，還需要好的設計和短片。能夠親身參與各個範疇，感覺自己真的學到了很多。尤其是自己本身對生死教育相當感興趣，而所謂『生命教育』，也就是更關注『生』命的啟發與收穫。如何才能激發學生對生命的思考，是我和組員全力以赴、夢想要達成的最大目標，我們也努力做到了。」

五、結語

是次研究，透過「中文科生命網課」計劃個案，10 位語文科準教師以「學生參與者」（student participant）身份因應學校的品德情意及電子教學需要而設計中文科生命網課的歷程，探究準教師的中文教學專業成長的作用。

10 位語文科準教師在是次研究歷程，共設計 9 個中文科生命網課，涵蓋不同課題，包括仁義、愛護動物、自我價值、積極人生，以至生命中的死亡。對於香港教育局提倡的品德情意教育、價值教育、生命教育等，均有涉及。若以生命教育而論，無論是香港教育局倡議的「生命教育」，或美國推行的「死亡教育」，均有涵蓋。

9 個中文科生命網課的形式，包括短片、廣播劇，以及動畫影片。有關生命網課形式，雖或出於疫情而作出變通，但都能貼合初小到高中不同年級學生的學習需要。另外，網課成品設定相關教學目標、進行步驟、教材及工作紙，以至評估安排，為教師提供教學資源。通過訪談，可見網課成品得到前線教師肯定。語文不能離開生活，更不可脫離學生的生活經驗和興趣而灌輸。如何有效引導學生培養正確價值觀？是次研究的中文科生命網課成品，可為語文課堂，甚至非正規課程，提供教學資源。

參與學員在這個學習歷程，針對學校品德情意教學及電子教學的需要，製作中文科生命網課，自行聯絡、邀請同儕，建立小組，制定教學目標，然後動手設計，反覆討論，以至創設成品。邀請前線教師、準教師評鑑成品，讓成品得以優化，參與學員在這個歷程，不但豐富了對語文科品德情意範疇教學及電子教學的認知、技能，也發展了一定程度的共通能力和協作能力，特別在疫情困境下靈活求變，其實已體現生命網課強調的品德情意，例如「積極人生」。

同時，「參與者」在設計中文科生命網課任務中，也實踐了「項目學習」（Project Learning）的四個關鍵元素：

- 提出問題（Propose）
- 規劃方案（Plan）

● 解決問題（Execute）

● 評價和反思（Judge）

「項目學習」跟傳統的「接受式學習」最大的分別，在於學生不必完全聽命於教師的講授，而是根據自己的興趣、愛好、專長，選擇適當的項目進行學習，充分調動了主動性和學習動機，還可以提升解決問題的能力、提高信息素養，也為學生提供學習、實踐經驗。

教育局在 1998 年推行資訊科技教育，並投放大量資源，分期推出相關策略，希望能夠透過資訊科技，推動學校教育的「範式轉移」——由以課本為主導、以教師為中心的教學模式，轉向互動和以學生為中心的學習模式（課程發展議會，2014，章3D）。是次研究，無論是電子教學，或品德情意教學，都見證有關的「範式轉移」。

課程文件指出，今天的語文教師「既是學習社群中的領導者，又是富有學習經驗的學生學習夥伴。」語文教師要「善用學生的生活情境或創設真實而具挑戰性的語文學習情境，靈活運用各種學與教策略施教，激發學生內在的學習動機；建立開放的語文學習環境，重視學生的學習過程，鼓勵學生積極參與課內和課外的語文學習活動，敢於發問，勇於表達。」（課程發展議會，2017，頁 36）是次研究，不同年級的參與學員通過學習知識和經驗交流，形成學習社群。這個「參與者」學習社群，與大學導師（是次計劃的研究者），以至提供評鑒的學校教師、教大準教師，通過是次生命網課製作歷程的經驗交流，形成一個範圍更廣的教學專業共同體。

參考文獻

Berge, Z. L., Collins, M. & Dougherty, K.（2003）：《網絡課程設計指南》，見 Abbey, B. 編，丁興富譯：《網絡教育——教學與認知發展新視角（*Instructional and Cognitive Impacts of Web-Based Education*）》，北京：中國輕工業出版社，頁 49-62。

Berman, S. 著，夏惠賢等譯（2004）：《多元智能與項目學習——活動設計指導（*Project Learning for the Multiple Intelligences Classroom*）》，北京：中國輕工業出版社。

陳志威（2017）：〈香港生命教育課程的框架〉，《香港教師中心學報》，16，頁 85-101。檢自 https://www.edb.org.hk/HKTC/download/journal/j16/B01.pdf。

霍爾（Hall, R. T.）及戴維斯（Davis, J. U.）（2003）：《道德教育的理論與實踐（*Moral Education: Theory and Practice*）》，杭州：浙江教育出版社。

芥末堆（2016）：〈風靡全球的項目式學習法到底是甚麼？〉。檢自 https://www.jiemodui.com/N/64110.html。

課程發展委員會（1981）：《學校德育指引》，香港：教育署。

課程發展議會（1996）：《學校公民教育指引》，香港：課程發展議會。

課程發展議會（2001）：《學會學習——課程發展路向》，香港：政府印務局。

課程發展議會（2014）：《基礎教育課程指引——聚焦・深化・持續（小一至小六）》，香港：政府印務局。https://cd.edb.gov.hk/becg/tchinese/chapter3D.html。

課程發展議會（2017）編訂：《中國語文教育學習領域課程指引（小一至中六）》，香港：教育局。https://www.edb.gov.hk/attachment/tc/curriculum-development/kla/chi-edu/curriculum-documents/CLEKLAG_2017_for_upload_final_R77.pdf。

課程發展議會與香港考試及評核局聯合編訂（2021）：《中國語文教育學習領域：中國語文課程及評估指引（中四至中六）》，香港：政府印務局。https://www.edb.gov.hk/attachment/tc/curriculum-development/kla/chi-edu/CHI_LANG_CAGuide_2021.pdf。

Ruane, J. M. 著，王修曉譯（2007）：《研究方法概論（*Essentials of Research Methods*）》，台北：五南圖書。

張凱黎、何加晉（2016）:《項目學習促進學生參與影響的調查研究》，見 Wu, Y.-T., Chang, M., Li, B., Chan, T.-W., Kong, S. C., Lin, H.-C.-K., Chu, H.-C., Jan, M., Lee, M.-H., Dong, Y., Tse, K. H., Wong, T. L., & Li, P. (Eds.). (2016). Conference Proceedings of the 20th Global Chinese Conference on Computers in Education 2016. Hong Kong: The Hong Kong Institute of Education, 頁 168。

張淑美（2000）:〈論生死教育在我國實施的需要性與可行性〉,《教育學刊》，第 16 期，頁 281-304。

張永雄（2010）:《推行生命教育初探》，頁 6-23。檢自 https://www.edb.gov.hk/attachment/tc/curriculum-development/4-key-tasks/moral-civic/NewWebsite/Life_understanding/edb_02.pdf。

Corr, C. A. & Corr, D. M.（2013）. *Death & Dying: Life & Living* (7th ed.). CA: Wadsworth.

Fok, W.（2012）Editor Message, in Fok, W. et al.（Eds.）*The New Era of e-learning: Mobile Learning and Interactive Class for the New Curriculum*, Hong Kong: The University of Hong Kong.

Kilpatrick, William Heard (1918). *The Project Method*. Teachers College Record.

McWhirter, J. (2009). Personal, Social, Health and Economic Education: From Theory to Practice. UK: The PSHE Association. Retrieved June 2, 2016, from https://www.pshe-association.org.uk/sites/default/files/Personal,%20Social,%20Health%20and%20Economic%20education,%20Dr%20Jenny%20McWhirter.pdf.

Integrate e-learning in Chinese Language Affective Domain Teaching: An Investigation of Developing On-line Life Education Programme

HO, Chi Hang

Department of Chinese Language Studies,
The Education University of Hong Kong

Abstract

Recent Curriculum Guides of Chinese Language education has placed increasing emphasis on Affective Domain Teaching. The Guides strongly advocate the cultivation of cultivate students' positive values and attitudes from an early age, in their daily life and while growing up. Schools could promote Values Education through nurturing in their students the priority values and attitudes, such as "Perseverance", "Respect for Others", "Responsibility", "National Identity", "Empathy" and "Law-abidingness."

At the same time, the Curriculum Guides also advocate promoting interactive learning and increase learning effectiveness Chinese Language education through the use of information technology (IT). It is believed that the use of IT can enhance the learner-centred learning approach and has a positive impact on students' learning interest and learning effectiveness as well as their development of learner independence.

The paper will discuss the possibilities and feasibility of creating Life Education Digital Lectures in Chinese Language Education to cultivate students' positive values and attitudes with a case study among pre-service teachers.

Keywords   Pre-service Teachers, Language teaching, E-learning, Values and attitudes cultivation, Learner-centred learning

古詩文教學策略新探：
創意、調整、反思和成效 *

香港教育大學中國語言學系

張凌**

摘要

本文探討在古詩和文言文（統稱「古詩文」）教學中運用縮寫為 CARE 的教學策略，即創意（Creative）、調整（Adaptive）、反思（Reflective）和成效（Effective）。古詩文教學的創意可從「古今一也」的理念出發，實現復古與創新共生，滿足當今學習者的求知新需。在古詩文的具體教學中，我們還需根據學習者的年齡、母語背景和學習模式、教學環境的實際情況進行調整。對古詩文教學的及時反思，可敦促我們發揮創意，也可促進新一輪的調整和改善。為提高古詩文教學成效，我們提倡以評估帶動教學，希望學習者在學習古詩文時能全方位提高多個層次的閱讀能力。我們結合具體的教學實例，說明了在古詩文範疇內實行上述教學策略的可行性。

關鍵詞　　古詩　文言文　教學策略　創意　成效

古詩和文言文（在本文中統稱「古詩文」）因年代久遠，在文字理解上會帶來一定的障礙，難免讓人心生敬畏。但另一方面，流傳至今的經典古詩文又是中華傳統文化的菁華和瑰寶，學好古詩文能讓我們真正理解古人的思想和智慧，傳承非物質文

---

*　本文所用的 CARE 教學策略，為作者 2021 年獲得香港教育大學人文學院教學獎及 2022 年獲得校長教學獎時提出的教學理念，在此鳴謝兩項教學獎的頒獎單位。本文關於《始得西山宴遊記》的例子，來自指導勞俊圖同學實習時的真實教學個案，勞同學還幫忙搜集和整理了相關的資料，在此致以誠摯謝意。

**　張凌，香港教育大學中國語言學系，聯絡電郵：zhangl@eduhk.hk。

化遺產，也能潛移默化地讓我們的正式表達更為端莊典雅。學習古詩文在當代依然很有必要，也有很多好處，在此不一一贅述。本文重點關注的是古詩文教學的方法和策略，提出縮寫為 CARE 的教學策略，即巧用創意（Creative）、按需調整（Adaptive）、及時反思（Reflective）和注重成效（Effective）。以下我們將舉出具體的實例，說明如何通過這四項策略來推進古詩文教學。

一、巧用創意（Creative）

古詩文不僅可以用傳統的方法來教，如釋詞、語譯、誦讀等等，也可以巧用創意，激發學生的學習興趣，讓學生更深入地體會古人的情懷和古詩文的意境。而教古詩文中運用的創意來源，可從「古今一也」的理念出發，融入現代人的思維和生活方式，巧用現代的工具和技術，復古同時也是創新，能達到出乎意料的奇妙效果。在此我們介紹兩個巧用創意的實例。

第一個實例是巧用社交媒體，虛擬古人設立個人賬號，並在賬號中加入與目標課文相關的圖片和文字內容。如在教授《始得西山宴遊記》時，老師先模仿作者柳宗元，設立社交媒體賬號（檢自 https://www.instagram.com/lauchungyun/，檢索日期：2022.8.26.），並事先以柳宗元的口吻，加入個人簡介，仿製一份「調職令」，也加上一些山水圖片，和飲酒的圖片，營造被貶抑鬱，借酒消愁，寄情山水的人設。在課堂教學時就可以充分利用這一資源，提升學生的學習興趣。

課堂剛開始的時候，老師先問學生有沒有使用社交媒體的習慣，待學生回答「有」之後，再進一步帶領討論。例如：學生平日會在社交媒體上分享甚麼、甚麼時候會上傳、上傳時的心情等等。這個討論配合在討論後展示的柳宗元社交媒體畫面，能夠帶動全班學生的討論及學習氣氛。因為這些學生都有使用社交媒體的習慣，與他們的生活經驗緊密連結，所以都能積極參與課堂討論。

由此學生已進入狀態，老師不斷以柳宗元社交媒體的帖子連結課文的內容，加以帶出柳宗元寫遊記與現代人在網上出帖寫自己出遊及訴說心聲相似，學生大多都表示理解古人「打卡」的心態。教師指出帖子的內容有哪些重點，提示學生透過帖子找出課文的重點。此外，老師亦以柳宗元「個人簡介」連結文化、作者背景。如個人簡介寫「韓愈係我巴打」（韓愈是我好兄弟），隨之在下張簡報說明兩人並稱「韓柳」，也是唐宋古文八大家之一。學生在帖子中看到韓愈時，雖然未清楚指出古文運動等成就，但記得此人與作者柳宗元有所關聯。

在教授的過程中，老師多用提問的方式，引導學生自行從帖子及課文中找出答案。例如，文章首句「自余為僇人」，老師即問學生帖子中的是甚麼（答案是調職令），結合作者背景和帖子是一張寫有調職令的紙張，由此帶出課文中「僇人」所指的是作者被貶永州，故自稱為「僇人」。老師亦將重點化為口語，以標籤（Hashtag）的形式出現，並反覆強調，加深學生記憶。例如在提及柳宗元認為自己已經遊玩過永州所有奇山異水時，老師將「以為凡是州之山有異態者，皆我有也」化為「# 永州我玩晒」（即「整個永州我已遊玩過」）。

除了老師的講解，最後可安排鞏固練習。老師請學生代入柳宗元，根據課文內容及作者背景，思考作者寫作、用字的原因。如：為何作者要強調「其隟也」才出外遊山玩水？學生回答後，老師再根據回答進行追問，老師的追問及引導使學生答題更完整。老師也引導學生進行生生互動，如甲學生回答後，老師提問乙學生是否同意甲學生的看法，為甚麼等等。或問有否持相反意見的學生，再行追問原因。學生多能根據作者背景給予合理的回答，惟在答題時需要老師的引導和協助。

此巧用創意的教學方法，可拉近學生和古人的心理距離。周漢光先生曾指出，為了消除時代隔閡所帶來的閱讀障礙，教文言文時須注意講解必要的古代文化和歷史常識（周漢光，1998，頁 116）。和傳統乾巴巴地介紹知識性的時代、人物背景相比，以當今的社交媒體形式呈現，古人的立體感更強，讓學生感覺更親切，不再覺得遙不可及。類似的創意教學法也可運用於其他的文言文教學中，如教《桃花源記》，可先擬作者陶淵明設立社交媒體賬號（檢自 https://www.instagram.com/taoyuanming_365/，檢索日期：2022.8.26.），再用類似的方法教學。

第二個實例是手機應用程式「古詩粵唱粵啱 Key」的設計和應用，綜合運用了古詩新唱及最新的教育科技這兩個方面的創意。首先是古詩的粵語新唱。古詩在古代的口頭傳誦形式應該是「唱」的。在古代，詩與歌是密不可分的，所有的詩幾乎都由歌而來。還有，古詩往往需要符合嚴格的平仄、押韻要求，可以間接說明其以「唱」的形式存在（若是以「說」或「讀」的形式，不需要有那麼多的韻律要求）。另外，嚴格平仄的聲調格律要求說明古詩「唱」的旋律是必須與字調相和的。Chao（1956）中也指出過往私塾裏四書五經的吟誦是一種符合字調的唱的形式。

Chan（1987a, 1987b）指出在普通話中，唱歌時不需要保留字調，音高只需要跟著旋律走即可；在粵語中，唱歌時需要保留字調，字調和樂調需要配合。在此後的一些研究中（如張群顯，2007；張群顯、王勝焜，2008；Schellenberg，2011 等），也明確指出粵語字調需要在唱歌時保留，才能符合母語者的語感。既然在粵語的說話和唱歌時都保留字調，那麼字調在說話和唱歌的時候有甚麼不同？Zhang（2016）通過

聲學實驗，指出粵語字調在說話的時候受普遍的降勢音高語調影響，在唱歌時則不受降勢音高影響，會反其道而用之，呈現保持水平或者甚至略升的趨勢。將這一語言學原理逆向運用，我們則可以把一些説的或者讀的句子，變成唱的形式：我們下意識去除掉説話或讀書時的降勢音高，使它保持水平或者略為上擡，就可以把語句變成唱的形式，再調整音高域和節奏，可使之更和諧動聽。把古詩從誦讀的形式改為唱誦的形式，有兩大好處，一是「唱」的形式易於記憶文本，二是復古以「唱」的形式讓學習者更能體會到古詩的音律之美。

古詩粵語新唱的創意，再結合教育科技的運用，就更如虎添翼了。「古詩粵唱粵啱 Key」手機應用程式的設計，正是兩者綜合運用的產物。用最新的科技，唱最久遠的經典古詩，這一反差也體現了復古與創新的共現並存與互相促進。這個手機應用程式有三個功能模塊。第一個模塊是「聽唱古詩」，可不限次數聽唱十首精選經典古詩的供唱誦示範，精選的古詩涵蓋了不同時代及體裁，包括五言絕詩、五言律詩、七言絕詩、七言律詩、樂府詩。第二個模塊是「跟唱古詩」，用戶可像唱卡拉那樣，跟着背景和古詩文本來跟唱古詩，還可以錄音，還可以把錄音上傳到「評賞作品」的平台與同儕和老師共享。第三個模塊是「唱誦創作」，用戶可以自行選取自己喜歡的古詩，輸入文本，唱出來并且錄音，錄音同樣也可以上傳到手機應用程式的平台與同儕和老師共享。第一個功能模塊無需註冊即可使用；第二個和第三個功能模塊則需要簡單的註冊資料，在這兩個進階的功能板塊中，用戶在錄音創作的過程中可以重聽和上載分享自己的作品，也可以互相欣賞來自大家的作品，若是喜歡某個作品還可以點讚。「古詩粵唱粵啱 Key」這個手機應用程式為學生創造和提供了多樣的學習和互動的形式，可提高學生學習古詩的興趣。

在把古詩粵語新唱的創意和手機應用程式的教育科技融合時，還需考慮用戶體驗、同儕互動學習等。可見古詩文教學若想更好地巧用創意，需要多元化的考慮，勇於打破不同學科的壁壘，古詩文教學不僅僅是古詩文教學，跨學科元素的融入，可使之更具創意，更為有趣。「古詩粵唱粵啱 Key」手機應用程式的設計從文學和語言學出發，到加入音樂元素，再加入教育元素，乃至加入科技元素，多元素、跨學科的綜合應用，多元素的考量使之成為一個實用又有趣的教學產品。

在現今社會，數碼科技不僅可引領未來，也可幫助連結過去。隨着越來越多的數碼科技工具的出現和發展，除了社交媒體、手機應用程式，還有虛擬實境（VR）技術等等都可供我們使用，巧用創意，古詩文的教學與數碼科技結合還會朝着更多元化的方向發展。

二、據需調整（Adaptive）

在古詩文的教學中，我們還應該按需調整教學的內容、形式和節奏，如面對不同的學習者和不同的學習模式，我們都應該根據具體的需要來調整教學。

首先，我們要根據學習者不同年齡和特點來調整教學。對於中學生，因為他們已經有一定的學習能力，也愛趕潮流，所以上面提到的使用社交媒體虛擬古人賬號的方式，可以提升他們的學習興趣。但對於年幼的學童，他們還沒開始玩社交媒體，這樣的教學方法就不適用了。我們可在古詩教學中多一些多感官運用的教學活動。例如，我們向低齡學童教駱賓王的《詠鵝》時，可以使用多感官教學法。在聽覺上，可以用反覆朗誦或唱誦的方式來加強《詠鵝》一詩的聽感印象。在視覺上，可以展示鵝的圖片或者影片。在觸覺上，可以讓學生動手畫畫或者塗色，觸覺和視覺並用，會有更深刻的影響。還可以一邊唱誦《詠鵝》，一邊做出相應的舞蹈動作：先模仿鵝「曲項向天歌」的姿態，再做出「白毛浮綠水，紅掌撥清波」的動作。若課堂裏的學生比較多，還可以先分組唱誦和做動作，再抽小組上台表演。低齡學童一般注意力較難長時間集中，通過這樣多元化多感官的課堂活動，他們較易投入到課堂活動中，對古詩的掌握也會更好。另一方面，像塗顏色、做舞蹈動作一類的教學活動就不太適合中學生，他們可能會覺得這樣的活動低估他們的能力，有點可笑。因此，我們在設計古詩文教學活動的時候，必須考慮學生的年齡和心理特點。

香港一直推行融合教育，不少非華語學生被分派至主流學校，他們也同樣需要和本地學童一樣學習古詩文。對於這些非華語學生，我們需要提供更多的幫助，如使用更淺白的語言解釋，乃至在需要的時候，提供翻譯。而在課堂上，我們也應當盡量安排他們也能參與的小活動，如上面提到的塗顏色或者做舞蹈動作等，增加他們的參與感，才能真正達到「融合」的目的。現在不少中小學也留意到非華語學生的學習需求，編製相應的校本中文教材，也是「按需調整」策略下的舉措。在同時有母語學生和非華語學生的課堂，要照顧不同的學習差異，老師還可考慮設計同題分級工作紙，以適應不同的需要。例如，若要考察對古詩文中的一些重點字詞的理解，母語學生的工作紙可以是開放的填空題，而非華語學生的工作紙則是提供一些選項，讓他們從中選出正確答案。這樣在同一主題和同一知識點上，母語學生和非華語學生都可以得到練習，而非華語學生也能得到適當的輔助，不至於感覺甚麼都不會，避免太大的挫敗感。

其次，我們也需要根據不同的學習模式來調整古詩文的教學。近年來，受疫情起伏的影響，我們的教學有時需要轉為網上模式，有時則回復面授模式。在不同的上課

模式下，古詩文的教學也需要進行調整。若是轉為網課的形式，前面提到的一些教學方法，如使用社交媒體虛擬古人賬號的方式，就可以繼續沿用，還可以要求學生模仿「與古人對話」的方式，直接在社交媒體上留言。但有些教學活動，如多感官教學中做舞蹈動作一類的，在面授的課堂使用會較方便，而在線上則沒那麼方便展開，這就要考慮採用其他的教學方法來替代，如使用 Kahoot 等電子教學工具，以線上即時練習和比賽的方式，來增進學生的學習興趣。

另外，由於疫情的原因，最近幾年課堂時間都壓縮了，有些本來一節 50 分鐘的課壓縮到 40 分鐘乃至 30 分鐘。因應教學時間的縮短，我們的教學設計和活動都要調整，要更突出重點和有效解決難點，堂上的活動要更精心設計，使用最優的方案，堂上習題也要有選擇地使用精簡版，期望能達到舉一反三的效果。有些學校還要求不能進行小組活動，避免過於密切的社交接觸，我們也要根據學校的指引來安排課堂教學，考慮一些後備方案。比如說教授《廉頗藺相如列傳》時，本想讓同學們以小組為單位，運用戲劇教學的方法來表演，若在不允許有小組活動的情況下，也可給不同的同學分配台詞任務，在原座位上完成表演。雖然效果上不如小組一起表演那麼好，但也還是能給同學們表現和參與的機會。

在古詩文教學上，我們可以有很多的創意和想法，如第一項策略提到的。但在實際的教學中，我們還需要考慮學生的情況和具體的教學模式以及環境所限，做出適當的調整，這是第二項策略關注的。

三、及時反思（Reflective）

《論語‧學而》引錄曾參的話：「吾日三省吾身」，指出及時反思的重要性。在古詩文教學中，我們可以從以下兩個方面使用「及時反思」的策略，不斷改進教學。

一方面，可以反思我們的古詩文教學有沒有與時俱進，充分利用最新的資源條件和方法，有沒有滿足學生最新的學習所需。古詩文本身是傳統，是經典，是經久不變的瑰寶，但教學卻是動態變化的藝術，不是一成不變的，而是需要與時俱進，及時反思現有的資源和當今學生的特點。及時反思，能促使我們發揮創意，也能促使我們按需調整，也就是說，及時反思正是前兩項策略的內在動力。例如，前面提到的巧用社交媒體，虛擬古人柳宗元設立個人賬號，並在賬號中加入與課文《始得西山宴遊記》相關的圖片和文字內容來進行教學，也正是藉助教學前的反思，體會到現在學生對文言文的畏懼心理，希望教學中能反映當今的潮流特點，融入社交媒體元素，能拉近學

生和古人的心理距離。又如，數碼科技與人文的結合是大勢所趨，反思及此，我們才有「古詩粵唱粵啱 Key」手機應用程式的設計初衷。

另一方面，我們要及時反思和檢討新的教學方法是否真的有利於教學。在《始得西山宴遊記》的教學中，我們使用了新的巧用社交媒體的方法來教，在同一單元的《醉翁亭記》中，我們則使用傳統的方法來教。在用兩種方式教完兩篇文言文之後，我們在學生之中進行了簡單的問卷調查，還佈置了題型相同、難度相若的兩份課後工作紙。調查結果顯示，全部同學都更喜歡《始得西山宴遊記》的教法。工作紙也是《始得西山宴遊記》比《醉翁亭記》完成得更好，《始得西山宴遊記》的平均得分為 11.1/20，而《醉翁亭記》的平均得分為 6.8/20。一方面，新的教學方法值得肯定，學生的學習動機更強。另一方面，《始得西山宴遊記》的課後工作紙平均得分也還沒到達讓人滿意的程度，學生作答較差的是與修辭手法有關的題目，如「試引錄文中自喻的句子，並解釋此句的寄意」，還有「柳宗元介紹西山景色之前，運用了襯托法，試舉例加以解說」，這兩題作答的正確率較低。由此而反思，除了引入新的教學方法，我們也應該先在堂上對於學生感覺薄弱的知識點，如修辭等，先多舉例加以解釋，這樣他們在做習題時也更有理可依。所以，事後的反思應該包含兩方面，既要肯定積極的一面，也要就不足的方面再考慮改進的措施。

四、注重成效（Effective）

我們注重古詩文教學的成效，就不能僅關注老師輸出了甚麼內容，而是要關注學生吸收了甚麼內容，怎麼樣才能讓學生更好地吸收更多的內容。因此，及時的評核和瞭解學生的掌握程度非常重要，我們可採用以評估促進教學的策略來提高成效。這裏的評估可以是口頭的，如課堂中常用的提問法，老師可在堂上就古詩文學習的知識點提問，在學生回答之後，給予適當的回饋。評估也可以是書面的，如工作紙的練習和課後的功課等。

祝新華（2005）提出閱讀認知六個層次的能力，包括復述、解釋、重整、伸展、評鑒和創意，也可以應用於古詩文的教學評估中。以我們之前提及的《始得西山宴遊記》為例進行說明：

1. 考察學生的復述能力：我們的工作紙可有以下的命題：「課文中哪一句顯示作者苦悶不安？試引原文回答。」復述是較淺層次的能力，旨在讓學生認讀原文，並能從原文中直接找到相關的顯性信息。

2. 考察學生的解釋能力：我們可以找出文中的一些重點難點詞句，讓學生解釋，如讓學生解釋「過湘江，緣染溪」中的「緣」（答案是「沿着」）。解釋需要學生用自己的話來表達詞句的意思。

3. 考察學生的重整能力：我們需要學生有概括和整理不同段落關係的能力，如向學生提問：「為何不一開始就寫西山？現在的安排有甚麼好處？」（答案有兩方面：一來製造懸念，二來借永州的一般山水對比西山的怪特、與眾不同。）

4. 考察學生的伸展能力：也就是需要學生不僅能理解篇章的表面意思，還能推斷隱含之意。例如，讓學生理解「然後知是山之特立，不與培塿為類。」並回答：「這句的寄意是甚麼？」（答案：作者自喻，不與世俗同流合污，特立獨行。）

5. 考察學生的評鑒能力：例如，請學生比較《始得西山宴遊記》和《醉翁亭記》兩者的宴遊所得的樂趣有何不同。（參考答案：柳宗元的宴遊之樂在於領會到山水意趣，與己共情，是一己之樂；歐陽修宴遊之樂來自滁人遊山之樂和賓客宴酣之樂，是與民同樂。）

6. 考察學生的創意能力：根據祝新華、曾凡懿、廖先（2019，頁70），創意是找新方法，提新想法，運用所讀資訊解決問題。我們在古詩文教學的評估中若想考察學生的創意能力，可以多一些想像力，多一些假設，來鼓勵學生發揮創意。例如，我們可以沿着社交媒體上「韓愈係我巴打（韓愈是我的好兄弟）」的虛擬人設，設問：「假設你是韓愈，看到柳宗元的《始得西山宴遊記》，想作出回應，你會怎麼寫？」

從學生的角度來説，不同能力層次的評估練習同時也相當於提綱要點，能引導他們從不同的角度，由淺而深地去理解和思考古詩文表達的要點。從老師的角度來説，則可從學生完成評估練習的表現，瞭解學生對古詩文掌握的狀況，對於完成得好的部分，就可以較快地略過；而對於學生完成欠佳的題目，則要多花時間深入講解，引導學生掌握要點。通過適當的評估、回饋，可提高古詩文教學的成效。

五、綜合討論和小結

學界一直倡導教師要關愛學生，因為教師的關愛（teacher caring）能促進學生的自尊、自愛及投入學校生活（Lavy, S., & Naama-Ghanayim, E., 2020）。學界一般認為教師的關愛可分為全人關懷（personal care）和學業關注（academic care）（Gholami &

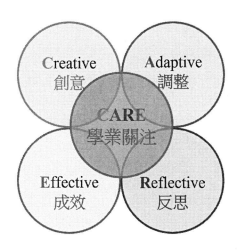

圖 1　C-A-R-E 的策略圖示

Tirri, 2012）。我們認為，全人關懷是從心出發的教學熱忱，學業關注是有策略的教學智慧，引導學生投入學習，學有所獲。

　　我們在此更進一步，原創性地提出縮寫為 C-A-R-E 的教學策略，即巧用創意（Creative）、按需調整（Adaptive）、及時反思（Reflective）和注重成效（Effective）。這四項策略的實施能有助於有步驟、有目標地實現學業關注。如圖 1 所示，創意、調整、反思和成效這四項都是從學業關注出發，沿着不同方向發展的策略。創意是為了滿足學習者不斷發展的對新知的渴望，調整是為了照顧學習者和教學條件的具體需要，反思是為了觀照教學是否適時切需，成效是為了確認學業關注落到實處。這四項策略實際上是相互關聯，相互促進的。創意在實施的時候需要調整，而創意和調整都可在反思的基礎上螺旋式上升，不斷改善，反思的一項重要考量就是成效如何，而最後的成效又可在創意、調整和反思中獲得提高。

　　在本文中，我們聚焦於古詩文的教學範疇，通過具體的應用實例，說明如何以 C-A-R-E 即創意、調整、反思和成效四項教學策略，來推進古詩文的教學。在創意方面，我們從「古今一也」的理念出發，巧用復古與創意共生的方法，滿足現今學習者的新需要。在調整方面，我們根據學習者的年齡、母語背景和學習模式、教學環境的實際情況，調整古詩文的具體教學。在反思方面，我們有與時俱進的事前反思，可催生融合復古和科技的創意，也有及時檢討的事後反思，可進一步調整改善古詩文教學。在成效方面，我們以評估促進成效，希望學習者在學習古詩文時能全方位提高復述、解釋、重整、伸展、評鑒和創意等各個層次的閱讀能力。我們在創意、調整、反

思和成效這四項教學策略上的努力，歸根到底也是希望更有策略地運用我們的教學智慧，關注學生的學習需求，更好地引導他們在古詩文學習上的成長。

從本文的具體教學實例，我們可以看到 C-A-R-E 即創意、調整、反思和成效這四項教學策略在古詩文教學的範疇是可行的。而 C-A-R-E 的教學策略本身是普適性的（generic），可應用在不同的學科和不同範疇的教學中，今後我們還可進一步探索 C-A-R-E 在其他學科範疇教學的可行性。

參考文獻

周漢光（1998）：《閱讀與寫作教學》，香港：中文大學出版社。

張群顯（2007）：〈粵語字調與旋律的配合初探〉，《粵語研究》，2，頁 8-16。

張群顯、王勝焜（2008）：〈粵曲梆黃説唱字調樂調配合初探〉，《粵語研究》，3，頁 12-25。

張凌（2019）：〈粵語字調在古詩唱誦中的運用〉，《朗誦與朗誦教學新探》（香港：商務印書館），頁 101-116。

祝新華（2005）：〈閱讀認知能力層次——測試題型系統的進一步發展〉，《華文學刊》，6，頁 18-39。

祝新華、曾凡懿、廖先（2019）：〈閱讀六層次能力框架中小學閱讀試卷編製中的使用〉，《華文學刊》，17(2)，頁 67-91。

Chan, Marjorie Kit-Man. (1987a). Tone and Melody in Cantonese. *Proceedings of the Thirteenth Annual Meeting, Berkeley Linguistics Society*, 29-37.

Chan, Marjorie Kit-Man. (1987b). Tone and melody interaction in Cantonese and Mandarin. *UCLA Working Papers in Phonetics*, 68, 132-169.

Chao, R. C. (1956). Tone, intonations, singsong, chanting, recitative, tonal composition and atonal composition in Chinese, in M. Halle, H. G. Lunt, H. McLean and C. H. Van Schooneveld (Eds), *For Roman Jakobson: Essays on the Occasion of His Sixtieth Birthday*. The Hague, the Netherlands, Monton & Co.

Gholami, K., & Tirri, K. (2012). Caring teaching as a moral practice: An exploratory study on perceived dimensions of caring teaching. *Education Research International*, 2012, Article ID 954274, 1-8.

Lavy, S., & Naama-Ghanayim, E. (2020). Why care about caring? Linking teachers' caring and sense of meaning at work with students' self-esteem, well-being, and school engagement. *Teaching and Teacher Education*, 91, Article ID 103046, 1-12.

Schellenberg, M. (2011). Tone contour realization in sung Cantonese. In *Proceedings of ICPhS XVII*, 1754-1757.

Zhang, L. (2016). *Intonation effects on Cantonese lexical tones in speaking and singing*. München, Germany, Lincom Academic Publishers.

Teaching and Learning Classical Poems and Essays through the Creative-Adaptive-Reflective-Effective Approach

ZHANG, Ling

Department of Chinese Language Studies,
The Education University of Hong Kong

Abstract

This paper proposes to apply the Creative-Adaptive-Reflective-Effective (abbreviated as 'CARE') approach in teaching and learning Chinese classical poems and essays. To be creative, we can keep uniformitarianism in mind, connecting the past and the present with the everlasting emotion bond, through which the developing learning desire of the learners can be met. To be adaptive, we carefully consider the age and language background of learners as well as the study mode and make appropriate adaptations to the teaching and learning design. To be reflective, we timely review the current situation and the feedbacks from students, which also motivates adjustments and improvements. To be effective, we propose to adopt and assessment for learning approach, and improve learners' literacy of classical poems and essays from different perspectives and at different levels. Through a series of practical and concrete examples, we illustrate the feasibility of teaching and learning Chinese classical poems and essays through the CARE approach.

Keywords   Classical poems, Classical essays, Learning and teaching strategies, Creative, Effective

語文課程文化理論建構
與實踐創新 *

華東師範大學教育學部
董蓓菲*

摘要

社會轉型令語文課程面臨縱向的民族文化價值選擇，橫向的東西文化價值衝突。我們需從文化學、社會學等多視域審視語文課程，建構課程文化理論模型。嘗試傳統課程文化尋根，國際課程文化理解，本土課程文化生成的語文課程文化自覺。借鑒西方跨文化交際能力養成、體驗性文化學習觀以及文化回應教學法。

關鍵詞　　語文　課程文化　研究模型　創新實踐

當下，中國社會轉型導致多元價值的混亂，原有的價值規範顯得蒼白乏力，正影響着中小學生人格價值的建構。而社會核心價值觀在語文課程範疇的踐行尚需深入探索。同時，全球化、資訊化傳播的西方價值理念，也給語文課程帶來文化層面的焦慮和困惑。如東方文化傳統強調尊重權威、服從集體、遵守道德的社會本位教育價值和西方文化強調個性自由的個人本位教育價值之間的觀念衝擊。上述縱向的民族文化價值選擇，橫向的東西文化價值衝突，是我國語文課程在文化傳承與創新中面臨的時代挑戰。

---

*　本文系上海市哲學社會科學規劃教育學項目、上海市教育科學重點課題《上海語文課程改革30年：課程文化的承繼、嬗變與創新研究》（編號：A1307）研究成果。

**　董蓓菲，華東師範大學教育學部，聯絡電郵：bfdong@kcx.ecnu.edu.cn。

一、研究概述

從「中國學生發展核心素養」框架看，語文課程文化研究主要應對夯實「文化基礎」問題，即架構語文課程人文積澱、人文情懷和審美情趣三要素的目標和內容設計、實施和評價的路徑方式。從高中語文學科核心素養描述（高中語文課標討論稿附錄部分）看，語文課程文化研究要彌補「文化理解與傳承」部分的理據和實施的空白。

（一）研究內容和方法

目前，我國語文課程領域「課程文化」研究相對薄弱。以「語文 and 文化」、「語文 and 價值取向」、「語文 and 價值觀」為主題詞，在中國期刊全文資料庫（CNKI）上檢索，近 30 年在《教育研究》、《課程・教材・教法》、《全球教育展望》、《語文建設》和《語文學習》五本刊物（簡稱「五刊」）上發表的文章，篩選出（除大學語文教育）相關論文僅 172 篇，平均每本刊物每一年發文不到 2 篇。這 172 篇文章涉及語文課程性質與目標文化、語文教材文化、語文教學文化、語文課程評價文化和海外語文課程文化五大主題。

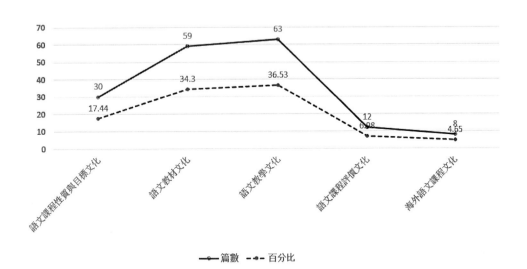

圖 1　近 30 年「五刊」語文課程文化研究發文統計

其中，尤以教學文化（63 篇、佔 36.63%）主題篇數最多，其次為語文教材文化（59 篇、佔 34.30%）；海外語文課程文化研究最稀缺（8 篇、佔 4.65%）。從研究方法看，主要運用思辨研究：理論思辨、歷史研究、經驗總結等方法，剖析理論、解讀歷

史、闡述觀點。實證研究的方式在教材主題研究中相對較多，共 8 篇，佔教材研究總量的 13.56%（見表 1）。

表 1 語文教材文化研究方法統計表

研究方法	篇數	百分比
實證研究	8	13.56
思辨研究	51	86.44

（二）研究現狀及歸因

由於文化學、社會學研究相較于其他傳統學科，還是準學科、新興學科。在中國，文化研究更是處於投石問路的探索階段（陸揚、王毅，2015，頁 19）。語文課程雖有 110 多年的歷史，但現代語文課程理論研究積澱不厚。兩門學科自身的理論建構尚待完善，其交界處的語文課程文化研究恰似霧裏看花、尤為艱難。

由於學界對「語文課程文化」的定義未有共識，且拘於課程論視域研究課程文化，限於語文課程論討論課程標準、教材、教學和評價文化。這類研究往往管中窺豹、裹足於語文課程與文化的關係，無法深究。上述主、客觀因素造成了現有研究成果呈散點式、淺層狀，無法應對社會轉型期語文課程文化自覺和創新的理論與實踐需求。這也是社會各界質疑語文課程、學生難愛語文的癥結。

可見，無論是中國學生發展核心素養的「人文底蘊」要素，亦或語文學科核心素養的「文化理解與傳承」要素，所有理論與實踐探索的原點是語文課程文化理論建構。

二、語文課程文化研究的理論基礎

關於語文課程，不同學科視域關注的焦點、預設的命題、採用的研究方法是有差異的。這些學科研究的視域差異，極大豐富了語文課程研究的理論基礎。本研究以文化學、社會學為理論基礎，以文化學、社會學、心理學、語言學跨學科方法論為參照座標，以語文課程為方法論的具體應用領域，構建我國語文課程文化原理。立足改革實踐，探索語文課程價值文化、制度文化和行為文化的整體研究思路，探索社會轉型的時代背景下，語文課程文化創新發展的路徑。

（一）文化學、社會學的文化內涵研究

　　文化學認為，狹義的文化是指一定人群中人們所共用的價值觀、態度傾向以及與之相對應的行為方式（楊光偉，2009，頁31）。尤以價值觀念為最重要。語言是人類創造、習得、傳承的一種非物質文化現象（張公瑾、丁石慶，2004，頁173）。社會學者運用類型學分組歸類的方法，提出符號、價值觀、規範、制約、物質文化是文化的構成要素（大衛‧波普諾，2007，頁75-86）。橫向、縱向和空間是文化結構考察的三個視角。文化學和社會學都認同：文化是人為的，可以通過學習來獲得和傳遞，具有承繼性。人們往往為了順應歷史處境和社會信念，調整已有經驗和知識以改造和創新文化。

　　文化學、社會學有關文化概念、特性、結構研究，給予我們諸多啟示。

　　1. 語文課程文化作為文化載體、文化形式，具有兩方面的涵義：一是語文課程所體現的我國社會群體的文化，二是語文課程本身的文化特徵。其涉及的是語文課程對文化的選擇問題：傳承甚麼和怎樣傳承。前者是語文課程文化的核心問題，蘊含着課程的文化特質，標誌着語文課程文化發展的方向。

　　2. 語文課程文化要素，從對象看，有教師文化、學生文化、語文知識文化；從課程的視角看，有課程目標文化、內容文化、課程實施文化；從表現的方式看，有顯性文化、隱性文化；從表現性質看，有積極文化、消極文化；從存在方式看，有物質文化、制度文化和精神文化。借鑒社會學文化要素觀，語文課程文化要素包括：

　　（1）語文課程價值觀——指語文課程所傳遞的漢民族文化價值觀，以及語文課程本身所表現出的現代課程價值觀。

　　（2）語文課程符號——一是指語文課程蘊含着文化價值和思想的意義體系，如語言符號、人類文化符號；二是指語文課程本身的符號系統：課程理論、學科知識、教學語言、其他象徵符號如教科書課文中指意的氣泡圖、學習夥伴圖像等。

　　（3）語文課程規範——主要指語文課程指導標準、實施規範，是有效開展語文課程活動的保障系統。如，語文課程標準、語文課堂教學評價標準。

　　（4）語文課程傳統——指語文教育實踐中積累的經驗集合，也是語文教育理性思維的成果。如語文課程政策、內容、課堂教與學、師生關係習俗等。

　　（5）語文課程物質設施——是語文課程實施的載體，如教室、圖書館等內部設施和佈置；語文教材、IPAD學具等課程實施媒體。

　　語文課程文化諸要素是語文課程價值觀的不同形式、層次、角度的再現。結構與要素的分析有助於我們用靜態的方式初識語文課程文化。但語文課程文化並不等同於五因素的疊加。

(二）文化社會學的文化現象研究

隨着社會學的發展，文化社會學（cultural sociology）研究獨闢蹊徑，聚焦文化產生、發展特殊規律與社會作用。中國科學院司馬雲傑在《文化社會學》一書中，提出了以歷史科學可劃分為自然科學史和人類科學史兩個方面為據，歸類紛繁複雜的文化現象為兩大類別（司馬雲傑，2011，頁 14）。

表 2 文化現象分類表

文化形態類別		文化範疇
第一類文化	智能文化	自然科學、技術、知識等
	物質文化	工具、房屋、器皿、機械等
第二類文化	規範文化	社會組織、制度、政治和法律形式、倫理、道德、風俗、習慣、語言、教育等
	精神文化	宗教、信仰、審美意識、文學、藝術等

該分類全面涵蓋了語文課程自身以及教科書課文呈現的文化諸現象，且解釋了各種文化現象的內在聯繫。為梳理語文課程範疇的文化現象，建構文化素養的內容要素提供了重要的分析理據。

(三）文化學的文化全球化與文化認同觀

1. 文化全球化

文化全球化主要指價值、觀念、倫理的全球化（司馬雲傑，2009，頁 15-16）。如全球意識、網路文化、生態文化、消費文化、大眾文化、現代化理念，這些文化觀念和文化現象，是全球性的，並引起世界各國的關注和共識，這種文化的內容和認同表現出的一致性就是文化全球化。文化全球化的實質是全球文化的整合——不同文化之間的共處和整體和諧。

當今世界，美國等經濟發達的西方國家憑藉在經濟、技術、科學和規範等方面的先發優勢，在文化全球化進程中建構以自己為中心的文化霸權，對各民族文化產生很大的衝擊和威脅——中國傳統文化正面臨着西方文化的嚴峻挑戰。如美國大片、蘋果手機、谷歌眼鏡、肯德基、麥當勞、耶誕節、萬聖節等外來文化越來越多地充斥中小學生的日常生活；而中國傳統文化日漸淡化、褪色。文化全球化導致的直接後果就是文化認同危機。

2. 文化認同

文化認同是指一群人由於分享了共同的歷史傳統、習慣規範及無數的集體記憶，所產生出來的認同感（Anthony D. Smith, 1993, p.52）。政治認同和文化認同是國家認同的兩個層面，它們構成了公民對國家忠誠的感情。其中，文化認同是國家認同的起始與結果。

我國自 20 世紀 90 年代起，革命年代形成並發展的價值觀——集體主義、理想主義、大公無私等在市場化、商品化、個人主義價值觀面前便顯得蒼白無力。舊有的主流文化沿用豐富的革命詞彙、空洞的政治說教、指令性的語言方式，逐漸喪失接受群體。能解讀並引領高度商品化社會的新文化建設跟不上社會轉型的節奏，無法滿足大眾的精神文化需求，缺席並失語。恰在此時，全球化裹挾着西方消費文化、個人主義趁虛而入，苦苦尋覓自我認同方式的人們，飢不擇食地全盤接納。再添上網路的傳播、分享途徑，消費就成了這個時代中國人自我表達與身份認同的主要形式，消費主義、個人主義文化就這樣逐漸擁有了話語權。

文化全球化和文化認同原理有助於我們洞察語文課程面臨的時代難題，反思傳統文化、包容和借鑒外來文化；文化全球化和文化認同原理啟示我們：語言、傳統、學校教育等轉變與認同，就是形塑學生的文化認同。語文課程在族群或民族文化認同過程中責任重大。在多元文化、多元價值理念被廣泛接受，個人自由選擇得到推崇的時代，語文課程傳承優秀的中華民族文化，需改變簡單粗暴的灌輸的方式。

（四）社會學的個體社會化

現代化與全球化是社會學社會變遷與發展的一個重要議題，全球文化則是其中的一個重要方面。

1. 個體社會化的內容

社會學家認為：人的成長和發育可分為兩個過程，自然成長和社會化過程。前者的結果是為社會提供了一個可塑造的生命有機體；後者的目的是把自然人塑造成為一個社會人。文化學視域的文化認同的過程，在社會學視域中就是社會化（socialization）——社會將一個自然人轉化成一個能夠適應一定的社會文化，參與社會生活，履行一定社會行為的人的過程。即學習和傳遞一定的社會文化，學習做人的過程（彭華民，2006，頁 88-89）。這是個體與社會互動的過程，且貫穿於個體生命的全過程。

圖 2　個體社會化的內容構成

學生個體社會化內容非常廣泛，概括起來主要是四個方面（見圖 2）。語文課程文化學習重在行為規範的養成。

＊學習生活的基本技能——學習與一定的文化模式聯繫在一起的吃飯、穿衣、走路、起居技能，如中國人用筷子進食。

＊學習社會行為規範——認同社會文化，尤其是價值觀念的內化；學習一定群體和社會成員的行為準則。辦事的規矩和方式，待人接物的禮儀程式。如國家的政治、法律法令、社會的道德、風俗和習慣等。

＊確立生活目標和人生理想——每個人都有一定的生活目標，即通過自己的努力爭取實現的具體目標。明確生活目標的過程總是和培養價值觀、人生觀同步的。

＊認識社會角色——認識自己的地位和角色，學習、扮演並成為社會認可的合格角色。如學生，認識到自己在班級的地位，與老師同學的關係。

2. 個體社會化的過程

學生個體社會化的過程不是一蹴而就的，以社會行為規範中的道德社會化養成為例，一般經歷三個階段（見圖 3）：

> **初級階段：社會規範的依從**
>
> • 因對規範的必要性缺乏認識，甚至內心有抵觸，只是迫於權威或壓力，盲目地、被動地表現上接受規範

> **深入階段：社會規範的認同**
>
> • 因在思想、情感和態度上主動接受了規範，從而遵從、模仿認可的、仰慕的榜樣，試圖與他保持一致

> **最高階段：社會規範的信奉**
>
> • 因深刻理解並有積極的情感體驗，已將社會規範內化為自己的一種信念，與自己已有的價值觀合為一體，從而在自己的信念驅動下，表現出規範行為

圖 3　道德社會化養成的三個階段

社會學社會化原理啟迪我們：首先，社會化是每個學生成為社會人的必經之路，文化素養作為個體社會化的一項重要內容，也應遵循依從—認同—信奉的過程。語文課程的文化教育有別於語文知識教育，應提倡體驗式的學習且與學生個體社會化發展階段吻合。其次，語文課程實施者必須認識到：在文化素養養成的過程中，學生並非被動學習和遵從既定的社會行為規範，他們甚至會挑戰已有的社會行為規範。其實質往往是兩種不同文化之間的互動。教師要建構環境和氛圍，有效設計引領學生親歷過程。再次，網路時代的社會化具有開放性、多元性、虛擬性、符號性的特點。語文課程研製和實施者不僅要與時俱進，認識其特性和利弊，而且要賦予課程以時代特徵。

（五）語言學、心理學、教育學視域的語文課程

1. 語言學視域的語文課程內容

語言學從語言的本質功能出發，認為語言是人類最重要的交際工具。每一種語言都包含着一種獨特的世界觀，民族的語言即民族的精神，民族的精神即民族的語言，二者的同一程度超過了人們的任何想像（威廉·馮·洪寶特，1999，頁 52）。漢字特有的象形性和平面結構賦予漢字極強的表意性，其所蘊含的深層意念，體現了其文化功能，也反映了中華民族精神風貌和審美情趣。漢語言文字與思維方式密切相關，中

國人的思維方式是關注事物間的關係、追求對事物的整體把握。這種橫向思維方式體現在構詞上可見一斑，如，所有帶輪子的交通工具都稱為「車」：人力驅動的自行車、三輪車；電油驅動的汽車、計程車、助動車、有軌電車、公共汽車。基於網路技術預約的車稱快車、專車、順風車。語言文學則是文化最集中的體現，是對經驗世界的情緒表達。它將世間悲歡離合、喜怒哀樂濃縮於紙間，在潛移默化中傳播文化。

2. 心理學視域的語文課程學習

心理學認為思維不是在言語中表現出來的，而是在言語中實現出來的。它始終是個過程：從思維向言語的運動和從言語向思維的運動（列夫・維果茨基，2015，頁6）。學生識字、閱讀、寫作和口語交際各有不同的心理軌跡，且由於語文學習準備、學習興趣、智慧結構和學習風格的差異，影響其學習速度和成效。

3. 教育學課程論視域的語文課程性質

課程論認為：從歷史淵源看，語文課程是以學習言語為主要活動的語言課程；從存在價值看，語文課程是以學習本民族文化為主要目的的人文課程。語文課程作為一門學習語言文字運用的綜合性、實踐性課程，其學科定位決定了課程的文化特性——語文課程隸屬教育文化子系統，受文化的制約；語文課程又從一個特殊的角度反映、傳播主流文化。因此，它具有傳遞、傳播、更新文化的功能。

改革開放近40年來，圍繞語文課程的種種討論：語文性質、大語文觀、語文課的「語文味」、「真」語文、讀經班……無一不是語文課程的文化現象。語言學、心理學、教育學課程論的研究成果，有助於我們精準認識語文課程的文化屬性及其學習規律，細化學科素養內容框架及養成途徑。

三、語文課程文化建構

語文課程如何體現社會主義核心價值觀、承繼中華文化？如何改變傳統語文教育片面強調群體價值而忽視個體價值，培養社會需求的創新人才？語文課程文化創新，其過程是漫長而艱巨的。

（一）語文課程文化理論建模

依託文化學、社會學、心理學、教育學和語言學的學理依據，探索語文課程文化

自覺，生成本土語文課程文化——既內涵中國民族文化，又具有現代課程水準。這是理論研究的思路。語文課程的文化特色滲透在課程設置、課程目標、教材、教學和評價文化之中。其理論研究模型詳見圖 4。

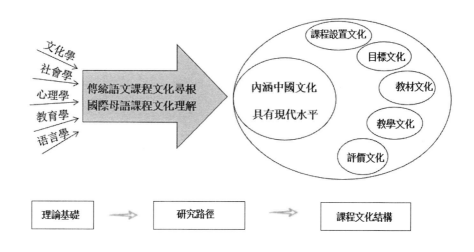

圖 4　語文課程文化理論模型

費孝通先生用「文化自覺」一詞，指明了中國文化研究和創新的路徑。就語文課程文化自覺而言，首先，要自覺我國語文課程文化的優勢和弱點。其次，對傳統語文課程文化進行現代詮釋，使之更新和發展。再次，須瞭解教育發達國家母語課程文化語境，參與國際母語課程文化的研究和交流，使中國語文課程文化成為世界母語課程文化發展趨勢不可或缺的要素。語文課程文化自覺的基本途徑就是：傳統課程文化尋根，國際課程文化理解，本土課程文化生成。這三條途徑既各自獨立，又相互聯繫，都是朝着課程文化自覺的目標邁進（王德如，2007，頁 166-172）。

1. 傳統語文課程文化尋根

我國語文課程有着 110 多年的歷史，它根植於中國的土壤，與古老文明、傳統教育有着天然的聯繫。語文課程所傳播的文化積澱，必然會夾雜着一些陳腐的舊質，有必要釐正顯現民族特質的文化精髓。同時，我國語文課程設置、課程內容和實施都由中央政府統一制定。其名稱的更迭：讀經—國文—國語—語文；領域的分合：近代識字、寫字、聽說、閱讀、寫作的分與合；課程標準、教材、課堂教學和評價無不投射着自身獨有的文化特點。梳理我國語文課程文化發展的脈絡、取捨並達成文化認同，從而為當下語文課程文化建設提供根基性的支撐。

2. 國際母語課程文化理解

語文課程文化建設必須認識、理解不同國家母語課程的文化差異，諸如課程標準的文化目標和內容、教科書選文的文化構成、課堂教學的策略、課程評價的導向等。認識和理解這種文化差異所體現的不同思維方式，蘊含的不同國家、民族的價值觀念。基於多元文化觀、本土化研究意識，借鑒國外母語課程文化內容和實施路徑。

3. 本土語文課程文化生成

遵循語文課程文化發展的規律進行傳統課程文化與現代課程文化、外來母語課程文化與本國語文課程文化的整合。通過本土化的反思和實踐探索，最終生成滿足時代發展需求、適應社會轉型環境的本土語文課程文化——既內涵中國民族文化，又具有現代課程水準。

（二）語文課程文化實踐

語文課程文化踐行需完成課程標準的文化定位和實踐藍圖、課程與教材內容的文化選擇與合理呈現、課程實施與評價的文化認識及踐行思路等系統規劃。

1. 跨文化交際能力

西方跨文化交際能力（Intercultural Communicative Competence）研究的（ICC）理論模型，強調在語言課程中實現知識、技能、策略、文化和情感等教學目標。英國杜倫大學教授 Byram 博士認為：他文化知識、我文化知識、解讀和聯繫的技能、發現和互動的技能、對他人的價值觀、信仰和行為作出價值判斷，並對自身持保留態度。語言能力在其中發揮關鍵作用（Michael Byram, 2014, p.34）。跨文化交際能力包括對待不同文化的態度、知識、技能和文化批評意識。該研究並非針對母語教育，但其對語言課程中文化能力的解讀對我國語文課程文化踐行有啟迪。

2. 體驗性文化學習

在聽說讀寫語文分項學習中滲透文化意識、融合文化教學，這既是我國社會轉型和變遷對語文課程的特殊需求，也是核心素養文化模組的實踐思路。語文課程中的文化教學——目標、內容、過程、結果是語文課程文化研究的全新命題。西方提倡的體驗性文化學習理論值得借鑒。該流派提出文化養成學習中文化知識框架包括四個方面（見圖 5 內圓）：

（1）理解內容（Know about）——學生需掌握事實、資料、文化產品知識、實踐、文化觀等文化資訊，簡稱「資訊」。

（2）理解方法（Know how）——學生習得行為、活動、技能，說、觸摸、看或其他形式「幹甚麼」的文化實踐，簡稱「實踐」。

（3）理解原因（Know why）——學生理解觀念、信仰、價值觀、態度等文化構成或文化觀念，簡稱「觀念」。

（4）自我意識（Know oneself）——學生關注自己的價值觀、評價、感情、提出問題、產生反應、思想、主張等自身文化價值。作為文化體驗的中心，它涉及的是文化自知（self-awareness）（Patrick R. Moran, 2015, p.17）。簡稱「自知」。

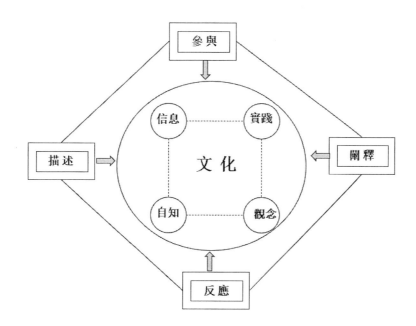

圖 5　語文課程文化教學示意圖（Patrick R. Moran, 2015, p.19, 34-36）

體驗性文化學習，一般經歷參與（participation）、描述（description）、闡釋（interpretation）和反應（response）四個階段（見圖 5 外圈）。經由這四個階段的循環，學生從一個體驗活動進入另一個活動，逐漸走近學習對象、掌握所學文化內容。從微觀層面看，西方的文化回應教學法（culturally responsive teaching）——運用不同種族學生的文化知識、先前經驗、知識架構和表現風格，使學習經驗更加切題、更有效率，值得嘗試。

課程文化是一個國家為培養社會個體而創造的規範文化（范兆雄，2005，頁

202）。語文課程文化建設需正確認識本國語文課程文化發展的現實需求、探索其發展的一般規律；前瞻性地把握國際母語課程文化發展趨勢。多學科視域融合研究，有助於我們精準認識語文課程文化本質特性，釐清系統結構要素。借鑒國外語言課程文化學習內容和教學策略，探索本土文化學習路徑。語文課程文化理論與實踐研究是我國中小學生學科素養養成的時代命題，艱巨且急迫。

參考文獻

戴維‧波普諾著、李強等譯（2007）:《社會學》,北京:中國人民大學出版社。

范兆雄（2005）:《課程文化發展論》,廣州:廣東高等教育出版社。

列夫‧維果茨基著,李維譯（2015）:《思維與語言》,北京:北京大學出版社。

陸揚、王毅（2015）:《文化研究導論（修訂版）》,上海:復旦大學出版社。

彭華民（2006）:《社會學概論》,北京:高等教育出版社。

司馬雲傑（2011）:《文化社會學》,北京:華夏出版社。

孫洪斌（2009）:《文化全球化研究》,成都:四川大學出版社。

王德如（2007）:《課程文化自覺論》,北京:人民出版社。

威廉‧馮‧洪寶特（1999）:《論人類語言結構的差異及其對人類精神發展的影響》,
　　北京:商務印書館。

楊光偉（2009）:《數學教學文化研究》,北京:教育科學出版社。

張公瑾、丁石慶（2004）:《文化語言學教程》,北京:教育科學出版社。

Anthony D. Smith. (1993). *National Identity*. University of Nevada Press.

Michael Byram. (2014). *Teaching and Assessing Intercultural Communicative Competence*.
　　Multilingual Matters/Channel View Publications Ltd.

Patrick R. Moran. (2015). *Teaching Culture: Perspectives in Practice*. Cengage Learning.

Research on Culture Theory and Practice of Chinese Curriculum

Dong Beifei
School of Education Sciences,
East China Normal University

Abstract

We are facing value conflicting between eastern and western, value selection of national culture. We should study Chinese curriculum culture from different perspective and construct the theoretical model. There are three basic methods of the cultural consciousness of Chinese curriculum: looking for the root of traditional curriculum culture, understanding the international curriculum culture, creating the domestic curriculum culture. We need reference the theory of intercultural communicative competence and experiential cultural learning.

Keywords   Chinese Language, Curriculum Culture, Research model, Innovation practice

普通高中起始階段
語文審美進階教學研究
——以統編版高中語文教材古詩文學習為例

南京師範大學課程與教學研究所

金星*

摘要

　　普通高中起始階段教學作為語文銜接教學研究的重要一環，需要構建與之適應的古詩文審美進階課堂。學習進階理論要求審美教學從學習的視角出發，以螺旋式的發展路徑，層級明確地發展學生審美素養。師生需要通過讀文析字、入情想像、因文擬境、文化立美等步驟構建起高中起始階段審美素養的發展序列，形成學習內容與素養目標之間的階梯性。高中起始階段的古詩文教學要充滿美學價值，超越知識本位，從認識美到創造美，清晰地刻畫學生在高中起始階段的審美進階，幫助學生真正形成語文審美素養。

關鍵字　　高中起始階段　古詩文　審美進階　美育

一、引言

　　「審美」最早見於德國席勒於 1793 年出版的《美育書簡》，這被稱之為「第一部美育的宣言書」，王國維在《論教育之宗旨》中也將美育概念列為教育的重要組成部分。由此可見，美育是教育的重要內容，尤其在當今強調核心素養的時代，我們應更加重視美育。《中國語文教育發展報告（2020）》指出：「語文學科具有工具性和人文性統一的特點，語文銜接教學在保證學生的實用知識和應用技巧不斷強化之外，還應

---
*　　金星，南京師範大學課程與教學研究所，聯絡電郵：852807509@qq.com

幫助學生實現審美素養的提升。」（顧之川、汪峰，2020，頁 26）如果在語文銜接教學階段開展美育，這將是一個複雜而重要的研究課題。《普通高中語文課程標準（2017年版）》也認為：「審美鑒賞與創造是指學生在語文學習中，通過審美體驗、評價等活動形成正確的審美意識、健康向上的審美情趣與鑒賞品味，並在此過程中逐步掌握表現美、創造美的方法。」（中華人民共和國教育部，2018，頁 5）由此，開展高中起始階段的語文審美教學既是一種鑒賞與創造性的價值取向，也是語文課程核心素養的具體化表現。

學習進階理論（learning progressions）是對學生在各學段學習同一主題的概念時所遵循的連貫的、典型的學習路徑的描述，一般呈現為圍繞核心概念展開的一系列由簡單到複雜、相互關聯的概念序列。（劉晟、劉恩山，2012）在高中起始階段的古詩文教學過程中，應試習慣帶來的「知識」功能被過早放大，將會忽視基於語言文字的古詩文審美素養進階式地提升。教師尤其要重視基於古詩文學習主題或核心概念的階梯化審美序列的實現，在高中起始階段教學中關注審美進階的學習，使學生在審美情感、審美態度、審美能力等方面得以養成和深化，從審美到立美，從認知到創造，形成學習內容與素養目標的階梯性，真正提升學生的審美素養。

二、語文審美進階教學的研究價值

語文教學，既要追求語文學科本身的知識性、科學性，也要追求教學過程的藝術審美性，這是基於教學方法論和目的論的統一。同時，語文審美教學彰顯的內在價值本義，也是我們構建理想中的語文審美進階課堂的邏輯基點。

（一）審美性是語文課堂價值追求的重要基礎

語文本應該是富有詩意的，是優美的。然而，學生在工具理性下的語文課堂中逐漸淪落為生產線上的「產品」，失去了本應擁有的活力與個性。即使在當下「高效課堂」中追求知識的高效率似乎在某種程度上獲得了部分人的理解，但是，「高效」的異化現實往往使我們思考語文教學的原點究竟是甚麼。其實，作為審美對象，包括語文課程、語文教材、語文教法都具有審美性。以教材為例，語文教材中的古詩文本身就是自然美、社會美、藝術美的集合，它們是中國幾千年來美育智慧的結晶。教師需要思考的是，如何通過語文學科的審美因素去培養學生的審美情趣，陶冶他們的道德情操，提升他們感受美、鑒賞美、創造美的能力，語文教師具有這樣的責任與義務去

實現這一教育目標。審美性在語文教學價值表現中的一個重要作用就在於促進人的成長，不僅追求個體成長本身，還特別關注成長過程，使人的成長符合生命的規律，尤其是具有對生命智慧成長的促成作用，這樣的課堂也就具有了修身、養性、開悟的功能。因此，語文審美課堂是使學生獲得最佳人生體驗的重要家園，審美性也是語文課堂教學價值追求的重要基礎。

(二) 進階性是語文課堂學生本位的重要體現

語文教學從目標設計、教學實施到教學評價的整個過程應該是促進學生從已知走向未知、從淺知走向深知、從感知走向深悟。因此，優質的語文教學思維模型，就是從學生的認知起點出發，通過拾級而上的教學活動，讓學生逐漸達到其力所能及的認知高點。（王佑軍，2021）長期以來，講授型的課堂教學，對問題設計、任務情境的重視還很不夠，忽略了以任務進階為導向的教學開發和教學實施的全過程。學習任務的進階性是能夠最大程度體現學生本位價值的重要載體，它是學生真實學習的結果。學習的進階，也是包括審美素養在內的核心素養的全面進階，它呈現了兩種價值特性：一是學習進階是對語文學習本質的認識。語文學習不再被視為簡單的知識累積過程，而是被視為一段時間內發生的學生思維和理解能力的持久性變化過程。二是學習進階不再是學科知識的邏輯結構和順序，而是基於學生經驗的預期假設，在學習過程中不斷演進與發展。回歸到語文審美學習上來看，這種假設建立的基礎是：一是每個人的語文學習過程雖有不同的特點，但是都有一定的規律可循，並且大多數人的路徑是類似的。二是基於學生所處的水準開展恰當的教學活動可以促進其思維向預期的方向發展。（丁銳、金軒竹、魏巧鶴，2022）因此，正如多爾（Tall）提出的「認知根基」概念，進階性指向了學生在語文課堂中的認知拓展（cognitive expansion），為後續的長期發展提供了動力與可能。

(三) 育人性是語文審美進階課堂的本體價值

課堂教學是育人的主管道，實質上是「教學的教育性」在課堂教學功能上的反映。其實，語文教學是以「人」為主體，自覺自主地認識、理解、掌握和創造的創新性實踐活動，教師在語文教學中的「教」與學生在教學中的「學」相輔相成，在「教」與「學」的互動中實現教學相長。因此，語文教學在審美進階的潛移默化中能夠承載對學生生命意義的價值引導，激發學生生命的自主建構，促進學生的生命提升和自我超越，這些都應該成為語文教學堅守的育人立場，我們應該遵循這樣的內在教學邏輯。彰顯語文學科的育人本體價值，不僅是強調學生的課堂主體地位，而且要啟發教

師在育人過程中回歸課堂育人的本質追求，滿足學生全面主動發展的需要。比如，在「五育融合」的大背景下，如何尋找到教學育人的有效生長點，美育就是一個重要的選擇。杜衛認為：美育的基本意義是感性教育，既是培養整體人格的教育，又是創造教育，激發生命活力，培養獨創性和創造性直覺。美育教學應該在教師的組織和引導下，讓學生充分投入到各種審美活動中去，盡可能多的給他們提供個性化體驗，自由嘗試和表現自我的條件，這樣才能最大限度地激發學生的主動性和積極性，發展學生的創造力。（杜衛，2021）這對語文審美進階教學研究有極大的啟發，我們要用美育的視角來培養全面發展的人。

三、高中起始階段審美進階教學的建構路徑

高中起始階段專指學生（約 15、16 歲）進入高一之後的學習時期。作為高中生，他們在學習心理、學習能力、學習方法上和義務教育學段的學生已有明顯不同。因此，語文審美進階教學在高中起始階段的建構十分重要。關鍵學習階段中的審美建構，需要教師和學生的統籌規劃和設計。以高中統編版必修上冊的古詩文學習為例，其建構路徑包括了以下四個部分。

(一) 審美起點：讀文析字，感受古典語言之美

語言建構是語文學習的基本功，用讀文析字的方法去建構古詩文學習是審美素養進階的第一步。讀文，就是要用多種誦讀的形式理解詩文，通過口、耳、眼等途徑形成多感官的審美參與和體驗。在中學古詩文學習的整體學段中，朗讀古詩文時的抑揚頓挫，音聲樂美是我們與作者形成情感共鳴的必由之路。學生必定會產生疑惑：高中和初中的朗讀究竟存在哪些差別？教師需要在高中起始階段教學中向學生不斷闡明：基於知覺的理解性受人的知識經驗的影響，不變的是古詩文朗讀方法，變化的是高中學習走向了內容的精深理解。我們需要堅持高中之前正確的語文學習方法，同時深化語文學習的理解與感悟。

讀文所形成的文本圖景理解是古詩文意象在一定程度上對文字本身的審美還原，意義則通過文字品析，使審美主體通過文字圖景理解概念，進而把握文字背後所隱含的文化觀、價值觀以及個體審美精神的理性追求。以統編版必修高一上冊第二單元《芣苢》為例，該詩取自《詩經·周南》，全詩僅用約五十個字就表現了兩千年前勞動時的熱情與歡欣，是弘揚民族文化和勞動精神的一篇經典古詩。「重章疊句」式的「采

采」「薄言」使詩歌充滿了韻律之美。全詩僅僅通過更換六個字，就將女子的採摘過程形象地寫了出來，並且這六個字的順序不能隨意更換，它們既是動作，也是情境，更是情感，是一首勞動的讚歌。朗讀詩歌，勞動的場景恍若眼前，按照清代學者方玉潤的評論：「恍聽田家婦女，三三五五，於平原曠野，風和日麗中，群歌互答，餘音嫋嫋，若遠若近，忽斷忽續。」高中生從知識的角度理解詩歌大意並無大礙，但是審美素養卻能在朗讀時的音調美、節奏美和韻律美中得以體現，進而感受勞動的動作美、過程美和生活美。

古詩文的文字審美也是審美素養進階的關鍵起步，是學生走進豐富多彩的語文世界的起點。德國教育學家莫連豪爾認為審美教學要從「字母化」做起，在符號的意義中找到「審美的自我」。漢字是世界上唯一根據辭彙意義構造形體的表意文字，它的辭彙意義有着豐富的內涵。教師要在起始階段讓學生充分地認識到語文之美，文字的審美建構就顯得不可缺少。在起始教學階段，教師不妨幫助學生對比初中所學，尤其是對初三的代表性詩文整體地回顧，從文字審美的視角幫助學生系統性地回望。還是以《芣苢》為例，詩歌的六個漢字充滿了豐富的審美意味。「采」「有」「掇」「捋」「袺」「襭」是完整的勞動過程，是從無到有，從慢到快，直至滿載而歸的勞動場景。在教學過程中，這個審美細節教師不能輕易地放過。若從字形的角度為學生開發教學資源，古文字的構造形體是個獨特的審美視角。比如「采」字的甲骨文字體為「𤔲」，就是用手採摘葉芽的形象，參照東漢許慎《說文解字》的解釋：「采，捋取也。」小篆為「𤓷」，上手下木，省去了木上的樹葉，只剩下了枝條，可見勞動初見成果。再看「掇」字，《說文解字》上說：「掇，拾取也。」小篆為「𢹬」，從字形上也能看出，這個會意字是用手四處拾取的意思，可見果實豐收，遍地皆是，非常生動形象。還有「袺」，《說文解字》解釋為：「執衽謂之袺，從衣，吉聲。」小篆為「𧙃」，就是「用衣服兜着」的意思，原來果實多得連手都放不下，要用衣服兜着才能裝下，這就是勞動的收穫與快樂。在教學過程中，漢語字形的發展演變從符號到概念，充滿了文字美學的味道，也帶來了語文學習的審美趣味。隨着學生不斷加深對語言文字的理解，他們將不再限於碎片化的應試知識接受，而是開始系統性地進行文學審美進階學習。

（二）審美發展：入情想像，走進古今情境現場

西方文藝界對審美想像的關注較早，比如伊瑟爾（Wolfgang Iser）認為文學想像包括了三個方面：作為能力的想像、作為行為的想像和激進的想像。想像審美是古詩文學習的重要方法，也是建構文學審美課堂的關鍵進階。在曹植的《洛神賦》中，有這樣一句「遺情想像，顧望懷愁。」如果我們從文學想像的生成過程來看，通過想像

建構起來的詩文畫面，是使學生走進詩文情境現場，建立古今情感共鳴的重要方法。古詩文的創作尤其是詩詞創作，往往基於作者對表達對象的情感寄託，具有豐富的審美想像空間，這種空間的開拓具有無限的廣度，非常值得教師帶領學生去細細品味。與之相反的是，有的教師在起始教學階段就想通過輸入式的知識灌輸來實現學生對古詩文的能力提升，那種能力並不是基於學生長期發展而形成的綜合素養能力，只能說是短期的、目光短淺且帶有功利目的的應試能力。並且，這種缺乏審美想像的古詩文教學也一定是枯燥無味的。如果說在高中起始階段學生就缺失了想像審美的能力，那麼可以想見未來對語文學習一定是充滿了排斥。

統編版必修高一上冊第三單元《歸園田居（其一）》就是非常適合的範例。陶淵明敘述了平生志趣和田園生活，其中「曖曖遠人村，依依墟裏煙。狗吠深巷中，雞鳴桑樹顛」一句充滿了豐富的審美想像，這幅淳樸寧靜而又充滿情趣的村居圖就像是一幅白描畫作，樸素自然的簡筆勾勒出了村中民居，以及民居中的典型景物。學生可以根據這幅白描畫作展開豐富的想像，用自由的文字描摹出陶淵明筆下的鄉村田園風光，用想像審美的方式去感受詩人對山林生活的熱愛之情。

由此可見，學生在文字情境中的學習進階恰恰是源於文學情懷的審美想像空間，它不帶有目的性，放眼於學生長久的文學積澱。當然，學生的審美想像也是基於一定的生活經驗以及知識的建構，並不是天馬行空式地空想。因此，並不是說在高中起始教學階段就要放棄必要的「知識」建構，只是這種建構是教師運用教學策略創造性地將「知識」融於審美想像中，由學生在文字的「留白」中主動建構的知識模型。又如統編版必修高一上冊第三單元《琵琶行並序》，經典的文段是白居易對琵琶女演奏樂曲的生動描寫，其中「大弦嘈嘈如急雨，小弦切切如私語」一句千古傳唱，甚至被譜寫到了現代流行音樂之中，學生對此也是耳熟能詳。在音樂形成的想像空間中，教師如何向學生講解「嘈嘈」和「切切」的意思呢？傳統教法是教師根據書下注釋直接釋義，但我們更希望看到的是由學生在想像審美中根據語境自我建構知識。「如急雨」和「如私語」兩處比喻暗示了琵琶樂音的特點和鮮明的區別，而兩組疊詞給讀者帶來的韻律與節奏，甚至琵琶女的神情，只要入情想像，「沉重舒長」和「琴細急促」也就自然而然地理解了。對於高一學生而言，通過審美想像的實現，學生完全能夠走進詩歌的情境現場，教師不能淺嘗輒止，要在想像的情感空間中帶領學生慢慢涵詠。金開誠認為，想像是一種自覺的表象運動。所謂自覺的表象運動，就是說這種表象活動是自覺進行的，不僅有一定的目的，有時還需要意志的配合，所以是一種有意的、主動的心理活動。（金開誠 1982，頁 17）總體而言，這是一種審美想像式的學習進階，它不同於應試型的知識灌輸，是以知識為仲介物形成的古詩詞與學生的獨特相遇，呈

現出了古詩文學習的思維變化、認知生成和知識理解的過程，這也更能激發學生對古詩文學習的熱愛。

（三）審美深化：因文擬境，開展實踐探究活動

　　開展豐富有趣的實踐探究活動是審美進階的重要步驟，這是學生已具備基本的審美能力之後的深化和進階。其實，高效持久的學習往往取決於學生是否具有積極的情緒體驗。積極心理學認為：環境在很大程度上影響了人，能夠良好地適應環境也是一種積極的心理品質。要構建適宜的教學環境，讓學生發揮積極的情緒和體驗，而不是由教師給予過多的束縛。（閏黎傑，2008）在高中古詩文的學習中，部分同學會產生閱讀文字的疲勞，這是可以理解的。畢竟作為青少年學生，他們的心理認知還沒有成年人成熟透徹，教師在高中起始階段就要營造積極的學習環境，以有趣的實踐探究活動來調動學生的積極性。實際上，古詩文的實踐探究活動是改變語文學習方式的重要路徑，學生在活動中可以重新構建學習行為與學習內容之間的關係。

　　在教學實踐中，以「美感生成」為核心的教學實踐逐漸成為教師的教學追求。教師們逐漸意識到，教師和學生既是演員，又是觀眾，學生向老師學習，老師也向學生學習，要在這種「協同性的專業演出中，體現出教學藝術的動態生成性。」（歐用生，2009）比如，教師在高中古詩文起始教學中，不妨讓學生用詩詞填曲，或者演唱現場版的成曲，進而培養學生的審美情趣和審美觀。統編版必修高一上冊教材中就有大量的詩文具有審美實踐的價值，比如楊萬里《插秧歌》、曹操《短歌行》、白居易《琵琶行》、李清照《聲聲慢》、《詩經》中的《芣苢》《靜女》等，這些詩詞朗朗上口，充滿了文字美、音樂美、圖畫美，非常適合高中生在文字與音樂實踐活動中進行審美建構。再如當教師要檢查學生古詩文背誦的時候，一種方式是以抽查背誦的方式進行，這種方式容易造成心理壓力，不利於文學審美感受的建立，還有一種方式是以詩歌朗誦會或者情境表演的方式開展實踐活動，這樣的方式比較符合青少年追求趣味，追求新奇的心理特點，既能鍛煉學生的古詩文基本功，也能讓學生發自內心地對古詩文學習產生熱愛，可謂一舉兩得。在語文審美教育中，只有充分發揮學生的主體性，才能促使學生的審美能力不斷提升，綜合審美能力不斷加強。

　　從學習進階理論的源頭之一皮亞傑學派認知發展研究看來，學習是基於個體已有經驗的積極建構，學習進階就是要根據個人概念逐步建構認知模型。古詩文實踐探究活動的實施關鍵是教師要創設出真實的審美情境，讓學生積極主動地建構個人概念，促使學生從「以教為主」的被動學習走向「以學為主」的主動轉變。這種情境的創設不是簡單地將尋找審美共鳴作為教學設計的一個環節，這只是情境的淺層表徵，而是

要讓學生在情境中將古詩文的知識與自己的經驗共生，將知識遷移運用，掌握古詩文知識的核心概念，使古詩文的學科知識進階為自我認知模型。

如統編版必修高一上冊第七單元中姚鼐的《登泰山記》，泰山為五嶽之首，是中國傳統文化的重要符號與象徵，千百年來登臨賦詩者不勝枚舉。教師不妨從審美傳統的視角讓學生搜集一些抒寫登泰山的詩文，探討作者寄寓於泰山的共有情思。而對於雪景的描寫，作者不僅有「雪與人膝齊」的直接描寫，還有「明燭天南」「白若樗蒲」「絳皓駁色」為之烘托。這些泰山雪景的典型細節是從作者自身的角度來寫泰山的景象，在審美教學中教師可以設置導遊帶領遊客遊覽泰山的情境任務，讓學生身臨其境式地品味賞讀，在實踐活動中審美遷移，感受冬日雪後登泰山觀日出的震撼之美。這些語文實踐性活動的情境設置包括了文字認知情境、個人體驗情境以及社會生活情境，要求學生在具體而真實的生活場景中開展實踐活動，實現自身審美素養的進階。這給我們的啟示是：教師在教學過程中，通過創設不同的真實情境，使學生在課堂中能夠更好地表達自己的觀點，他們在討論、交流、表演、辯論中啟動了思維能力，也逐步能夠自覺地發現問題、思考問題、解決問題，進而促使學生形成正確的審美觀與價值觀。（夏永庚、黃彥文，2018）

（四）審美創造：文化立美，表達審美思維與理想

審美素養聚焦於從審視美、鑒賞美到表達美、創造美的綜合性過程。簡單地說，就是從審美到立美的過程。國內學者查有梁提出「審美—立美」教育模式，認為「從審美視點出發，經過對立範疇的轉化，從而達到立美建構。」（查有梁，2003）立美作為一種審美目標，與審美內容形成了互相補充的關係。立美的課堂可以釋放教學的內在本質美、彰顯教學的主體人性美，還能創造一種美的氛圍。（姜艷、李如密，2019）因此，從審美到立美，是學生從認識美到創造美的完整過程，是在內容和目標相統一的層面構建學生審美進階學習的完整體系。

古詩文審美創造的實施，始終離不開中華傳統文化的因素。事實上，文化與審美是不可分割的統一整體，學生文學審美的過程，也是文化自覺的過程，是自然美、藝術美、文化美等綜合性審美素養的實現。審美表達可以分為文學鑒賞表達和文化創造表達。如果是前者，教師要教會學生根據詩歌的藝術表現方式，從形象、手法、情感等多個角度鑒賞作品，獲得審美體驗，認識作品的美學價值，發現作者獨特的藝術創造。在這一過程中，需要運用必要的文學批評理論，教師可以藉助學習情境教會學生運用諸如「賦比興」、「知人論世」、「接受美學」等理論主張。而文化創造表達則是語文高階思維能力的綜合進階，是學生拋棄平庸的價值觀，從藝術和人生的角度走向

體現生命本質的審美人生，在潛移默化中樹立起審美理想與人生態度。從文學審美走向文化立美將使學生在高中起始階段建立起文化審美思維，實現古詩文審美素養最大程度的學習進階。

例如，統編版必修高一上冊第十六課是《赤壁賦》和《登泰山記》兩篇課文組成的群文閱讀，《赤壁賦》文辭整飭、典雅且富有理趣，《登泰山記》文辭清暢，樸素且雅正。作為古代寫景抒情的名篇，山水之美景，需要用審美化的眼光才能彰顯。高中生要學會發現身邊的山水之美，用文字記錄下來，用美的眼光思考文化與生命，尋找古今山水寫景的審美共鳴。高中生還可以從蘇軾「水月」與姚鼐「風雪」中蘊含的情與理，對二人「夜遊赤壁」和「登山臨雪」進行比較鑒賞，思考二人穿越時空的情感異同，形成文化與審美的雅趣，這些都是高中起始教學階段學生從文學審美到文化立美的進階方向。這種審美創造的實施，綜合性地表現出學生的審美素養，也能培養出學生在古詩文學習中的關鍵能力。

學生在古詩文的審美課堂中遨遊，要學會從文化的視角表達美、創造美，這是審美內容的目標實現，是高階審美思維的體現。審美創造的過程，是革除理論框架的自由表達，是學生審美進階的思維發展，是學生表達審美理想的重要途徑。因此，教師在高中語文起始教學階段要路徑清晰、層級明確地指導學生從認識美到創造美，形成審美能力與審美素養之間的因果性，為整個高中階段的審美進階教學打下堅實的基礎。

四、總結

審美是伴隨個體生命始終的終身活動，是在現實生活中涵養品格、育人性情的生命自覺發展。教師在初高中銜接階段開展古詩文審美進階教學的研究，不僅是現實的需要，也是培養學生核心素養，落實審美育人目標的重要途徑。從認知心理學的角度看，同年齡段的學生在語文古詩文學習中都會有類似的情感體驗和審美價值。美育教學應充分考慮學生的個性心理特徵和心理發展水準。（杜衛，2014）因此，無論是在大陸抑或香港的學校，銜接學段的古詩文審美教學對於語文教師而言都是一個重要的研究課題。本文從高中起始階段古詩文教學出發，以審美進階的視角去探討教學構建策略，使學生逐步發展美的情懷、美的境界和美的追求，期待能對兩岸四地及全世界的語文教育工作者提供些許教學幫助。

參考文獻

丁銳、金軒竹、魏巧鶴（2022）：〈指向大概念生成與層級轉化的學習進階研究〉，《教育科學研究》，1，頁 61。

杜衛（2016）：〈美育三義〉，《文藝研究》，11，頁 20。

杜衛（2014）：〈論審美素養及其培養〉，《教育研究》，11，頁 31。

顧之川、汪峰（2020）：《中國語文教育發展報告》，北京：社會科學文獻出版社。

金開誠（1982）：《文藝心理學論稿》，北京：北京大學出版社。

姜艷、李如密（2019）：〈教學立美：內涵、價值以及實施路徑〉，《當代教育與文化》，3，頁 43。

劉晟、劉恩山（2012）：〈學習進階：關注學生認知發展和生活經驗〉，《教育學報》，4，頁 81。

歐用生（2009）：〈當教師與藝術相遇——藝術為基礎的教師專業發展〉，《研習資訊》，5，頁 25。

王佑軍（2021）：〈語文課的進階之美〉，《中學語文教學》，4，頁 73。

夏永庚、黃彥文（2018）：〈台灣地區課程美學研究的現狀、問題與展望〉，《全球教育展望》，2，頁 25。

閆黎傑（2008）：〈積極心理學對教育實踐的啟示〉，《教育探索》，7，頁 124。

中華人民共和國教育部（2018）：《普通高中語文課程標準（2017 年版）》，北京：人民教育出版社。

查有梁（2003）：〈「審美—立美」教育模式建構〉，《課程‧教材‧教法》，3，頁 39。

Research on the Progressional Teaching of Chinese Aesthetics in the Initial Stage of High School: A Case of Ancient Poems and Essays in Chinese Unified Textbook

Jin Xing

Institute of Curriculum and Teaching,
Nanjing Normal University

Abstract

As an important part of Chinese cohesive teaching, we need to build aesthetic progressional class of ancient poems and essays learning at the starting stage of high school. The learning progression theory requires the aesthetic class to develop the students' aesthetic literacy from the perspective of learning and in a spiral development path. Teachers and students need to construct the development sequence of aesthetic literacy at the starting stage of high school through reading and analyzing characters, entering the imagination, imitating the environment according to the text, and creating beauty through culture, so as to form a ladder between learning content and literacy goals. The ancient poems and essays learning at the starting stage of high school should be full of aesthetic value, transcend the knowledge standard, from recognizing beauty to creating beauty, clearly depict the aesthetic progress of students, and help students truly form Chinese aesthetic quality.

Keywords   Starting stage of high school, Ancient poem and essay, Aesthetic progression, Aesthetic education

文言經典的價值觀
教育實施芻議
——以香港初中「建議篇章」為例

香港教育大學中國語言學系
陳曙光*

摘要

　　培養學生正面的價值觀，使之具備良好的生活態度及行為，是香港教育的重要目標之一。2021 年教育局頒佈《價值觀教育課程架構》，提出十項首要培育的價值觀和態度，並且強調應以中華文化為主幹，貫通不同跨學科價值觀教育範疇。傳統教育向以「德育」居首，而「中華文化」和「品德情意」都屬於中國語文科的「九大學習範疇」，可見中國語文科肩負培養正面價值觀的重任。2021 年，教育局也於中文科不同學習階段增設 93 篇文言經典，以加強文學文化元素，提升學生的語文素養。文言經典盛載古人的智慧與價值觀，與政府提出的十項價值觀都有相通之處。目前，對於中文科與價值觀關係的教材和研究不多，前線教師對於如何落實《課程架構》也有不少疑問。本文擬分析價值觀教育和評核的困難之處，並以初中「建議篇章」為例，分析其中的思想與正面價值觀的關係，提出適切的教學建議。

關鍵詞　　文言經典價值觀　中華文化　建議篇章　品德情意

一、引言

　　中國教育深受儒家文化影響，向以德育為首。孔子以「六藝」教授學生，首兩位的禮樂都是透過實踐進行品德教育；孟子提出統治者實行仁政時，必須興辦學校，以

---

*　陳曙光，香港教育大學中國語言學系，聯絡電郵：cchukwong@eduhk.hk。

孝悌之道教化百姓。而司馬光更明確指出「德勝才謂之君子，才勝德謂之小人」。香港是中西文化匯萃的國際城市，市民的生活方式、飲食習慣等均甚具西方色彩。然而，香港人的價值觀卻仍深受中國傳統影響，尤其是學校的價值觀教育。校訓可視為該辦學團體的核心價值，也是他們對學生未來的期望。施仲謀（2019）曾對香港的校訓進行有系統研究，調查了超過一千所中小學校，發現逾半數校訓與儒家思想有密切關係。即使具有西方宗教背景的學校，其校訓亦多能體現儒家價值觀，如喇沙書院的校訓「克己復禮」典出《論語》，聖言中學的「克明峻德」典出《尚書》等。

近年，香港教育局積極推廣價值觀教育，2020 年成立「價值觀教育常務委員會」，並於翌年推出《價值觀教育課程架構》（以下簡稱《架構》），明確提出要培育香港學生成為具「香港情懷、國家觀念和國際視野」的人才，並且臚列十個主要培育的價值觀和態度，包括：1. 堅毅、2. 尊重他人、3. 責任感、4. 國民身份認同、5. 承擔精神、6. 誠信、7. 關愛、8. 守法、9. 同理心、10. 勤勞。委員會相信十項價值觀能與各學習領域、跨學習領域及課程指引互相配合，裝備學生面對成長和生活的挑戰，亦配合社會對香港下一代的期望和要求。目前與價值觀相關的學習目標散見於不同學科裏，包括中文、生活與社會、中國歷史、地理等，尚未有系統地整合和統籌。《架構》指出價值觀教育應以中華文化為主幹，《中國語文學習領域課程指引（小一至中六）》（2017，頁 2-3）的提要開宗明義指出中文教育要使學生「得到審美、品德的培育和文化的熏陶，以美化人格，促進全人發展。」在這個先導原則下，中文科設有九大範疇，除了聽說讀寫等基本能力外，更有「文學」、「中華文化」、「品德情意」等具有「人文性」的目標。其中「品德情意」可與《架構》裏的十項價值觀對應，詳見下表：

十個首要培養的價值觀和態度	中國語文學習領域「品德情意」的學習項目
堅毅	勤奮堅毅（努力不懈、貫徹始終）
尊重他人	尊重別人（尊重對方權利、感受）、寬大包容（接納多元觀點、容忍不同意見、體諒寬恕）、和平共享（團結合作、和平共處）
責任感	認真負責（重視責任、不敷衍苟且、知所補過）
國民身份認同	心繫祖國
承擔精神	勇於承擔（履行義務、盡忠職守、有使命感、具道德勇氣）
誠信	重視信諾
關愛	關懷顧念（尊敬長輩、友愛同儕、愛護幼小）
守法	守法循禮（遵守法律、有公德心、尊重社會規範）

（續上表）

十個首要培養的價值觀和態度	中國語文學習領域「品德情意」的學習項目
同理心	知恩感戴（知所回饋）、仁民愛物（尊重生命、珍惜資源、愛護環境）
勤勞	勤奮堅毅（努力不懈、貫徹始終）

　　可見中文科在價值觀教育的角色舉足輕重。2021 年，教育局在中文科推出 93 篇文言經典篇章，涵蓋第一至第四學習階段，並要求學校在 2024 學年以前，逐步加入課程。中國語文教育總課程發展主任何燕萍（2021）指出透過文言經典作品，能豐富學生的語文積澱，培養品德情意和提升文化修養。《架構》所提出的是跨課程計劃，然而要如何落實卻尚須深入研究。當中的難題包括如何建構以中文科為主，並與其他學科以及學習經歷緊密配合的課程；在有限課時下，中文科如何兼顧和平衡提升語文能力（工具性）和認識中華文化，並培養正確價值觀（人文性）。本文擬以教育局建議初中施教的 25 篇文言為研究對象，分析其對於價值觀教育的價值及局限，並且提出適切的課程規劃、教學及評核建議。

（一）文獻回顧

　　對於本課題的研究可分為兩大類別。首先是對中國傳統價值觀教育的整理及分析其現代價值和意義，例如黃釗（2006）《儒家德育學說論綱》分別從儒家德育學說的形成、發展、淺評及與當代文明的關係四方面進行全面分析，是有系統闡析儒家德育學說的專著。黃釗（2011）的另一著作《中國古代德育思想史論》以歷史為綱，分析由先秦到近代中國德育思想的發展。該書以儒家為主，也兼論釋、道的德育觀念，非常全面。劉靖國（2006）《儒家生命哲學及其生命教育理論建構研究》從宇宙觀、天命觀、生死觀等不同方面整理儒家思想，也運用小部分篇幅闡述其與現代教育的關係，嘗試把傳統思想與現代社會的特質結合。吳展良（2002）〈尋找核心價值：儒學與現社會的價值困境〉、劉國強（2004）〈全球化發展與儒家價值教育的資源〉等嘗試以更宏觀的視角，分析全球經濟及資訊一體化下，受到科技和資本主義的影響，人的價值和主體性日漸失落，而儒家強調人本主義的價值觀教育，正好補足其弊。中華文化向以道德修養為主，文言經典正正能成為價值觀教育的主要教材。

　　另一類研究則聚焦於探索如何在不同課程中落實中華文化的價值觀。劉國強（2006）〈論價值教育與香港教育改革——一個建基於哲學與文化的反省〉、鍾明倫、李子建、秦偉燊、江浩民（2018）〈香港課程改革下的價值觀教育：回顧與前瞻〉從香港的課程改革出發；陳盼（2018）《高中文言文中的生命教育內容與路徑研究》以中

國大陸高中文言文教育為切入點，討論如何有效落實生命教育。廖佩莉（2017）分析中文科情意教育的困難，包括教法落伍、難以評估等，並提出如何優化情意教學及評估。廖氏特別提出要「多選經典中國文化和文學教材」，教師要教導學生理解文字背後的情懷。近年，香港對於價值觀教育越見重視，有系統的研究也日多。李子建主編《生命教育：理論基礎、取向和設計》（2021）及《生命與價值觀教育：視角與實踐》（2022）對生命教育的理論及實踐進行較全面的研究，並且立足香港的同時也有台灣和大灣區的視角。當中〈中國語文教材與教學：生命教育及大語文教育的視角〉、〈孔子生活理念對現代生命教育的啟示〉都探討中文科的理念、教材與生命教育之間的關係。然而，就目前所見，聚焦文言經典與品德情意教育關係的研究不多。本文將從分析文言經典的功能和局限，並提出落實教學時的建議。

（二）文言經典的價值觀教育的功能與局限

1. 功能

根據《現代漢語辭典（第 7 版）》（2016，頁 629），「價值觀」是指「對經濟、政治、道德、金錢等所持有的總的看法。由於人們的社會地位不同，價值觀也有所不同。」價值觀具有歷史性、選擇性和主觀性。不同國家的人，因為其文化、生活環境、經濟模式等不同，對於相同的行為會有不同的評價。而文化是陶鑄一個民族價值觀的關鍵，宋鎮照（1997，頁 165-166）指出「文化將一個社會成員之行為與生活模式化，並塑造出不同的人格。文化本身就是一套價值與規範體系，引導人們行為舉止，指示我們在何時、何地，應該做出何種行為，才是適宜的。」施仲謀（2019）對校訓的研究正好說明香港學校的理想價值觀教育仍植根於中華文化。課程發展議會（2017，頁 22）指出「文學作品往往反映作者的價值取向和人生追求。通過閱讀和欣賞一些文質兼美的文學作品，學生自然而然地得到感染，滋養情意和培育品德。」唐君毅（1979，頁 15）敏銳地覺察到「新朝之所以反舊朝之文化思想，恆必溯源於先秦之傳統文化，故子史變而經不變。……此種文化上反本復始之意識。」中華文化最重要的價值觀，諸如仁、義、禮、忠、孝、信等，在先秦時期早已成形，而經過後世不斷詮釋和演繹，成為中國人的核心價值。由於這些價值觀都在古代的語境下產生，故此要認識具中華特色的價值觀，閱讀原典是必要的方法。中國傳統強調「文以載道」，〈昌黎先生集序〉說「文者，貫道之器也；不深於斯道，有至焉者，不也。」歐陽修〈祭歐陽文忠公夫人文〉更直接說「我所謂文，必與道俱。見利而遷，則非我徒。」因為這傳統，相較於白話篇章，文言經典蘊含中華文化和品德情意的元素更強，也更能直

接體現古代開創和傳承的文化精萃。卓燕玲、鄒立明、黃敏祺、余念秀、鄭婉婷、梁羽鳳、朱偉林（2016）曾以香港三年級學生作為研究對象，設計古詩文教學單元，發現在童年階段接觸古典詩文，可以啟發心靈，變化內在氣質，提升學生品德情意水平。另一方面，文言文是古代語言的載體，閱讀文言篇章有助理解古人生活的環境。萬胥亭（2018）認為使用語言就是在傳承其所承載的民族記憶與文化傳統精華，使用一種語言會構成一個集體表述的文化連續體，進而把整個民族連結起來。長期接觸古文有助提升學生古漢語能力，建立學生的文化認同，進而建構民族和國家身份認同。

目前中小學均設有文言建議篇章。在小學階段，學生年紀尚小，古代漢語知識不足，較難從文言經典裏直接進行價值觀教育。故此小學階段的建議篇章多是音節優美的詩文，篇幅不長，並以詩歌為主。當然，不少篇章仍蘊含正面價值觀，如〈蜂〉讚揚蜜蜂勤勞、〈折箭〉強調團結一心的重要性等。惟教育局（2022）明確指出小學階段希望學生多誦讀，能感受語言文字和思想之美。至中學時文言經典成為閱讀的核心教材，而且散文的比例也大幅提升。學生透過精讀篇章，除了獲取知識，提升閱讀和寫作能力外，更能領略當中的文化內涵與價值觀。以初中的建議篇章為例，〈愚公移山〉、〈為學〉指出求學需要堅持不懈、〈滿江紅〉裏岳飛精忠報國的精神、〈兵車行〉對於征夫的同情與關懷等，都能與《架構》裏的十項價值觀相對應。又如〈燕詩〉藉雛燕深受父母的照顧，但成長後卻遺棄父母的行為；〈慈烏夜啼〉藉慈烏喪母後傷心啼哭等，闡明「孝」的道理。唐君毅（2003）指出儒家特重孝悌，更視為人與禽獸差別所在。孝雖不屬於十大價值觀之內，卻是中華文化最鮮明的道德標準。

2. 局限

香港雖然一直有價值觀教育，但成效卻不彰。劉國強（2006）批評香港的教育一直只重視傳授知識而忽略德育和美育，包括長期沒有更新《道德教育指引》，未有相關的師資培訓等，更認為香港教育的核心弊病就是沒有恰當的價值觀教育。廖佩莉（2017）指出香港的情意教育多是閱讀教學的附屬品。若篇章主題與價值觀有關，教師多在講授主旨時提及，並隨意提及與品德情意相關的課題，由於課時所限，難作深入討論和分析。這裏可見在中文科進行價值教育的兩大問題，包括欠缺詳細規劃，只按個別教師的喜好講授，帶有很強的隨意性；學習重點繁多、課時緊絀也為價值觀教育帶來很多掣肘。以往中學文憑試中文科設有 4-5 卷，學生窮於應付。2024 的文憑試將刪除「綜合能力」及「說話」兩卷，即 2021 年起中四學生只須應考閱讀和寫作；初中課程也因應公開試的改革而調整，所釋放課時有利教師運用更多時間於閱讀教學，進行文本細讀，深入瞭解文章的意蘊。同時課程增設文言指定篇章，種種變革都

有利於落實《架構》的建議。

原則上，閱讀文言原文最能體會古人的情懷和價值觀，對於培養品德成效最大。然而，學生的文言能力普遍不高，又缺乏學習文言文的興趣，不利於價值觀教育。彭等峰（2016）曾以大陸一所中學初中生為調查對象，發現雖有逾七成學生認同學習文言文是「有必要」，但只有 35% 認為所學的文言文有趣，接近一半學生認為談不上喜歡。約有 25% 學生認為文言文課堂教學枯燥乏味。其他學者的研究也顯示學生對文言文的思想情感和價值觀瞭解不深，甚至討厭學習。（韋學軍，2009；陳燕珠，2013）香港的情況更為嚴重，學生普遍重理輕文，近年越來越少學生選修中國文學科，也缺乏學習中文的興趣。劉潔玲（2017）對香港的兩所第一組別及兩所第三組別的學生進行研究，並與其中 48 位深入訪談。研究發現不論組別高或低的學生，對文言文的字詞認讀和篇章理解方面均有困難，學生的歷史和文體知識較為豐富，一般能掌握文章的內容大意，但卻難以理解涉及文化或哲學等深層次思想。若學生未有能力瞭解文言經典的意蘊，價值觀教育便無從入手；若避開文言經典，只以現代故事或白話譯本作為教材，卻又無法忠實傳遞傳統品德的精粹。學習動機方面，劉氏的研究發現大部分學生認同文言文的重要性，但卻認為公開試不應考核文言文，因為在日常生活中沒有用，大多數學生也表示不喜歡學習文言文。

筆者認為學生學習文言經典的問題癥結在於隔閡。第一層次是語言上的隔閡，由於以古代的語言寫成，學生在未經指導下難以理解。故此，文言經典最傳統的教學方法，可以歸納為「字字落實，句句清楚」，教師大部分課時以現代白話文解釋文本。課堂大多先從文言字詞着手，再講解句式，最後是段落和篇章大意（何智勇，2011；陳如倉，2011）。王紅（2011）指出很多教師過於重視傳授文言知識，忽視學生對作品內容的體驗。錢夢龍（1997）分析這種教學法的流弊，認為結果就是把經典分解得支離破碎，變成按刻板語法規則組合而成的實詞和虛詞，篇章蘊含的思想感情完全失落。文言文教學對師生來說都變成索然無味，但為了應考又不得不忍受的苦事。學生只是理性上「知道」需要誦習文言文，但並不享受學習，他們的腦海只有大堆不成系統的文言字詞知識，根本不曾細心咀嚼經典的內容，更遑論感受古人的情感以致改變其價值觀。

另一個更深入的層次便是文化的隔閡，文言經典產生於古代，其生活環境、經濟模式與現代工商業社會大相逕庭，故此也和工業文明所創造的價值觀有頗大分歧。尤其近代中國積弱，受西方列強入侵，清末已有不少知識分子懷疑中華文化的價值，更視儒家思想保守落伍，桎梏中華民族的發展。中華文化以強調心靈、道德倫理為主要內涵，與西方強調個人獨立往往出現矛盾。林美香（2015）指出台灣出現價值觀標準

混淆、是非不分的社會現象，是教育無法摒棄傳統文化，更無法全盤引進西方價值觀所造成。這是華人地區，包括大陸、台灣和香港共同面對的問題，就是面對強而有力的「他者」時，如何客觀地評價自身的文化，承傳精粹而拋棄糟粕。現今香港不少年青人心態上仍只崇尚西方文化，輕視中國文化，批評儒家愚孝、道家消極等；又或認為文言文所載的智慧和道理，如歸隱田園、「父母在不遠遊」等已不適用於現今社會。部分教師為了解決文言文為學生帶來「距離感」的問題，改變傳統授課模式，只重視文言教學的「人文性」。胡虹麗（2010）梳理中國大陸的文言教學發展後，卻批評教學模式趨向兩極化。一邊只重視知識傳授，令學生失去興趣；另一邊卻又過分追求人文性，只重點探討作者表達的感情而忽略文本細讀。她舉例曾有教師教授〈歸去來兮辭〉的教學內容為：一是讀出快樂，請給快樂定義；二是合作探究，快樂的背後是甚麼；三是請探討現代人如何回歸心靈。這樣的處理的確能讓學生投入課堂，勇於表達意見，但卻完全脫離文本、脫離陶潛的時代背景，把經典背後的文化價值觀完全掏空，所謂的重視「人文性」和培養品德的效能成疑。

二、利用文言經典進行價值觀教學芻議

香港由 2007 年會考開始廢除考核範文，2009 年新高中課程改革強調「能力導向」，雖然中文科的大綱有九大能力，但受考試倒流效應影響，學生多集中訓練語文能力而輕視文化、品德等範疇。教育局《優化高中核心科目問卷調查》（2021）提出「希望學生通過語文學習，更有效地培養必須具備的語文素養」。李玉蓉（2019）曾訪問四位當時課程決策者，他們指出在語文修養、文學、文化、品德情意等元素方面，文言文的重要性遠超白話文。蘇文擢（1984）指出範文教學本來包含文學欣賞和道德品格培育。2018 年高中重設範文、2021 年各學習階段重設建議篇章都標誌着由過往的「能力導向」走向「素養導向」。學習文言經典是香港未來中文教育的重點，而要達到課程設計者的目標，必須解決價值觀教育的隨機性和隨意性，以及學生對文言經典的隔閡。

（一）課程：製定「價值觀培養框架」

香港的價值觀教育最為人詬病的地方就是欠缺完善的課程規劃，品德價值散見於不同學科課程目標之中，既有重疊之處但又互不統屬，造成執行上的困難。《架構》列出對不同階段學生的學習期望建議，然而內容頗為龐雜，而且超越了學科之間的界

限，並不容易實行。筆者參考《架構》和不同學科的課程文件，以及各學習階段學生的發展特質，按照生命教育「天、人、物、我」框架以及立足於中華文化等元素，草擬以下大綱：

培養框架（參考《價值教育課程架構（2021）》編定）

學習階段／層面	小一至小三	小四至小六	中一至中三	中四至中六
一、生命教育				
1. 個人成長（配合個人發展特質）	1. 良好生活習慣，如自理 2. 遵守紀律、行為規範	1. 自律，如專注、時間管理、情緒管理 2. 認識自己及發掘強項；建立信心	1. 分配時間，過健康生活 2. 肯定自己的價值，面對自己的優點與限制 3. 保持積極人生態度，常存感恩	1. 兼顧學業與興趣發展，過均衡生活 2. 建構自己的人生觀、具有前瞻及視野，並開始規劃自己的人生 3. 培養尊貴的品德，如誠信、堅毅、尊重生命、慎獨、自尊自重等
2. 家庭、學校、社交	1. 聽長輩教誨、關愛家人、友伴 2. 承擔責任（如做家務） 3. 社交技能：如說話有禮，懂得與人溝通	1. 感激父母養育之恩，與家人與友伴和諧相處 2. 清楚表達自己的期望與觀感 3. 面對困難時懂得想法解決；遇挫折積極、堅毅面對，並懂得尋求支援	1. 常存孝道，承擔家庭責任，慎終追遠 2. 培養同理心與歸屬感 3. 尊師重道，關愛友儕，守信重義 4. 培養分析問題與多角度思考的方法 5. 訂立目標（短期、長期）	1. 具同理心，懂得關愛自己與保護身邊的人，並適當回饋家庭和友儕 2. 以平常心及樂觀積極的態度面對其他人對自己的期望 3. 有獨立思考及解決複雜問題的能力
二、立足中華文化的價值觀教育				
3. 社會、國家及世界（國民身份認同、認識《憲法》與《基本法》、維護國家安全）	1. 認識中華文化與優秀傳統（如神話、文字故事等） 2. 主動關心社會、國家和世界發生的事情 3. 學習欣賞中國的傳統習俗、歷史文化和藝術創作（例如喜慶節日、歷史人物、中樂國畫） 4. 初步認識《基本法》及一國兩制精神，尊重國旗和國徽，建立對國家的歸屬感和國民身份認同 5. 認識在不同社群中的權利和責任	1. 關心社會，積極參與社會公益服務，實踐承擔精神 2. 欣賞中華文化，並尊重不同思想、文化、信仰和生活習慣，認同和諧共存的重要 3. 培養公德，拒絕接收不良資訊，瞭解不良行為的禍害和後果 4. 學習《憲法》和《基本法》，尊重香港和國家法律，自覺維護社會穩定和國家安全 5. 認識世界互相依存的關係，關心世界大事	1. 認識《基本法》和《憲法》，關心社會和國家安全，認同自己作為社會公民和國家國民的身份，抱持一份歸屬感、責任心和使命感，並思考未來可擔當的角色 2. 主動瞭解國家發展，並積極參與相關的體驗和交流活動 3. 培養國際視野，積極貢獻社會	1. 具備敏銳觸覺，慎思明辨，關心社會時事，並能辨識所蘊含的價值觀 2. 以理性和多角度，認識和關心國家社會、經濟、安全、外交、科技等各方面的發展、面對的挑戰和機遇 3. 認同國民身份，願意承擔責任，愛國愛港 4. 具備國際視野，為可持續發展出力，建構人類命運共同體、推動世界和平

（續上表）

學習階段／層面	小一至小三	小四至小六	中一至中三	中四至中六
天道與人道	1. 認識生死，明白生命皆有終始。 2. 親人離世時懂得尋求支援 3. 尊重生命，不殘忍對待動物	1. 認識生命的寶貴 2. 親人離世時能恰當抒發情緒 3. 愛護生命，不傷害自己與身邊的人，友善對待動物	1. 認識生命的意義 2. 認識中華文化對生命的看法和「重人精神」 3. 珍惜生命，堅守原則，敢於拒絕不良資訊與事物	1. 認識不同哲學思想／宗教對生命的反思 2. 認識中華文化的天道觀及其價值，包括儒家「天人合德」的精神、「以道德實踐取代宗教信仰」的主張；道家「齊萬物」的精神；釋家「緣起性空」的理論 3. 認識馬斯洛需求層次理論及殷海光人生層次理論 4. 反思人生的終極意義，尋找獲認同的價值觀，並以此應對人生的不同際遇與挑戰，回應靈性／精神的追求，安身立命 5. 熱愛生命，身體力行，貢獻社會，在能力許可的範圍拯救生命，做到「仁民愛物」
三、正面的價值觀和態度	「堅毅」、「尊重他人」、「責任感」、「國民身份認同」、「承擔精神」、「誠信」、「關愛」、「守法」、「同理心」和「勤勞」			

以上的大綱只是初擬，尚需繼續研究和修訂。然而，大綱的製定非常重要，按照學生的程度和成長特質，由認知、情感、行為等方面實踐品德教育。而各科教師也能以本科的課程作參照，把《架構》的內容真正融入學科教育。

（二）教學：拉近學生與文言經典的距離

對於如何有效教授文言文，學者有深入的研究。張必錕（2016）提出學習文言文的三種正確方法，包括領悟、積累和誦讀。鄺銳強（2016）研究香港的文言文教育後，提出：1. 結合課外活動；2. 透過網上資源，鼓勵學生自學；3. 教授文本分析方法；4. 結合生活，激發思考。廖佩莉（2017）則提出：1. 文言教學的目標應明確；2. 巧妙運用線索提問；3. 讓學生體會作者的思想感情；4. 適當運用多媒體。綜觀諸家意見，只固守傳統字詞句段篇在文言文的教學成效不彰，可透過朗誦、感悟和創設現代場景等方法有效提升文言教學質素。

若聚焦於文言經典的價值觀教育功能，筆者認為最重要的是拉近文本與學生之間的距離。文言文教學既有知識的傳授，也有情感教育，完全忽略原文並不理想。然

而，是否教授每篇建議篇章的目的都是為了提升學生的古代漢語水平？對學生而言，同為文言篇章，內容、體裁不同，難易程度也有分別。以初中的 25 篇建議篇章為例，帶有敘事性或借事說理篇章（如〈愚公移山〉、〈岳飛之少年時代〉、〈貓捕雀〉等）學生相對較易掌握。純議論性篇章，如〈論四端〉、〈大同與小康〉涉及抽象的概念思辨和治國之道等，與學生距離尤遠，但這些篇章涉及儒家對人性、道德以至理想世界的看法，是很重要的品德教材。若學生根本沒有能力理解，再好的道理也難以領會。筆者不反對教授這些篇章時提供白話譯本，重點讓學生瞭解中華文化的精粹，至於提升文言能力可留待其他相對較簡單的篇章處理，以平衡文言知識與情感的教學。

其次，中華文化向來並不喜討論抽象高深的道理，而是強調能在日常生活實踐。因此，教授文言經典時不宜與現代社會割裂，在設計單元時應加入適當的白話篇章或時事議題作為導讀以作討論，例如〈為學〉說明堅毅的重要，教學時可介紹記述中國冬奧選手韓聰、隋文靜事蹟的文章，兩人如何憑着堅毅的意志走出傷病，最後奪得冬奧冠軍，令學生瞭解文言篇章所載並非「離地」的道理。而且在教學過程中，教師須讓學生敢於表達自己的意見，如〈荀巨伯遠看友人疾〉和〈管寧華歆共園中鋤菜〉都與友道相關。然而，現代社會的價值觀念裏，為友人犧牲性命是否值得？華歆的行為是否嚴重失德而要絕交？又如〈愛蓮說〉所讚頌的君子，能否在今天競爭激烈、講求功利的商業社會立足？甚麼文化價值須隨時代而改變，甚麼價值應堅持不變？筆者十分欣賞高考文化卷的擬題模式，以對話帶出具體的例子和現代社會的某特點，考問學生傳統文化價值是否仍適合現代社會或如何改善現代社會的流弊，例如 2010 年的題目：

> 李同學認為，現代社會提倡「我有我本色」，推崇個性發展，「學禮以立」這一套已不合時宜。你是否同意他的看法？試以現今生活例子支持你的觀點。

在題目引導下的確可讓學生反思中華價值觀的價值及不足之處。若教師能選取與講授篇章相關的題目加以簡化，讓學生透過討論表達己見，在互相交流的過程中慢慢塑造正確的價值觀。

此外，文言經典不限於教育局所選的篇章或中華經典名句，新冠肺炎肆虐初期，中國的防疫物資不足，日本寄來抗疫物資寫上了「山川異域，風月同天」、「豈曰無衣，與子同裳」；後來中國向日本提供援助時所寫的是「青山一道，同擔風雨」。這都是人類命運共同體在面對無情病毒時患難與共的情懷。若學生能多留意，便能在日常生活中感知到古代的智慧和處世之道。

(三) 評估：多元評估

要客觀地評估價值觀教育的成效並不容易，因為當中不止涉及理性上的認知，更涉及內在情意的轉變，只依靠傳統的方法如測驗等顯然無法進行客觀及具有信度及效度的評估。胡虹麗（2010）分析內地的高考試題，發現選取的篇章重道義而輕人性，講求忠孝等大義而少及友愛、關懷等人性之美，令學生對考試更為反感。為了確保批改質素和公平性，試題以客觀題為主，少有讓學生發揮的主觀題。香港文憑試的考材和題目設計也有類近的情況，前線便依據試題設計教學，結果更強化知識傳授而不理會品德情意。

顯然，要客觀評價學生價值觀的改變要有不同的設計。柯爾伯格（1958）提出道德發展階段，共分為三個階段六個層次，學生隨年紀會經歷不同階段：

道德成規前期 （preconventional level of morality）	第一階段：他制他律導向（避罰服從）
	第二階段：以個人利益為重（對我何益處），互惠互利導向（相對功利）
道德成規期 （conventional level of morality）	第三階段：人際關係導向（尋求認可）
	第四階段：法律與秩序導向（社會法制）
道德原則期 （postconventional level of morality）	第五階段：社會契約導向（法律／規則是否公平）
	第六階段：普遍性的倫理原則導向（原則與良心定向）

而 Tom Kubiszyn、Gary Borich（1997）提出情意階層式分類，共分為五個階段：

- 接受（願意傾聽或注意的意願）
- 反應（學生參與並以此為樂）
- 評價（學生以其價值判斷某一活動）
- 組織（內化後，成為排定實行的優先次序）
- 「價值特徵化」（學生的行為與價值體系一致）

參考上述理論架構，本文建議把評估分為「認知」（知善知惡）、「認同」（善善惡惡）、「實踐」（行善去惡）三大維度，評核過程亦會兼重動機與結果。大抵而言，認知為最基本的層次，學生必須對相關價值觀／品德情意的內涵有基本認識（認知），才可以進行價值判斷，並且轉化成為他們判別對錯和實行的優先次序（認同），最後在生活中實踐出來，變成外顯的行為。（實踐）三者之中，認知最容易評核，以〈燕

詩〉和〈慈烏夜啼〉為例，可採用傳統的紙筆測驗、線上測驗或問卷，評測學生是否能掌握中國傳統對於孝的定義和為甚麼要孝敬父母；認同部分可透過討論真實個案（如新聞〈推癱母落海溺斃愚孝子涉殺〉）、回答情境題（如「答應了朋友看電影，但母親致電說因有急事要外出，要求回家照顧弟弟」等），並讓學生闡述立場背後的原因，以評核學生是否認同相關的價值觀。實踐部分最難評核，可進行多維度評估，包括由家長評估學生日常生活的行為是否有改變、學生以行動對家長表達感謝並撰寫反思文章等。

三、總結：未來的價值觀教育前瞻

近年，不少人批評香港的年青人價值觀扭曲，故此必須大力推廣生命教育和價值觀教育。政府頒佈《架構》，明確指出以中華文化作為骨幹，是重要的第一步。然而，價值觀教育無論在課程設計以至評估等方面都和知識教育有很大差別。如何由宏大的課程文件落實到日常的教學當中，取得預期成效，才是真正的難關。本文草擬了價值觀培育框架，並嘗試以中文科初中建議篇章為例，探討如何落實。未來實有必要繼續研究，包括設計各學段的相關教學單元及教材，進行實驗研究等。建構中文科的基本內容後，再尋求其他學科和活動的協助，共同培育學生正確的價值觀。

參考文獻

陳盼（2018）：《高中文言文中的生命教育內容與路徑研究》，五邑大學未出版碩士論文。

陳如倉（2011）：〈淺談初中文言文教學的現狀與策略〉，《商業文化（學術版）》，12，頁 219。

陳燕珠（2013）：〈重塑古文閱讀觀，形成文化新理論——論高中文言文閱讀教學中存在的問題及解決對策〉，《新課程（中學）》，10B，頁 208–209。

何燕萍（2021）：〈加強文學文化的學習——增設建議篇章，強調文道並重〉，檢自 https://www.edb.gov.hk/tc/about-edb/press/insiderperspective/insiderperspective20210812.html，檢索日期：2022.8.31。

何智勇（2011）：〈文言教學現狀與對策〉，《新課程（中學）》，11，頁 115。

黃釗（2006）：《儒家德育學說論綱》，武昌：武漢大學出版社。

黃釗（2011）：《中國古代德育思想史論》，北京：中國社會科學出版社。

課程發展委員會（2017）：《中國語文教育學習領域課程指引（小一至中六）》，香港：香港教育局。

課程發展委員會（2021）：《價值觀教育課程架構（試行版）》，香港：香港教育局。

鄺銳強（2016）：〈文言文教學策略〉，《漢語教學與研究新探》，香港：中華書局。

李子建主編（2021）：《生命教育：理論基礎、取向和設計》，台灣：元照出版公司。

李子建主編（2022）：《生命與價值觀教育：視角與實踐》，香港：中華教育。

李玉蓉（2019）：〈香港高中中文科課程重設指定範文的理念〉，《教育學報》，2，頁 81-101。

廖佩莉（2015）：〈析論香港文言教學的現況與對策〉，《中國語文通訊》，1，頁 45-57。

廖佩莉（2017）：〈「情」與中國語文教學〉，《漢語教學與文化新探》，香港：中華書局。

林美香（2015）：〈從文化價值觀論人格品德教育〉，《通識教育學刊》，16，頁 51-71。

劉潔玲（2017）：〈香港高中學生閱讀文言文的表現與困難〉，《教育學報》，2，頁 161-181。

劉國強（2004）：〈全球化發展與儒家價值教育的資源〉，《教育學報》，32，頁 1-37。

劉國強（2006）：〈論價值教育與香港教育改革——一個建基於哲學與文化的反省〉，《廿一世紀教育藍圖？香港特區教育改革議論》，香港：香港中文大學。

劉靖國（2006）：《儒家生命哲學及其生命教育理論建構研究》，高雄師範大學未出版博士論文。

彭等峰（2016）：〈初中生文言文閱讀興趣調查及策略研究〉，《新課程（中學）》12，頁 115-116。

錢夢龍（1997）：〈文言文教學改革芻議〉，《中學語文教學》，4，頁 4-5。

施仲謀（2019）：〈從校訓看香港中華文化教育〉，《中國語文教學新探》，香港：中華書局。

宋鎮照（1997）：《社會學》，台北：五南圖書出版。

蘇文擢（1988）：〈中文教育基本觀念之我見〉，《中學中文教學論集》，香港：香港中國語文學會中小學語文教研部。

唐君毅（1979）：《中國文化之精神價值》，台北：正中書局。

唐君毅（2003）：〈與青年談中華文化〉，《青年與學問》，台北：三民出版社。

田小琳（1994）：〈文言教學面面觀——從課程、教材、教法看文言教學〉，《語文教學面面觀》，香港：香港文化教育出版社。

胡虹麗（2010）：《堅守與創新：百年中小學文言詩文教學研究》，湖南師範大學未出版博士論文。

吳展良（2002）：〈尋找核心價值：儒學與現社會的價值困境〉，《傳統中華文化與現代價值的激盪與調融（一）》，台北：喜瑪拉雅研究發展基金會。

萬胥亭（2018）：〈當代中文語境的文白之爭或紙本時代終結的語文倒退〉，第三屆建構／反思國文教學學術研討會。

王紅（2011）：〈文言教學淺談〉，《文學教育》，5（34）。

韋學軍（2009）：初中文言文閱讀教學現狀調查及問題剖析〉，《文教資料》，10，頁 135-136。

香港教育局：〈優化高中核心科目學校問卷調查〉，檢自 https://applications.edb.gov.hk/circular/upload/EDBCM/EDBCM21020C.pdf，檢索日期：2022.8.31。

張必錕（2016）：〈怎樣培養文言文閱讀能力〉，《我教語文——張必錕語文教育論集》，北京：人民教育出版社。

中國社會科學院語言研究所詞典編輯室（2016）：《現代漢語辭典（第七版）》，北京：商務印書館。

鍾明倫、李子建、秦偉燊、江浩民（2018）：〈香港課程改革下的價值觀教育：回顧與前瞻〉，《香港教師中心學報》，17，頁 19-35。

卓燕玲、鄒立明、黃敏祺、余念秀、鄭婉婷、梁羽鳳、朱偉林（2016）：〈透過古詩文學習提升學生品德情意——「孝道」水平的研究〉，《教育研究報告匯編》，香港：香港教師中心。

Tom Kubiszyn, Gary Borich，陳李綢校訂（1997）：《教育測驗與評量》，台北：五南圖書出版社。

Kohlberg, L. (1958). *The Development of Modes of Thinking and Choices in Years 10 to 16. Ph. D. Dissertation*, University of Chicago.

附錄一：初中建議篇章

第三學習階段
建議篇章篇目（文言經典部分）[A]
(2021/22 學年開始適用)[B]

1	論四端	孟 子
2	大同與小康	禮 記
3	愚公移山	列 子
4	鄒忌諷齊王納諫	戰國策
5	古詩十九首兩首：行行重行行	佚 名
	迢迢牽牛星	
6	桃花源記	陶 潛
7	世說新語兩則：荀巨伯遠看友人疾	劉義慶
	管寧、華歆共園中鋤菜	
8	木蘭詩	佚 名
9	送杜少府之任蜀州	王 勃
10	兵車行	杜 甫
11	詠烏詩兩首：燕詩	白居易
	慈烏夜啼	
12	陋室銘	劉禹錫
13	虞美人(春花秋月何時了)	李 煜
14	賣油翁	歐陽修
15	愛蓮說	周敦頤
16	傷仲永	王安石
17	水調歌頭並序（明月幾時有）	蘇 軾
18	滿江紅（怒髮衝冠）	岳 飛
19	天淨沙 秋思	馬致遠
20	岳飛之少年時代	佚 名
21	楊修之死	羅貫中
22	賣柑者言	劉 基
23	為學	彭端淑
24	貓捕雀	薛福成
25	習慣說	劉 蓉

A Preliminary Proposal for Implementing Value Education through Ancient Chinese Classics— Using the "Recommended Passages" in Hong Kong Junior Secondary Schools as an Example

CHAN, Chu Kwong
Department of Chinese Language Studies,
The Education University of Hong Kong

Abstract

In 2021, the Education Bureau (EDB) promulgated the "Value Education Curriculum Framework", which sets out ten vital noble values and attitudes to be cultivated. It emphasizes the importance of Chinese culture as the mainstay of cross-curricular value education. Traditionally, "moral education" has always been the primary focus of education, and "Chinese Culture" and "Character and Virtue" are among the "Nine Key Learning Areas" of the Chinese Language subject, demonstrating the importance of cultivating positive values in the subject. In 2021, the EDB also introduced 93 recommended passages in Chinese Language subject to strengthen the cultural and literature elements of the subject, and enhance students' language proficiency. The classics are rich in the wisdom and values of the ancients, and they are in line with the 10 values proposed by the Government. In present, there are few teaching materials and research on the relationship between Chinese Classics and values, and frontline teachers have many questions about how to implement the Curriculum Framework. This article aims to analyze the difficulties in values education and assessment and use the example of the "Recommended Passages" in junior secondary school to analyze the relationship between these passages and positive values education and to suggest appropriate teaching suggestions.

Keywords   Ancient Chinese Classics, Values, Chinese culture, Recommended Passages, Moral and affective learning

利用字源系統識字法
學習文言詞彙

香港教育大學中國語言學系
羅燕玲*

摘要

　　漢字起源於圖畫，傳統的「字源識字法」利用漢字的圖畫色彩，透過漢字本形和本義的介紹增加學習者對漢字文化的認知和學習興趣。在此基礎上，本研究進一步提倡利用漢字字源和本義聯繫漢字的各項引申義，為學習者整理漢字的意義系統，讓學習者對漢字的字義網絡有更全面及深入的認知。本文將集中討論利用上述理念教習文言詞彙的具體方法。

關鍵詞　　　　識字法　字源　詞彙系統　文言教學　中學教育

一、引言

　　形、音、義是漢字組成的三個元素，學習者要「習得」漢字，必須掌握以上三者。Wallace（1982）為「習得」詞語所定的標準，是學習者能夠：（1）識別這個詞的口頭形式；（2）隨時能回憶這個詞；（3）能將這個詞與適當的物體或概念聯繫起來；（4）以適當的語法形式使用這個詞；（5）以正確的搭配使用這個詞；（6）按其適當的正式程度使用這個詞；以及（7）意識到詞的內涵意義與聯想意義。Wallace 的標準是就拼音文字而言，因此不涉及字形概念，而較着重詞的語音形式，至於上述標準的後五項，則與詞義和詞的運用相關。謝錫金（2002）認為，「識字」的定義，是學習者能夠讀準字音、辨別字形、瞭解字義以及懂得書寫，在這個定義中，字詞的形、音、

---

*　羅燕玲，香港教育大學中國語言學系，通訊電郵：lawyl @ eduhk.hk。

義同樣重要，掌握了漢字字形，便能聯繫字音，辨析漢字，進而閱讀書寫。就「字形」的認識問題，現在學習者一般只要能記住文字的書寫形態，並聯繫其音、義，便完成了學習任務，至於漢字構形的原理，則較少在學習之列。

漢字起源於圖畫，在六書之中，象形、指示、會意及形聲是為「四體」，[1] 即造字之本，四者均與字形相關。[2] 古文字線條化以後，象形意味降低了，但現代使用的楷書，或多或少都保留了一些象形色彩，反映了構字的原意。學習漢字，不能忽視對漢字構形的掌握，因為它為學習者提供了重要的辨認和記憶依據，而且漢字的形、音、義密切聯繫，互為關連，構形的認識能帶動字音、字義的學習。

現時本地的中國語文教育，一般採取「隨文識字」的方法，學生因應篇章內容而學習某些字詞，邊讀書邊識字，「字不離詞、詞不離句、句不離篇」，生字新詞的出現和講解都在具體的語言環境中進行。比起「集中識字」（即利用漢字的規律讓學生有系統地認識一組相關的字，先教一批漢字，然後才讀課文），「隨文識字」的方法以篇章內容帶動漢字學習，寓識字於閱讀，學用緊密結合，能使學習氣氛較為活潑，激發學習興趣。然而，學生把漢字一個一個獨立地學、獨立地記認，忽略了漢字字形結構的特點，便不利學生歸類比對（關之英，2008）。同時，學生隨篇章內容學習漢字，所認識的字義亦受篇章內容局限而流於片面、欠缺系統。「一詞多義」是漢字的一大特點，同時是學生解讀文言篇章的一大障礙。學習文言作品時，若只隨篇章內容記認文言詞彙的特定義項，卻對詞彙的意義來源和因之生成的字義系統缺乏整體認識，一旦語境改換，學生在別的篇章中即使遇上學過的字詞，亦難以推敲該語詞在新的語境脈絡中的意思。

漢字學習不宜偏廢字形知識，識字教學應更重視字形和字源的介紹，並以之聯繫漢字的語義系統。針對漢字學習脫離構形知識以及字義認知片面的問題，筆者提出「字源系統識字法」，並嘗試將之應用於文言篇章教學之中，以增強文言詞彙的學習效果。下文介紹「字源系統識字法」，並說明以此法教習文言詞彙的具體方法。

1　「四體二用」是清代乾嘉時期學者戴震對「六書」的看法，他在〈答江慎修先生論小學〉中提出指事、象形、諧聲（形聲）、會意「四者，書之體止此矣。由是之於用……曰轉注……曰假借。所以用文字者，斯其兩大端也。」（戴震，1980）根據戴震的意思，指事、象形、形聲、會意四書是造字之法，轉注、假借為用字之法。

2　「象形」是象實物之形，根據事物的形體把具體事物畫下來；「指示」是使用符號象徵抽象概念，或在象形文字的基礎上以符號表達抽象概念；「會意」是匯合兩個或以上的象形符號，表達較複雜的概念；而「形聲」則是以形旁、聲旁組字，其中形旁表達事物的類別，聲旁標示字的讀音。由此可見，無論是象形、指示、會意或是形聲，均與字形相關。

二、字源系統識字法

漢字的意義與字形有密切的關係。漢字是表意系統的文字,古人造字時,力圖用圖形表達字義,所以六書中的象形、指事、形聲、會意,都與字形有關(富金壁,2003),因此清代的語言學家戴震亦以上述四書為「書之體」,即造字之本。段玉裁著《說文解字讀》,盧文弨為之作序:「字之大端,形與聲而已。聖人說字之形,曰一貫三為王,推一合十為士;兒,仁人也,在人下,故詰屈;黍可為酒,禾入水也;牛羊之字,以形舉也;視犬之字,如畫狗也。此皆以形而言也。」(段玉裁,1995)盧文弨這段話清楚說明了字形和字義的關係,而語中對王、士、兒、黍等字的解語,均見於許慎《說文解字》。《說文解字》是中國第一部「據形繫聯」的字典。許慎以字形解說字義,根據的是小篆的書寫形體,以近世新見的古文字材料評論,許慎對文字的分析固然有許多值得商榷之處,例如「王」字的甲骨、金文是刀鋒向下的斧鉞,而並非小篆所示以一貫三之形,斧鉞象徵權力,故稱「王」。然而,許慎以形說義,建基於漢字字形和字義的密切關係,是合理而有效的方法。

字源識字法並不是新概念,此法透過漢字的本形說明本義,以強化學習效果,多半用於圖畫性較強的象形、指事與會意字(黃沛榮,2006)。Bugelski(1979)指出,視覺刺激的特徵,經過視覺的感官吸收以後會形成心象(imagery),字源識字法運用了心象的原理,結合六書的理論(謝錫金,2002),利用形象化的圖片向學習者介紹字源,讓學習者瞭解漢字構形。現代使用的楷書在構形方面與古文字雖有分別,但楷書依然保留了古文字的痕跡,文字由古至今的構形變化亦有跡可尋。弄懂了字源以後,漢字的筆劃對學習者來說再不是無意義的符號,而是有意義的畫像。透過視覺心象,字源識字法強化了學習者的記憶力,加強了學習效果。與此同時,字源的介紹讓漢字的學習由單純的文字讀寫擴展至文化層面,提升了學習層次。此法的運用難點,在於對教材編輯者或施教者文字學及古文字學水平的要求,知識的傳遞要準確無誤,便須充分掌握漢字在甲骨、金文等階段的構形,並通曉文字的演變過程。坊間不少圖解漢字構形的著作,質素良莠不齊,當中不乏穿鑿附會之處,不足為學習者取信。再者,對於字源的研究,文字學或古文字學界掌握的材料依然有限,不是每一個漢字的來源,我們都能確實指出,所以字源識字法也難以全盤應用至所有漢字之中,而至今

學界亦未能全面統計哪些漢字可納入字源識字法的範圍。[3] 雖然如此，考慮到字源識字法的種種優點，學界亦不妨將此法有限度地應用到一些字源比較能確定的漢字之中，能以此法聯繫的漢字，數量其實仍然不少。

至於筆者提倡的字源系統識字法，則利用漢字字源聯繫本義及漢字的各項引申義，為學習者整理漢字的意義系統，讓學習者對漢字的字義網絡有更全面及深入的認知。凡文字都有本義，所謂「本義」，就是最初寫這個字的時候所表示的意義（齊佩瑢，1984），而本義多與字源和字形相關，可以經由字源推求；至於引申義，則是由本義因類似或義近而產生的語義範圍擴張，所以引申義離不開本義，並可由本義聯繫（齊佩瑢，1984）。孫雍長《訓詁原理》（1997）討論了漢字意義變化的基本規律——「引申觸類，反復旁通」，他認為語詞的意義按照自身內容的性質特點發展變化，凡相同相近的事物往往「相連而及」。王引之《經義述聞》（2000）曾以例子說明詞義變化這種「觸類而長」的特點：「『貞』訓為『正』，又訓為『當』；『正』訓為正直之正，又訓為正當之『正』者：古義相因，觸類而長。故元亨之『元』，或訓為『善』為『長』，又或訓為『大』；屯卦之『屯』，或訓為『難』，或訓為『盈』，而或訓為『固』……隨文見義，固各有所當也。」王引之此語，說明了漢語詞義圍繞一定核心概念孳長的道理，例如「貞」有「正」、「當」的意思，擴充為「正直」、「正當」之義；又如「屯」字，《說文》認為其本義是「難」，像草木初生的艱難（「屯」甲骨文、金文等結構，有認為象草木剛從土地冒出之形）。由困難的聚結，「屯」的詞義擴大為「聚集」、「積聚」之意，如軍隊的駐紮、戍守亦稱「屯」，而聚集儲存起來的結果便是「盈」和「固」了。近代學者亦每多注意到本形、本義和詞義衍生規律的關係，例如章太炎謂：「本形、本義之不知，而欲窺求義訓，雖持之也有故，其言之必不能成理。」（《章氏叢書》，2016）陸宗達、王寧則謂：「詞義引申就其個別階段來說，是由一個義項延伸出另一個與之有關的新義項。引申規律，就是指互相延伸的甲乙兩項彼此相關的規律。」（《訓詁方法論》，1983）當語詞進入具體語境以後便「隨文見義」，字義會因應作品的上文下理而產生運用上的變化。與此同時，語義的學習往往配合語境，學習者認識語義的過程，往往是在具體語段或文辭之中配合上文下理進行，當學習者遇到

3　就香港的情況而言，本地不少初小教科書都會傳授「象形字」的知識，例如向學生介紹一些基本字詞如「山」、「木」、「火」、「日」、「月」等的古文字構形，卻未有進一步把字源知識融入漢字學習之中。本地學者亦有研究或應用字源識字法的嘗試，例如由「優質教育基金」資助的「小學中文科常用字研究」（香港浸會大學語文中心，2001-2003）重新編訂了小學識字範圍，並從文字學角度探究了部分常用字的字源，分析了字形流變；由「語文基金」及「優質教育基金」贊助研究經費的「綜合高效識字」教學法（香港大學教育學院，2002）亦將字源知識編入教材。然而，迄今本地學術界仍未見具系統的字源識字教材的製作。

了在具體語境中使用的新字詞，弄懂了意思，便掌握了字詞的某項語義，而語境中的上文下理亦有助學習者推測字詞的意思。因此，語義的學習是一項一項地配合個別語境進行的，所得知識較為零散。字源系統識字法利用字源和本義為樞梳理字義，期望學習者能較全面地掌握語詞各個互相關聯的引申義項，讓詞義的學習變得系統化。當學習者掌握了字詞的構形，認識了字源及核心的義項，便可由此及彼，在遇上字詞新用法的時候推求字詞在不同語境中的新義項。

三、字源系統識字法與文言詞彙學習

筆者獲得香港教育大學校內研究經費資助，主持「字源系統識字研究計劃」（Research on Learning Chinese Characters through Etymology in a Systematic Way，項目編號：RG 65/2020-2021R），計劃搜集整理漢字的字源和語義材料，編成識字教材，並製作字卡，以形象化的方式為學習者介紹漢字的字源和甲骨、金文等古文字構形。計劃以漢字的本形本義為基礎，進一步組織與之相關的引申義項，為學習者建立詞義的網絡系統，以下是一些具體例子：

例 1 刃

字例	字卡[4]		
刃			
字源說明：	《說文》：「刀堅也。象刀有刃之形。」古文字和楷書的字形都由「刀」和「、」組成，「、」指示刀鋒利的位置。		
本義：	〔名〕刀口、刀剪等鋒利的部分，如刀刃、刃口。		
引申義：	以部分借代全部	〔名〕借指刀，如：利刃。	
	指利用刀刃進行的動作	〔動〕殺：自刃、手刃奸賊。	

4　每一字例的字卡共三款，其一是該字的古文字（以甲骨、金文為主）構形；其二是字源說明圖；其三是古文字字形與字源說明圖的重疊，字與圖重疊的目的是加強學習者對兩者關係的認識和記憶。

例 2 伐

字例	字卡
伐	
字源說明：	古文字的「伐」由「人」和「戈」組成，戈刃橫架於人的頸上，像用戈斬首，本義是砍頭、斬首。
本義：	〔動〕砍殺、刺。

引申義：	詞義擴大，由砍頭殺人引申為不同相類的行動	〔動〕攻打、征討，如：征伐、討伐、北伐。 〔動〕砍（樹），如：伐樹、砍伐。
	由砍殺的行為性質引申為類似而不用武力的行為	〔動〕聲討，如：口誅筆伐。

例 3 受

字例	字卡
受	
字源說明：	《説文》：「相付也，从口，舟省聲。」古文字的「受」，中間的是「舟」，代表「受」字的讀音，寫在上面的「爪」和下面的「又」都是手形，整個字合起來就是一手交付束西給另一手的形態。「受」本來可以表示給予，也可以表示接受，後來增加「手」旁，變化為「授」字，專門表示給予的意思，而「受」則繼續用來表達接受的意思。

受	
本義：	〔動〕接受、得到，如：受賄、受惠。

引申義：	轉化為負面意思，指接受不好的事物	〔動〕遭受、承受、蒙受，如：受寒、受困。 〔動〕忍受、禁受，如：受不了、受得住。
	強化正面的意思，指接受好的事物	〔副〕適合，如：受聽（聽着入耳）、受看（看着舒服）。

授	
本義：	〔動〕交付、給予，如：授旗、授獎、授權。

引申義	專指知識、技能的給予	〔動〕傳授、教，如：講授、授課。
	賜以官職	〔動〕任命，如：授官。

例 4 友

字例	字卡
友	
字源說明：	《說文》：「同志為友，從二又，相交友也。」甲骨、金文像兩手伸向往同一方向，以示友好、朋友、志趣相投。楷書的「ナ」和「又」都從古文字的「手」（又）形演變而來。
本義：	〔名〕朋友，如：好友。 〔動〕結交，與……為朋友，如：無友不如己者。
引申義：	如「朋友」般的關係 〔形〕相好、親近，如：友愛、友好。 〔形〕有友好關係的，如：友邦、友鄰。

例 5 及

字例	字卡
及	
字源說明：	《說文》：「逮也，從手從人。」古文字的「及」由「人」和「又」（手形）組成，「人」在前，後面一隻手捕捉，字的本義是追到他人並把他捉住。
本義：	〔動〕趕上，如：及時、及早、望塵莫及。 〔動〕達到，如：波及、普及、目力所及、由表及裏。
引申義：	用於比較	〔動〕比得上，如：論學習，我不及他。
	正面義	〔動〕推及、顧及，如：老吾老，以及人之老。
	負面義	〔動〕連累，如：城門失火，殃及池魚。
	「趕上」、「追上」是追者與被追者雙方發生的關係，由此義虛化為連接詞	〔連〕連接並列的名詞性詞語，即「和」、「與」，如：圖書、儀器、標本及其他。

例 6 既

字例	字卡
既	
字源說明：	「既」古文字左邊的「皀」是食器，右邊則是跪坐的人吃飽後別過頭的樣子，字形表達的意思是吃畢。
本義：	〔副〕已經，如：既成事實、既得利益、既往不咎。 〔動〕完成，如：既而、食既。
其他：	〔副〕跟「且、又、也」等副詞呼應，表示兩種情況兼而有之。

例 7 兼

字例	字卡	
兼		
字源說明：	《説文》：「并也。从又持秝。」「兼」的古文字字形是一手持着兩把禾，表示兼及、一併的意思。	
本義：	〔動〕同時涉及或具有幾種事物，如兼管、兼營、兼而有之、兼收並蓄、品學兼優。	
引申義：	「並取」達至的數量	〔動〕兩倍，如：兼程、兼旬。
	「並取」別人的國家	〔動〕吞併，如：兼天下。

例 8 徒

字例	字卡
徒	

字源說明：	古文字「徒」上面是「土」（ 、 ），下面是「止」（古文字象足形，即腳掌），好像腳掌在土地上步行，所以「徒」字的本義是步行（徒步而行，不坐車、船）。
本義：	〔動〕步行，如：徒步、徒涉。

引申義：	取「步行」不藉助外物之意	〔形〕空的、沒有憑藉的，如：徒手。
	由「空」聯繫到無益之舉	〔副〕白白地，如：徒然、徒勞。
	事物限定於某個範圍，除此即「空」	〔副〕表示除此以外，沒有別的、僅僅，如：徒託空言、家徒四壁。
	古時「步行」的屬同一等級的人	〔名〕一類人，如：好事之徒、黨徒。
	師承同一人的「一類人」	〔名〕徒弟、學生，如：門徒、學徒、藝徒、尊師愛徒。
	信仰一致、行為相同的「一類人」	〔名〕信仰同一宗教的人，如：信徒、門徒、佛教徒。

　　「字源系統識字法」的設計概念，是讓學習者見形知義，以字形提供的線索和本義的掌握為學習者理解的根據。本設計強調以本義聯繫引申義，使引申義的組織具有系統性。計劃同時利用上述材料設置教學實驗，以驗證字源系統識字法的成效。教學實驗以文言詞彙的教習為主，選擇文言詞彙的原因，是考慮到文言閱讀在本地中國語文教育愈益重要的地位，以及學生文言知識匱乏、篇章理解困難的矛盾局面。近年教育當局以「文道並重」為中國語文教育的重要方向，學校課程檢討專責小組 2020 年的報告指出，「身為中國人應懂得欣賞中華文化和中國文學」（頁 19），建議從小學開始培養學生欣賞中國文學作品和文言經典，再於中學階段逐步加強有關方面的培育。就此，教育局成立了由學者、前線中小學校長和教師組成的專責委員會，檢討如何在現有基礎上加強中國文學和文言經典的學習，委員會並就中小學不同的學習階段推薦了適合學生程度的文言經典作品，刊載於教育局網站（https://www.edb.gov.hk/tc/curriculum-development/kla/chi-edu/index.html）。文言閱讀是中國語文學習的重要一環，閱讀文言經典，可以加強學生對古漢語的認知，進而提升他們使用漢語的整

體能力，同時增益他們在文學、中華文化、品德情意及思維等方面的修養。然而，文言閱讀能力之不足，大大降低了學生閱讀文言作品的興趣和動機。其中，在文言詞彙的學習上，「一詞多義」是學生解讀文言作品的一大難點。學生雖然知道古漢語有一詞多義的特徵，但不一定每次閱讀時都能準確辨識字義。學生或亦學習過語詞的不同義項，但面對篇章時卻每每想不起可用意思（劉潔玲、谷屹欣，2017）。這反映學生未能有效掌握語詞的意義系統，對語詞各個義項的記憶不深。因是，本計劃從教育局推薦的高中指定文言篇章中取材，選定目標字詞，利用字源系統識字法設計識字班教材。在中國語文課程中，「識字教學」一般只安排在小學階段進行，然而，正如本文引言所云，「識字」的定義，除了要掌握文字的形、音，學生亦必須較全面地瞭解語詞的不同義項，進而把文字知識運用於閱讀和寫作之中。因此「識字教學」不應止於小學階段，而當於中學教育中繼續深化。這是本計劃將文言詞彙的識字課程設置於高中階段的緣故。識字班於本地一所中學的中四級施教，學生人數一共 114 人。以下是教學設計例子：[5]

第一節：《廉頗藺相如列傳》所見字詞——徒、伐（教學時間：40 分鐘）			
時間	教學目的	活動	活動內容
10'	前測		
5' 徒	引起動機 初步辨認字體	古文字大電視	**遊戲解說** 1. 謎底就是「徒步」，謎面分三個難度。 2. 請一位同學到前方背向投映幕，按照教師提供的今字（謎底）提示其他同學。 3. 其餘同學面向投映幕，按該位同學的提示估計古字的意思。 4. 教師因應情況逐步展示更接近楷書的字形，降低難度。 **教師展示字形如下：** （甲骨文—高難度） （金文—中難度） （篆書—低難度）

5　教案由本計劃的研究助理、本校「中國語文教育榮譽學士課程」畢業生姚詠麟設計，收入本文時對教案內容作了精簡處理。

（續上表）

第一節：《廉頗藺相如列傳》所見字詞——徒、伐（教學時間：40 分鐘）			
時間	教學目的	活動	活動內容
15'	認識造字原理	教師解說	**指示及講述** 1. 提問： 　A. 土，地上土塊之形。然則旁邊數點為何物？（答案：碎土） 　B. 止，腳板之形，構形上半部分五趾簡化為三趾。下半部分像甚麼？（答案：腳掌） 　C. 徒，象腳踏土上，塵土飛揚，意思就是徒步、步行。 　D. 至於「彳」旁，俗稱「雙企人」，粵語讀音 cik1，與「道路」和「行道」相關。
	連結本義及引申義，學習辨別實例	教師解說	2. 解說引伸義，引導學生填寫筆記 　A. 解說本義：徒步、步行，即不藉助外物行動，不乘車、騎馬、坐船……只用腳步。 　B. 解說本義與引申義的關係：以「樹根」與「枝葉」為比喻。
		概念圖教學	
		配對活動	C. 學生分組，各組按「徒」字的不同引申義，將下列陰影所示詞語歸類： 　i. 步行 → 步兵：土徒、卒徒 　ii. 步行 → 步行同伴／一起的人／同類人：教徒、信徒、學徒、門徒 　iii. 無憑藉 → 卑賤的人：囚徒、刑徒、役徒 　iv. 不藉外物 → 空、只：家徒四壁、徒有虛名 　v. 空 → 無用 → 白白地：徒勞無功、徒費唇舌

（續上表）

時間	教學目的	活動	活動內容
	連結課文知識		3. 學生語譯（題目出自指定篇章）： 　　A.《廉》：欲予秦，秦城恐不可得，徒見欺。（答案： 　　　白白地） 　　B.《廉》：有攻城野戰之大功，而藺相如徒以口舌為 　　　勞。（答案：只是） 　　C.《月》：月既不解飲，影徒隨我身。（答案：空、 　　　白白地） 　　D.《始》：日與其徒上高山，入深林，窮迴溪。（答案： 　　　同伴）
10' 伐	引起動機 初步辨認字體	教師解說	**指示及講述** 1. 請學生辨別以下古文字各部件：武器、人
	連結本義及引申義	概念圖教學	2. 請學生估計整個漢字的本義：砍頭、斬首
			3. 簡略解說「伐」之引申義： 　　A. 攻打、討伐：北伐（兩者有何關聯？答案：戰爭常 　　　有砍頭之事） 　　B. 砍伐：伐木（兩者有何關聯？答案：人物 → 事物） 　　C. 除去：伐病（兩者有何關聯？答案：破壞事物 → 　　　破壞抽象無形之物）
	連結課文知識		4. 學生語譯（題目出自指定篇章）： 　　《廉》：廉頗為趙將伐齊／其後秦伐趙。（答案：攻打）

第二節：《出師表》所見字詞——陟、臧、付（教學時間：40 分鐘）			
時間	教學目的	活動	活動內容
5'	重溫舊課節知識（略）		

（續上表）

第二節：《出師表》所見字詞——陟、臧、付（教學時間：40 分鐘）			
時間	教學目的	活動	活動內容
10' 陟	感知本義、引申義	教師解說	**提問及講述本義** 1. 以下古字中，各部件代表甚麼？ 　A. 陟：阝，即阜字部，象山丘、山陵。「阝」為「丘」之豎寫。步，為兩腳（止），會意為兩腳向上登山。
		文句、詞彙配對	**「陟」的引申義** 1. 先解釋本義與引申義之關係：登山（本義）→ 提高身份地位（引申義：晉升） 2. 簡報顯示文言字句，學生配對答案「登山」或「晉升」。 　A 登山、登高：「陟彼南山，言采其薇」 　B 提升、晉升：「三歲一考功，三考絀陟」
10' 臧	感知本義、引申義	教師講述	**提問及講述本義** 1. 以下各部件分別代表甚麼？整體是甚麼意思？ 　答：「戈」及「眼」，整體意思為「以戈擊目」。 2. 問：這是「陟罰臧否」中的哪一字？ 　答：臧 3. 問：「臧」的本義是奴隸，試估計為何用「以戈擊目」之形表達奴隸的意思？ 　答：古時人力珍貴，俘虜不必殺光，可刺瞎一眼作為奴隸，既可標示身份，亦不失勞動力。 **「臧」的引申義** 1. 試解釋「奴隸」義跟以下引申義的關係： 　A. 善、好（表示善惡）：「於乎小子，未知臧否。」（《詩經》） 　答：奴隸順從主人，主人因而稱善。 　B. 褒揚（表示褒貶）：「未嘗臧否人物。」（《世說新語》） 　答：奴隸順從主人，主人因而褒揚。

（續上表）

	第二節：《出師表》所見字詞——陟、臧、付（教學時間：40 分鐘）		
時間	教學目的	活動	活動內容
10' 付	感知本義、引申義	比較字形分別	1. 展示範文文句及古字，提問：哪個字為「付」／「受」？字形何義？ **教師展示字形字卡如下：** 展示文句：《出》：受命以來，夙夜憂歎，恐託付不效。 A. 受：兩手交物之形，可解接受／傳授。 B. 付：持物予人之形，即交付、給予，引申為寄託、託付（「交給」別人照顧或管理）。
5'	連結指定篇章知識	朗讀、語譯及內容淺析	先讓學生朗讀、正音，然後引導學生按課堂所學，翻譯相關文句。 原文：宮中府中，俱為一體；陟罰臧否，不宜異同。若有作奸、犯科，及為忠善者，宜付有司，論其刑賞，以昭陛下平明之治。 譯文：皇宮和丞相府，都是一個整體，晉升、懲罰、褒揚、貶斥，不應該有不同的標準。如果有做壞事、觸犯法令的，或盡忠行善的，就應該交給主管的官員，判定應得的刑罰或獎賞，以顯示陛下治國公正嚴明。

　　「字源系統識字法」的最終目的是讓學習者舉一反三，期望字源及字義系統的基礎知識能幫助學習者推敲漢字的陌生用法。無論學習甚麼語言，學習者都不可能將詞典裏的義項逐一記憶，學習者對字義的理解或推敲，建基於他們對字義的基本掌握和文辭上文下理提供的語境，本研究期望透過字源和字義系統的介紹，加強學習者對漢字的認知，讓他們即使面對漢字的陌生用法，也可憑已有知識推求字義。以「回」字為例，學習者對「回」的一般字義認知，大概有「返」（如「回家」）、「掉轉」（如「回頭」）、「答覆」（如「回答」）及「量詞」（如「來了一回」）數項，對古典文學稍有認知的學習者，可能還知道「回」可指行文單位，即章回小說中的一段。假設學習者面對以下語例：「夫據千乘之國，而信讒佞之計，未有不亡者也。故《詩》云：『讒人罔極，交亂四國。』眾邪合黨，以回人君，邦危民亡，不亦宜乎？」（《新語．輔政》）他們大抵會以「回」的動詞用法「回答」解釋「以回人君」之意，然而，這個說解於上文下理不合——「眾邪」連結成黨來「回答」人君，並不能疏通文意。若配合字源知識，學習者理解「回」字原是模寫迴旋的形態，本義是指「旋轉」，而其引申義如「曲折環繞」、「迂曲」、「返」、「掉轉」和「答覆」等均與「旋轉」之義相關，則他們

亦較易推知「以回人君」之「回」亦可與「旋轉」聯繫。句中的「回」是動詞用法,「回人君」合起來就是讓人君昏頭轉向的意象,也就是文中所指的「惑亂」、「迷惑」之意了。

四、結語

　　「字源系統識字法」並不能包納所有漢字,因為不少漢字的字源至今仍未能確定,而漢字字義變化多端,也不是所有義項都能跟本義聯繫。然而,針對現時學生對漢字認知淺薄、文化認知不足,對字義的掌握往往「知其然而不知其所以然」的問題,「字源系統識字法」不失為補充漢字知識的可行方法。本文主要講述「字源系統識字法」的理念、理念的學術根據以及教學設計詳情,至於本計劃教學實驗的數據分析及施行效果,筆者將另文交代。

參考文獻

陳初生、曾憲通（1987）：《金文常用字典》，西安：陝西人民出版社。

戴震（1980）：《戴震文集》，北京：中華書局。

段玉裁（1981）：《說文解字注》，上海：上海古籍出版社。

段玉裁（1995）：《說文解字讀》，北京：北京師範大學出版社。

富金壁（2003）：《訓詁學說略》，武漢：湖北人民出版社。

關之英（2008）：〈現代漢字識字教學的三個面向〉，《中國語文通訊》，83-84（合刊），
　　頁 85-99。

漢語大字典編輯委員會（2001）：《漢語大字典》，武漢：湖北辭書出版社；成都：四
　　川辭書出版社。

何燕萍（2021）：〈加強文學文化的學習——增設建議篇章 強調文道並重〉，
　　檢自 https://www.edb.gov.hk/tc/about-edb/press/insiderperspective/
　　insiderperspective20210812.html，檢索日期：2022.8.1。

黃沛榮（2006）：《漢字教學的理論與實踐》，台北：樂學書局。

李樂毅（1992；2002）：《漢字演變五百例》，北京：北京語言學院出版社。

李樂毅（2000）：《漢字演變五百例‧續編》，北京：北京語言文化大學出版社。

劉潔玲、谷屹欣：〈香港高中學生閱讀文言文的表現與困難〉，《教育學報》，45(2)，
　　頁 161-181。

劉興隆（2005）：《新編甲骨文字典》，北京：國際文化出版公司。

陸宗達、王寧（1983）：《訓詁方法論》，北京：中國社會科學出版社。

馬如森（2008）：《殷墟甲骨文實用字典》，上海：上海大學出版社。

齊佩瑢（1984）：《訓詁學概論》，北京：中華書局。

松丸道雄、高島謙一（1993）：《甲骨文字字釋綜覽》，東京：東京大學東洋文化研究所。

孫雍長（1997）：《訓詁原理》，北京：語文出版社。

王利器（1986）：《新語校注》，北京：中華書局。

王群主編（1992）：《常用字引申義辭典》，長春：吉林人民出版社。

王引之（2000）：《經義述聞》，杭州：江蘇古籍出版社。

香港特別行政區教育局（2021）：《中國語文課程——建議篇章》，檢自 https://www.
　　edb.gov.hk/tc/curriculum-development/kla/chi-edu/recommended-passages.html，檢索
　　日期：2022.8.1。

香港中文大學人文電算研究中心（2014）：漢語多功能字庫，檢自 https://humanum.
　　arts.cuhk.edu.hk/Lexis/lexi-mf/，最後檢索日期：2022.8.20。

謝錫金（2002）：《綜合高效識字教學法》，香港：青田教育中心。

徐中舒主編（1989）：《甲骨文字典》，成都：四川辭書出版社。

許慎（1998）：《說文解字》，北京：中華書局。

章太炎（2016）：《章氏叢書》，北京：學苑出版社。

張世超、孫凌安、金國泰、馬如森（1996）：《金文形義通解》，京都：中文出版社。

中國社會科學院語言研究所詞典編輯室（2016）：《現代漢語詞典》，北京：商務印書館。

周碧香（2009）：〈圖解識字教學原理探討〉，《台中教育大學學報（人文藝術類）》，
　　23(1)，頁 55-68。

Bugelski, B.R. (1979). *Principles of Learning and Memory*. New York, Praeger.

Wallace, M. J. (1982). *Teaching Vocabulary*. London, Heinemann.

Learning the Lexical System of Classical Chinese with the Aid of Etymology

LAW, Yin Ling
Department of Chinese Language Studies,
The Education University of Hong Kong

Abstract

Chinese characters are originated from pictures. In the teaching of Literacy in Chinese Language Education, etymology can be introduced to enrich learners' cultural knowledge on Chinese characters and increase their interest in learning. On this basis, this study further advocates the use of etymology and word's original meaning to connect various extended meanings of Chinese characters, in order to organize the lexical system of Chinese for learners. By doing that, learners can have a more comprehensive and in-depth understanding of the semantic network of Chinese characters. The discussion of this paper will focus on the specific methods for teaching classical Chinese words using the above concepts.

Keywords   Teaching of Literacy, Etymology, Lexical System, Classical Chinese Teaching, Secondary School Education

動靜之間學習文言文
——五德：唱、遊、畫、寫、道

香港孝道文化聯合會
潘樹仁*

摘要

　　所有教育都應該以道德為核心，語文學習不能只求形式，要深化文字作為思想、感情的傳遞，貫徹「文以載道」為主軸。道，道德、道理，用五德為範疇，以道理抒展永恒真理。

　　經典的文言，仍存在於日常用語中，例如：慈母、思故鄉，學習文言可在兒童啟蒙時，以唱歌、遊戲的方式，運用韻文容易填入空白的腦海裏。經典包含文學、時代文化、歷史地理等，在不同年代可重新鑒賞和認識。

　　通過圖像思維學習，引發創意和潛能，畫出象形文字配合講故事，是非常有趣的學習過程，從而突破文言的困擾。寫作尤如磚頭建牆從小到多，可提升執筆寫作的趣味。本文介紹王陽明、朱熹「半日讀書，半日靜坐」，在動靜之間進德修業，智慧如清涼泉水，淙淙地不斷流出。

關鍵詞　　文言文　德　唱遊　畫寫　道

一、簡述文言文

　　民初在中國社會推行白話文、語體文，人們學習文言文便逐漸下降，此處概括文言為以往的文體。文言文可稱為古文或古典漢文（Classical Chinese），用優雅言詞書寫而流傳下來，或稱為書面語，古代小說的口頭用語不至於粗俗，現代人仍視為文言

---

*　潘樹仁，香港孝道文化聯合會，聯絡電郵：poabr20@yahoo.com.hk。

文。中國人學習中華文化理所當然，學習文言除了傳承本位文化外，可從中瞭解歷史、藝術、國際關係、文化交流等，甚至能夠閱讀亞洲華文化圈內的中文古籍，古人聰穎的智慧超越時空用之不竭便是「古為今用」。

中華文化根深柢固，提升閱讀、理解能力是重要的第一步，「寫作的文字處理問題」是學習的要領，龔鵬程（2009a，頁 39）說：「《詩大序》只談到『詩言志』的層面，即作文之志的方面；《文賦》、《文心雕龍》卻大談『為文之用心』。」突破文言文障礙，揣測作者的情懷不是容易的事。用抑揚頓挫的韻文或者民間的順口溜，便輕易敞開文言的大門，傳統用《三字經》、《弟子規》、《詩經》等詩詞歌賦為韻文的肇始，唐詩宋詞被編撰為現代音樂，例如五代南唐後主李煜所作《虞美人》，被歌唱家改編為《幾多愁》風靡華人世界，在韻律中進入文化的寶藏。

香港教育局在 2020 年推出「文道並重」，選輯了範文在中、小學階段閱讀，本文呼應及推動此種教學方向，祈望語文學習趣味化，讓莘莘學子的內心受到鼓盪。文詞、文化中強調道德內涵，道理的闡釋可用不同方法對應學員的程度，讓學生快速掌握文言詞藻，給道德品格打下堅實的根柢，通達文以載道的目標，人生大道融入道德修養。本文綜合教育理論，有儒家的：「不學詩，無以言；不學禮，無以立。」道家的自然本性，墨家的邏輯思維，古代童蒙教育的誦讀，杜威的實用主義：「教育本質是生活、成長、重組及改造。」（原文網址：杜威──實用主義始創人之一 https://www.hk01.com，2022-11-14 下載）約翰·米勒的生命教育。

二、五德「唱遊畫寫道」的優勝之處

古文「德」與「得」同義通用，有道德的人才能真正獲得物質及承受非物質的一切，《禮記·中庸》：「故大德必得其位，必得其祿，必得其名，必得其壽。」「德」是大道（天地）作用的顯示、性能的呈現，因而道德的標準在宇宙自然當中。「文以載道」承傳文化藝術及接連着文字，德化流行於世是社會祥和的基因，君子挺立道德頂天立地的風骨，初心與目標都不能敗德失道。「然則德我乎。《左傳·成公三年》德通『得』。取得，獲得。」（在線漢語字典，2020 年 11 月 7 日）段玉裁注《說文·德》：「升當作登。〈辵部〉曰：『遷，登也。』此當同之。德訓登者。《公羊傳》：『公曷為遠而觀魚，登來之也。』何曰：『登讀言得。得來之者，齊人語。』齊人名求得為得來。作登來者，其言大而急，由口授也。唐人詩：『千水千山得得來』，得即德也。登德雙聲。」（漢語多功能字庫，2020 年 11 月 7 日）

「德智體群美」五育教學是民初現代教育的根基，德是核心主軸，德育源自傳統教育，《孔子家語・弟子行》：「孝，德之始也；弟，德之序也；信，德之厚也；忠，德之正也，參也，中夫四德者矣哉。」人們道德實踐在日常之中，在人際關係之間發揮作用，無論你是工程師或會計師，都不能脫離人的互動交往，例如要忠於工作及法律、要誠信對待客戶及朋友。《中論・藝紀》：「藝者、所以事成德者也，德者、以道率身者也。藝者、德之枝葉也，德者、人之根榦也，斯二物者不偏行，不獨立。」科學技藝的發明，能夠貢獻人類造福社群，成為道德高尚的科技俊傑。因此在基礎教育裏不能離開德育的中心，任何教學模式都離不開優化道德人格的全人教育。

君子的美德、儒家的八德，都受人稱頌，反過來説，沒有德育的培養，官員貪污失去廉潔的德行，政治家腐化爭權失去誠信的品德，商賈唯利是圖失去仁義道德，科學家瘋狂創新破壞自然生態失去公德，個人善德便是心中的牢固長城，抵擋一切負能量的衝擊，青少年德育培訓的理據存在於人性天理良知裏。

「唱遊畫寫道」可獨立而成五個單項又可複合組成，最終深入明瞭而獲得學問的精華，道德、道理是核心價值，《中庸》留下金句：「道也者，不可須臾離也，可離非道也。」

（一）唱

唱誦、唱歌，唱誦詩詞、對聯、散文，歌唱文言曲藝、各種古雅戲劇的歌曲，注重學習文字的義理，探討作者的情懷，從中積累人性道德的共通正面價值，作出多角度的探索研究。優點：

① 兒童利用韻文琅琅上口進入音樂的藝術世界，韻律使記憶順勢埋藏，讓詞句伴着旋律轉入腦細胞，心靈躍動排除鬱結，感悟道德的正面人生觀，產生音樂撫慰心靈的效果。

② 身體整全投入舌頭為起點，應用準確的口型發音，牽動着鼻的呼吸、耳朵的聆聽，眼睛自動專注文詞，津液滋潤咽喉聲帶的運用，大腦與舌咽神經有良好互動訓練，提高和激發靈敏、靈感。

③ 改善背誦的誤區，從個人唱誦到集體唱誦，有合作、有比較，字音準確、情感表達，靜中有動的學習模式，互相比對切磋，自我完善而進步。

（二）遊

旅遊、遊戲，親到歷史場地旅遊、觀賞關聯短片，安排遊戲活動或者是嚴肅的體驗式學習，例如「成人加冠禮」的禮藝教育活動。必須遊與學兼備，事前做資料搜

集，事後研討善惡的不同觀點，討論成為後世「立德」的楷模，留下歷史美好的故事。優點：

① 青少年學習與文化旅遊結合，加大學習的動感和趣味，擴大視野體會天地寬大恢宏、山巒巍峨、波濤洶湧。

② 實體接觸現場的立體真實感、震撼感，模擬面對作者的情緒流露，超越時空地抒發感性，聯繫着詞章或詩句的美妙旋律，就地朗讀前人文章，懷念先賢「立德、立言、立功」的豐碑。

③ 親身領略古今連通的蛻變，細心瞭解當地風俗情況，家族門閥的升降浮沉，文化綻放的傳承或消失的前因後果。

(三) 畫

畫形象、畫圖畫，從畫象形文字開始，繼而是兩字詞語，再到四字成語的闡述（春—太陽在樹林之間不會有高溫，春風—令人舒暢柔和的風，春風和暖—和暖的春風吹來排除了冬天的寒冷），誘導增加學習動機及興趣，逐步講解文字的歷史文化及人物，引導學生解構道德精神的文字創造，非物質的事情可以用線條形象表達。優點：

① 啟發學員觀察自己身體、周遭環境的能力，畫成圖畫，再用故事講述連串的圖像，細心反思個人的生理、心理成長，與周圍的人和事物交往的情形，道德行為是由身體活動展示，例如尊敬他人，用握手、拱手禮、揮手等等，由此產生全人生命教育之相連關係。

② 中國文字從象形為根基，有部首拼圖的趣味，合為文字拼湊遊戲，文字的部件有如機械零件，有《部首歌》、「《說文》540 部首歌訣」等，組成文字的過程可引發科技的創意思維，同時使孩童產生圖像記憶的效果，進一步學筆劃順序，使學習文字一體化。

③ 圖像的演變過程有藝術的簡化與展現特性的視野。例如馬（小篆）字，突顯馬匹在跑步時鬃毛的飄揚雄姿。哲理或感覺可能因人不同而難定標準，例如「明」、「暗」兩字，很難有光明亮度的準則，古人用天地的自然光，日和月合併成為明字，這是外在最重要的指標，暗由日與音兩字組成，音有「陰」的同音義，日間的太陽光被陰所阻擋，故「暗」表達了陰暗。

(四) 寫

訓練寫作、文字表達能力，開始寫短句或口號式金句，然後是小段，最後是簡短

文章、長篇的論述文，就像用磚砌牆，每一個字是一塊磚，小段的成形必須配合整幅牆的建築情況。感染力強大的文章多數精簡有力，例如《愛蓮說》字句優雅比喻君子的「德行」出淤泥而不染，不受外界周遭而影響。優點：

① 寫作前查閱題目、主題文字的意義和相關資料，用上述象形文字解開題目的義理根源，不能離題，學習作詩、楹聯令文字精煉，進一步能夠書寫典雅體裁的文稿。

②「學文用白」是學習文言文，寫作仍用白話文加插成語、箴言，使白話文書寫能力提升，鑽進文言的詞彙世界，不離開現實環境，對日常用語產生優雅的影響，減少粗言穢語的應用。前人精挑細選「道德文章」（出處：宋·辛棄疾《漁家傲·為余伯熙察院壽》：「道德文章傳幾世，到君合上三台位。」）流傳於世，希望在個人能力所及的範疇，維繫道德正能量的風氣，孔子刪書訂禮，細心地去除敗壞道德的情況。

③ 現代人用短訊已經是生活習慣，精煉的文字通訊，既有充分的意義表述，更有恰當的感情內涵，優秀的文字可以補助社會的缺憾，絢麗優美的字詞提升社會文化氣息。

（五）道

道理、道德，直接講解小道理，堆積小道理的邏輯成為大道理，道德必須用實踐去明悟，用反思內心良知來通達其他人，對比小我、個人、社會群體。《孔子家語·王言解》：「道者，所以明德也；德者，所以尊道也。是故非德不尊，非道不明。」道與德相互依存，永恒的宇宙真理即大道至理，人類在生命中覺悟、實踐宇宙真理，成為受人尊重的道德行動。道理不受時間、空間所阻，落實到人的行為裏，具備永恒價值便是道德。優點：

① 熟練學習以上四種能力，講解道德、道理的蘊涵，才是精彩文稿受人稱讚的核心，不用長篇大論，簡單引用短句子，啟發學生反思，例如「慈母手中線」作為討論點，面對慈母應該如何回應？我們只有用「孝」去回報，因而有人詮釋孝是生命道德的回饋。

②「道」理的標準在天地超越時空，普世價值是人人都接受的道理，道理的原則只有一個，學員擴闊思維空間，實踐的方法和解釋可以有千萬。例如「禮」是尊重其他人及維繫秩序的守則，「克己復禮」是自我管理以適應不同社會的守則，不是受法律控制言行，禮的實行可以因時、因地、因文化不同而調整。

③ 最重要的道德準則是不能傷害他人、不能破壞社會秩序、不可危害社會安寧

及安全，沒有道德的社區，人與人之間搶奪殺伐，便成為禽獸的野蠻社會，挺立道德於天地間則成為君子。以金錢為社會標準，將使人成為機器及沒有人性的工具，「葛瑞‧史密斯《我為什麼告別高盛：以及華爾街教我的那些事》這本書裏，詳述金融業道德淪喪的情形⋯⋯只是一心一意盡可能從客戶身上壓榨金錢。」（金容沃、金定奎，2018，頁 122）這裏引出全人教育、素質教育、人生意義等正念哲理，教導學生樹立積極而正面的人生觀。例如文天祥的《正氣歌》，能夠永垂不朽。

三、形意音理的「文道」學習

廣告歌的效力深入腦海而只有最簡單的記憶，一幅畫要有優美的形態及畫面的組合，文章須要有形、意、音、理的組成。形是文字形態，包括段落的分配，意是意義的表達，蘊藏文化的景象，音是誦讀的優雅音韻，高低平仄而抒懷顯志，理是運用文字闡明道理，包涵着人文精神與道德感通。用淺白語言解釋經典的道理，從中蘊涵德育，《典籍裏的中國》、《書畫裏的中國》等電視節目可作參考。

唱誦一小段文言文或詩詞，熟習後能背誦，勤「練」習多磨「煉」必定鍛「鍊」出好文章，以象形文字拆解題目，瞭解作者的生平和成就，用歷史時空拼圖方法，理解文章背後的意義，使用：成、起、開、合為分析，細心探求文稿的義理。唱遊的方法更為生動活躍，又添加趣味性，能夠加強學生的記憶功能。此處開展了基本的唱、遊、畫三個學習模式，達到形意音理的目標，適用於幼稚園及小學。例如唱簡短的《朝代歌》，容易記憶及讀誦，然後逐步理解內容，講解歷史時不會有陌生的抗拒。

讀古詩不會陳腔乏味，每個人都有抒展新意義、新理論的空間。許晏駢（筆名：高陽）被人稱讚：「由你的分析來看，中國傳統的詩，可通過運用典故的手法，來隱藏歷史的真相或者個人的感情秘密。這是任何國家的詩，所辦不到的事；同時也是擴展了中國傳統的詩的內涵與功能。」（高陽，2005，頁 279）例如誦讀《遊子吟》之後，討論「慈母」的道德含義，學員可以用身體作多方面的回應，首先學習「拱手禮」的形式，雙手奉上一杯茶給母親，用心意表達對慈母的敬愛，又用身體做茶壺操唱《茶壺歌》：「我是個茶壺肥又矮呀，這是壺柄，這是咀。水滾啦！水滾啦！」茶文化結合禮儀的道理，輕鬆而簡單。

學唱歌的好處，是文字發音要求準確，才有正確的音律。寫作時要文字暢順，讀誦時聲音流暢，別人聽聞時馬上明白義理。言簡意賅表達自己的理念、理論毫無阻

隔，文道清晰地傳遞着道理。古詩詞結合中西音樂，令人更易於接受，《鄰家詩話》、《詩畫中國》、《經典詠流傳》等電視欄目都是很好的例子。

文言文應用重點：

宣傳—對聯，金句，詩、詞、歌、賦，韻文。

設計—象形文字，書、畫，亭台樓閣（景物詩聯）。

教育—《禮記》、《荀子》、《論語》。

文學—《千字文》、《古文觀止》。

中醫—《黃帝內經》、《周易》、《傷寒論》。

社工—《陋室銘》、《孔子家語》、《顏氏家訓》。

管理—《群書治要》、《道德經》、《淮南鴻烈》。

經濟—《管子》、《鹽鐵論》。

政治—《資治通鑒》、《孟子》。

紀律—《孫子兵法》、《練兵實紀》、《曾胡治兵語錄》。

人生規劃—孔子、黃忠、張衡、王陽明、林則徐。

四、動靜兼備的活潑學習

現代人的躁動行為過多，靜態的思維過少，在舒靜的環境中，易於明悟宇宙的道理和道德。突破思維必須有寧靜輕鬆的空間，不能讓腦神經拉緊，為了切合現實的器物應用，必須採取動靜平衡兼備的活潑學習。

唱遊：組織戲劇或歌劇的演出，用現代人的語言解說，演繹以往的歷史文化，學習文言中培養創作能力，創作文詞中誘發潛藏的靈感，用肢體作為言語，在動態中以唱遊演繹。

畫寫：由一個字到一幅畫，先畫圖畫然後串連起來作為寫作的材料。仿傚古人「畫中有詩，詩中有畫」，各種才能技藝可以縱橫交錯，培育多元組合的創意思維。遊山玩水的動態郊遊，配合靜態的寫生畫畫，或靜下來用相機捕捉美景，找古人的詩句配搭起來，加以唱誦練習，即時用境物寫詩，傳情達意便是好詩。

教師的責任是「傳道、授業、解惑」，科技影響傳道的方法，社會環境及文化氣氛都改變了傳道的方式。上述的學習文言文辦法，以動態為主，靈活應用是很有效的，用聲、光、圖像等科技傳遞訊息便捷快速，同時引起很多壞處，不停的妄動是現在青少年的通病，《禮記·文王世子》：「師也者，教之以事而喻諸德者也。」用身教

的德行來感化他人，成為德育的力量。年青人在正軌中邁進，便不會脫軌而自毀人生。學校與教育機構都應該強調紀律的重要性，尊師重道是尊重知識及堅守自律。衝動的青年心境，往往被自由、公義所遮掩，他們不明白全面的真相，容易被人引發衝動，做成胡亂魯莽的行為。

《周易》的動靜結合，說明天地、陰陽配為陽動、陰靜，事物在動之後必須靜，否則動的盡頭是自我毀滅，動態辛勞之後要讓身體休息，使體魄保持健康。中醫的健康養生方法，已廣受世界歡迎，面對疫情令人反思，「治未病」是中醫提出的預防醫學，包括用針灸、拔罐、氣功等方法，「靜坐」是最簡單有效的方法，近年西方流行身心靈（mindfulness）修煉，也包括正念靜坐。冷靜使人心態平穩、呼吸平和，日本有學校老師與學生共同靜坐。朱熹與王陽明都提倡靜坐，令讀書人的腦海達到深層次休息，增加智慧的力量。「宋代性理學家們提出的涵養方法……在涵養方面，主靜涵養法注重靜坐等靜的方面，而主敬涵養法則重視敬。」（楊儒賓，2012，頁105）簡單的解釋「敬」是生活上的動態收斂，包括衣冠服飾，以至舉止行為，反思對人是否做到尊敬，能夠收斂是有涵養的君子。唐宋八大家的蘇東坡，也教授氣功，流傳至今。

五、文道並重的潛移默化

中文字可配襯動作，例如「人」字，象形是人站立「拱手行禮」，解釋為人懂得以禮相待，理性文明便開始，跨越禽獸的爭奪殺戮。達到文道並重要精煉文詞，將應用詞彙擴大，提高文化學識、書寫和閱讀能力。少年從讀（唱誦）、寫兩方面加強，上文要求讀古文、詩詞等，《百家姓》、《古詩十九首》、《滿江紅》都是入門作品。畫象形文字可衍化多方面意義，同義詞、相反詞都是日後應用的材料，例如：公平、公園、公義伸張，都是「公」字衍生而成，文言文只用公字，要接駁上文下理，才能明白此字在該文句的意思。在白話文中刪除過多的副詞及助詞，成為濃縮句子，便接近文言文。明白文字相依貫穿，可優化語文的能力，例如樞字，《說文解字》解為：「戶樞也。」戶字解為：「護也。半門曰戶。象形。」段玉裁注「樞」字：「戶所以轉動開閉之樞機也。」可以理解為今日常用的門鉸，它的設計「一定要插入一個固定的窠臼裏才能起得了作用，所以有它一定的住所（固定的鉸位），可是雖然有一定的住所，而且又是處於一個『環中』的中心地位。」（錢新祖，2014，頁204）由此引出現在用的「樞紐」，是固定而重要的關鍵中心位置。邏輯推理也是優化語文學習的途徑。

古代六藝（禮樂射御書數）中「禮樂」是先賢對人性的觀察精確，以潛移默化的

方式進行教育，例如推行「尊師孝親開學禮」、講解婚禮細節的意義，亦可舉辦「餐桌禮儀」學習，既有飲有食又同時學習，「宰相，用今天的話來說，就是大廚師……『禮之初，始諸飲食』。《禮記‧王制》」（龔鵬程，2009b，頁 10）《說文解字》：「禮：履也。所以事神致福也。」履是鞋，動詞解釋是行為、行動，禮是行動，祭祀中表達誠敬，對長輩、尊者、上級領導敬重。禮在社會：社會大眾接受的行為互動標準，也是集體道德行為的標準，文言中的「禮法」、「禮教」，可以是禮的行動指引，沒有法律效力，但社會群眾會對失去禮教的人施加壓力，甚至設立低程度的罰則。刑，才是政府法律範疇的正式刑罰、刑法。唱《禮貌歌》、《禮儀歌》，也是一個好方法。龔鵬程引述馬一浮先生以六藝總括國學，「因六藝可以總攝一切學術，六藝之教是可以貫通到一切學問裏去的。」（龔鵬程，2019）禮儀是最好的「德育」潛移默化方法，《孟子‧盡心上》：「君子之所以教者五：有如時雨化之者，有成德者，有達財者，有答問者，有私淑艾者。此五者，君子之所以教也。」以下用「知禮」、「好禮」作例子闡釋文言詞語用量：

詞數量對比

	《禮記》	《論語》	《孔子家語》	《荀子》
禮	741	75	332	343
知禮	12	9	8	5
好禮	6	3	6	1
德	180	40	141	109
道	301	90	220	388

知禮：知道禮的全面義理；充分學習禮的知識；瞭解禮的深層意義；主動學習禮法；深知禮教對於提升個人修養及保持社會秩序井然的重要性。

好禮：愛好實行禮法的一切秩序；意志堅定實踐禮教規範；重視禮法的道德行為；尊崇道德禮教維繫社會和諧；尊重有禮有德的人。

「中國的文化與西洋的文化不同便在於此，維繫中國社會的，並不是法，而是禮。」（羅庸，2018，頁 10）禮是社會教育及導引風俗的方向，法律是懲罰已經犯罪的人。守禮並非不自由，「所謂的『自由』是要展現開來的，他要求具體的實現，他不能停留在抽象而空洞的階段。打破了一極端的個體主義，必然得走向人際的互動與溝通、交談，造就一經由主體與主體的共融而構成的『互為主體性』這樣的存在要

求。這既不是極端的集體主義，也不是極端的個人主義，而是兩者的融會與統一。」（林安梧，2017，頁 174）

實用學習個案舉例（以下案例筆者曾多次使用於課堂內）：

唱—首先望着字句集體學習字音和唱誦三數次，然後左右組別分開唱誦，繼而三人小組，最後是個人，如此循環，下一課堂又複習，糾正發音的失誤，亦可以加入有歌唱、唱誦的網上視頻、相關圖片，成為快樂的唱誦。（樹立自信心）

遊—外出遊學要預備功課，遊學後可以三至五人小組講述感想，小組要有合作精神，配合當時拍照記錄，並選詩詞歌賦表達情懷。課堂其他遊戲，例如用 5 磅左右小西瓜作為胎兒，學生抱在腹部，到處行走，感受母親十月懷胎的辛苦實況。（感悟慈愛）

畫—要學生閉着眼睛，先用鼻子呼吸，詢問他們：鼻子的功能？簡易的答案：呼吸空氣。跟着要學員畫出空氣（此「氣」字為後起字），能夠畫出空氣必須有觀察力及感應力。字的象形，是空氣、霧氣的飄蕩，或者是煮飯時的蒸汽現象，《說文》解釋：「气，雲气也。象形。」（萬物的領悟）

寫—安排學生參加金句、作文比賽，事前學員互相討論，協助他們剖析題目重點，深化多元創作的思潮，避免互相抄襲或用相同文字。（學以致用）

道—要求學生預先對問題做準備功夫，例如學習車字的象形文字，車能夠行動是甚麼道理？古代的馬車如何保護車輪？這些是課堂討論點，準備下一課堂題目：高鐵建設的利與弊？（可用飛機作對比，飛機速度較快，高鐵佔用土地較多……）（擴大思索的範圍）

六、五德的人生大用與全人生命教育

中國的「天人合一」思想，蘊涵寬闊的精神和物質，廣義的「天人合德」是「天地人」整全連通的。文道並重是整體思維的另一個環節，希望青少年閱覽古文探索人生。例如學習中醫，要讀懂古代醫書。對中華文明的宏觀，採用「整體觀」（holism）為搖籃：「宇宙（整體觀）、工程、戰略決策、兵法，中醫學：人體生命、辯證模型、治療體系、經絡學，導引學的整體觀核心：人天合一、人與社會、心身協調。」（林中鵬，2014，頁 1）掌握邏輯思考，是整體觀的根基。《周易》開拓陰陽整體性的系統、層次性的理解，在動態中思考相關連、相對抗的情況，打開智慧大道、自然大道。因而傳統教育都以兼容為主導，「從現象上看，傳統文化又是理性化、平和化和

程式化交相補苴的文化，這是古代中國人重視整體（方圓互容）和文化功能的產物。」（龔紅月等，2000，頁396）

有天、地；古、今；文言、白話；個人、社會等的連通，進一步連接東西方文化的整體，西方生命教育（The Holistic Curriculum）整全關連：「直觀的關聯，身體與心智的關聯，科目的關聯，社群的關聯，……『全人教育』嘗試將教育帶入與自然的本質相聯繫，自然本身的核心特質即是相互關聯與動態的，我們可以在原子有機系統生物鏈與宇宙本身看到這種動力與相互關聯性。」（約翰・米勒 John P. Miller，2009）生命的經歷不只有經濟競爭，道德教育是文科和理科的共同基礎，「人文學與自然科學的目的都在正德、利用、厚生，而人文學的重點在正德，自然科學的重點在利用厚生。」（林安梧，2009，頁14）理想的構築、幸福家園的建設，甚至是超越世情的智慧，才是全人教育的目標。

第五項「道」，周代人們開始討論人生倫理道德，「人生意義」的思考都在儒、道、釋三家哲理。宋朝理學使三家融合，將人生通天道、地道、人道。張載提到：「為天地立心，為生民立命，為往聖繼絕學，為萬世開太平。」心的志願屹立於天地，性命準備着奉獻給人民，繼續以往聖賢的道德學問，為人類開啟萬世的太平幸福。升讀大學時，或進入社會職場後，遇到挫折可以回頭思索道德、道理的底線，本文的五德學習能夠終生受用。

蕭昌明在1930年指出融和各家學說選擇正念的道路：「夫儒家之忠恕，釋家之慈悲，道家之感應，耶教之博愛，回教知清真，不外成人成己而已。……天災人禍，相繼疊乘。余不忍坐視，願濟斯民於塗炭，因集合五教精蘊，括以廿字曰：『忠恕廉明德正義信忍公博孝仁慈覺節儉真禮和』。組織團體從事研究，定名為宗教哲學研究社，蓋本上天好生之德，古聖遺傳之教……廿字，乃天地一元之理，流行之氣，懸於太空而無形，附於人身而莫外，果能人人遵守，則成人成己，內外兼修。」（蕭昌明，1930，頁2-3）人生的正面意義更廣大更闊宏，不要求達到高高在上，簡單地做一個頂天立地有道德的真君子即可。

文道並重的自我修養、自律修煉才是成功之匙。「善用紀律，逼自己去做就對了。每個人都想要有仙丹妙藥——某種人生捷徑——就可以不需要勞心勞力。但世界上沒有這種東西。……你就親自上陣吧。找到紀律，成為紀律，實現目標，就是這麼簡單。」（喬可・威林克 Jocko Willink，2018，頁80）「人生如戰場，競爭無處不在。面對紛亂嚴酷的現實環境，《孫子兵法》啟發我們應該擁有怎樣的人生態度和精神狀態，怎樣認識社會現實，最終應該怎樣採取行動。」（王宏林，2017，頁385）美國的軍校、跨國大企業，很多都以孫子兵法為必修科目，文言經典受世界歡迎，炎黃子孫

更應該讀懂讀明為我所用。

七、結語

突破了文言文的障礙，會洞開一個無邊無量的世界，輕鬆活潑與古人、智者對談，瀏覽不同時代的文化生活、歡笑悲哀，逍遙自在地俯瞰人間。

唱德是正言正念播，出口文雅濃，正氣吐於外，五內得正心。

遊德是天人契合一，融化宇宙中，悠然合鴻鵠，悟道得逍遙。

畫德是一劃開天地，動生萬類成，傳情感祖德，達意得自然。

寫德是立言垂後世，篇章留汗青，鏗鏘振聾暗，千秋得文傳。

道德是馨香金榜樹，聖賢濟世忙，萬載同一道，楷模得永生。

(一) 唱遊畫寫道

此五個步驟從簡易入手，學生逐步深入文詞的深邃殿堂，由簡短的唱誦開始，在練、煉、鍊的三個層次上升，達到聲律平仄的運用。利用遊戲加深記憶，以旅遊拍照作為深刻記錄，啟動身體語言的表達能力，強化自我修養的作用。畫象形文字貫串平面圖畫的思維空間，拉闊立體思索維度。寫短文、詩詞、新詩，活化文字的應用和表達能力，文雅典麗而排除粗鄙言語。道出你思緒的結果，情懷中庸理一分殊，成為你嶄新的道理文詞、道德文章。

(二) 動靜兼備的學習

學員的靜可以從中寧靜致遠，動可以使學習創新更上一層樓，動能夠破困惑而明覺，靜能夠止於一而悟正，人要睡眠大腦要休息，不過分疲勞轟炸自己的身體，養生之道是身體健康終生學習。教學整體觀當中文道並重，儒者要動靜平衡：古琴有餘韻、沏茶有回甘、山水有清泉、運筆有留白。

(三) 五德大德天德

青少年尊師重道化戾氣為祥和，以德為思想、行動，破開志忑的情緒，變化相剋為相生，思想與行為結合成力量，擴大德善的能力，君子堅持道德與立志的初心，智慧突破文言和古今，貫通天地利濟人群萬物，參贊化育天德。《說苑‧敬慎》：「高而能下，滿而能虛，富而能儉，貴而能卑，智而能愚，勇而能怯，辯而能訥，博而能

淺，明而能闇；是謂損而不極，能行此道，唯至德者及之。」追隨聖賢大德，在世間行仁德，向至德者學習。

（四）人生意義指南的文道大路

青年人自我細微觀察身心內外，踐行知禮、好禮，格物、良知，用五德為指南針、導航線，宏觀宇宙博古通今，俯瞰全人生命教育、品格教育，學生自行設計生命路線圖，唱一闋歌或自己的詩詞作品，相約同學遊玩於蓮池、竹林之間，畫出彩虹璀璨的生命，寫下個人特殊的人生意義，向大眾（親友及兒孫）娓娓道來箇中的道理。

參考文獻

高陽（2005）：《高陽說詩》，台北：聯經出版事業。

龔紅月等（2000）：《智圓行方的世界》，廣州：暨南大學出版社。

龔鵬程（2009a）：《儒學新思》，北京：北京大學出版社。

龔鵬程（2009b）：《文化符號學》，上海：上海世紀出版集團。

龔鵬程（2019）：《國學通識課》，長沙：岳麓書社。

漢語多功能字庫（2020 年 11 月 7 日）：取自 https://humanum.arts.cuhk.edu.hk 。

金容沃、金定奎（2018）：《大同》，台北：貓頭鷹出版。

林安梧（2009）：《中國人文詮釋學》，台北：學生書局出版。

林安梧（2017）：《問心——讀孟子反求諸己》，新北：木馬文化出版。

林中鵬（2014）：《中華古導引學》，北京：北京体育大學出版社。

羅庸（2018）：《儒學述要——周禮與魯禮》，北京：北京出版社。

錢新祖（2014）：《中國思想史講義》，台北：台大出版中心。

喬可‧威林克 Jocko Willink（2018）：《自律就是自由 Discipline Equals Freedom 》，台灣：經濟新潮社出版。

王宏林（2017）：《經典之門先秦諸子篇——孫子兵法》，香港：中華書局。

蕭昌明（1930）：《人生指南》敘，《德藏經》（1986），台南：天德聖教台南念字聖堂出版。

楊儒賓（2012）：《東亞的靜坐傳統》，台北：台大出版中心。

約翰‧米勒 John P. Miller（2009）：《生命教育——全人課程理論與實務》，新北：心理出版社。

在線漢語字典（2020 年 11 月 7 日）：取自 http://xh.5156edu.com 。

Five Approaches of Learning Classical Chinese between Motion and Stillness: Singing, Touring, Drawing, Calligraphy and Dao

POON, Abraham S.Y. Poon
Hong Kong Filial Piety Federation

Abstract

All education should take morality as the core, language learning should not only seek form, but also deepen the language as the transmission of ideas and feelings, and implement the text being the passage of the Dao as the main axis. The five approaches are utilized by the Dao, morality, and truth as categories to express eternal truth with reasons.

Classic literary text still exists in everyday language, such as loving mother, homesickness, learning literary text can be conducted when children begin to learn, in the form of singing and playing, the use of rhyme is easy to fill in the blank mind. Literature, contemporary culture, historical geography, etc. can be included by classics which can be appreciated and understood from new ways in different eras.

Learning with image thinking can trigger creativity and potential To draw out hieroglyphs and cooperate with storytelling, which is a very interesting learning process so as to break through the distress caused by literary language. Plotting is like constructing a brick wall from a few pieces to many. It can enhance the fun of writing. This article introduces Wang Yang Ming and Zhu Xi who advocate "half a day of reading and half a day of meditation", By improving morality and cultivating merits between motion and stillness, wisdom flows continuously like a cool spring.

Keywords　　Classical Chinese, Morality, Singing & touring, Drawing & calligraphy, Dao

將 Moran 文化認知框架融入非華語學生中國傳統文化學習的構想：以農曆新年課堂為例

香港大學專業進修學院　鄺曉穎

香港教育大學中國語言及中文教育研究中心　蔡沁希*

摘要

　　香港的中文第二語言教學中，文化內容的學與教，尤其是文化回應教學日漸受到非華語教師的關注。為幫助學生提升應用中文的能力，香港的中文教師注重講解中華文化內容，較少關注非華語學生的母族文化背景及跨文化內容，且缺少一個適用的中文第二語言課堂文化主題教學設計框架作為參考。本文採取個案研究的方法，探討將 Moran 的文化認知框架融入香港非華語學生中國傳統文化主題教學，對於多文化背景且年紀較小的中文二語學習者的語言學習效用，以及對非華語中文教師教學設計的啟發。研究結果顯示，該框架有利於系統性地設計教學環節，提升學生學習興趣和積極性；而在進一步細化教學內容、照顧學生程度差異方面，需要同時結合其他的教學架構進行設計。

關鍵詞　　非華語學生　文化認知框架　傳統文化　教學設計　跨文化

---

*　鄺曉穎，香港大學專業進修學院，聯絡電郵：daisy.kuang@hkuspace.hku.hk。（本文通訊作者）
　　蔡沁希，香港教育大學中國語言及中文教育研究中心在讀博士生，聯絡電郵：s1133971@s.eduhk.hk。

一、研究背景

中文學習是香港非華語學生面臨的主要學習困難之一，身份認同、文化背景、語言遷移和個體差異，都會影響學習中文的意願和能力（叢鐵華，2012）。截至 2019/20 學年，香港非華語學生總數增加至約 25,000 人，佔香港學生總數 3.4%，其中南亞族裔學生佔比近 75%（香港審計署，2021）。作為中文二語學習者，非華語學生面臨着母語文化與目的語文化，即南亞傳統文化與香港文化之間的差異與衝突。文化適應的壓力，最終可能對學習動機及成績產生負面影響（傅愛蘭，2012）。

中文第二語言學習中，文化的學與教日漸受到香港教育界關注。《中國語文課程補充指引（非華語學生）》（下稱《補充指引》）及《中國語文課程第二語言學習架構》（香港教育局，2008 & 2019）的編訂，一定程度上解決了非華語學生中文學習的困難。其中《補充指引》指出，非華語學生學習中文時可以適當瞭解中國文化知識，以便更好地融入香港社會，同時加深對世界不同文化的認識。為了幫助學生掌握應用中文的能力，目前香港的非華語中文教師注重講解中華文化，較少關注學生本族文化背景及跨文化內容（張慧明，2012），對南亞文化的認識不足影響了他們的語言教學（Ku, Chan & Karamjit, 2005）。部分學者提出了跨文化學習及文化回應教學的建議，但目前缺少一種適用的第二語言課堂文化教學流程和活動設計的框架，一定程度上對教師在語言課堂上講解文化內容造成不便。因此，本研究嘗試參考 Moran 的文化認知框架（Cultural Knowings Framework），設計傳統文化主題教學內容，以評估這個框架對匹配非華語教師教學需求，提高學生學習興趣、語言能力的成效。

二、文獻回顧

本文重點探討香港非華語學生中文二語教學中文化主題教學的設計，並以 Moran 的文化認知框架作為教學設計的參考，以下將從這兩方面作相關文獻回顧。

(一) 語言教學中文化內容的選擇和設計

香港非華語學生在閱讀和寫作中文方面存在較大困難，溝通上的障礙、文化上的隔閡，都會影響其中文學習。從陳瑞端、梁慧敏等（2018）的研究可見，非華語小學生的初小、中小、高小階段，在識字、詞彙、閱讀方面的困難是不斷累積的。如到了高小階段，非華語學生因「缺乏文體知識、中國文化背景等知識」，閱讀時較難組織

重要資訊，瞭解文本。

語言學習不僅是聽、說、讀、寫基本技能的培養，還是複雜的文化傳播和交流過程（Hall, 1995; Losey, 1995; McKay and Wong, 1996; Zuengler, 1989; 傅愛蘭，2012），語言與文化不可分割（Kramsch, 1991）。美國外語教師協會（ACTFL, 1996）將「5C」：溝通（Communication），文化（Cultures），聯繫（Connections），比較（Comparisons）和社區（Communities）作為外語學習的目標（Standards for Foreign Language Learning: Preparing for the 21st Century）。《補充指引》中也強調了第二語言學習的交際作用及學習中華傳統文化的重要性：「學生學習中文，能增進對中華文化的認識，進而能作出反思，瞭解中華文化對現代世界的意義」。

研究少數族裔第二語言學習的學者 Cummins（1984）認為，將習得主流語言作為對學生本族語言的補充的融合模式，可以幫助提升學生目的語學習能力。據研究，文化意識與語言學習間存在較強相關性，而文化回應教學（Culturally Relevant Pedagogy）對香港多元背景學生的學習動機、興趣和效果有積極作用（文仕俊，2020）。文化回應教學要求教學者承認學生的家庭—社區文化（Home-community Culture），並將這些文化經驗、價值觀融入學習環境（Billings, 1995; Shelly & Jewell, 2011）。因此，在學習中華文化的基礎上，引入文化間的學習和比較，有利於非華語學生獲得跨文化交際的能力，提升語言學習效果。

近年來，不同學者就中文教學中文化內容的選擇和設計，提供了可運用的方法。王學松（2021）探討了「文化三角形」文化教學法在中文教學實踐中的運用。三角形底邊的兩個角為文化活動（Practices）和文化產品（Products），如「過生日」與「長壽麵」，三角形的頂端為文化概念（Perspectives），如「長壽」的概念。該方法的優點在於能幫助教師清晰、簡要地處理和講解某一文化要素，同時便於比較不同文化中的活動、產品和概念，挖掘價值內核。但「文化三角形」側重於某一文化要素的輸出，如運用在跨文化解釋中，出於尋找其他文化中相近元素對應的需要，文化內容的選擇相對受限。「文化三角形」可以在講解目的語文化要素的過程中起輔助作用，但較難同時回應多種族、多文化背景學生的本族文化經驗。

傅愛蘭（2012）認為，可以參考魏永紅（2004）「外語學習的五個層次」：態度和感受、知識的獲得、擴展和提高、有效運用、思維和創新進行設計，從日常生活場景出發，如問好、吃飯等，引出文化討論點，意在培養非華語學生的文化意識和交際能力，而不僅限於瞭解文化知識。由此，她介紹了幫助南亞學生跨文化學習的方法，包括：文化對比（Comparison Method），即與學生討論目的文化和本族文化中文化項目的異同，及可能導致的語言交際問題；文化旁白（Culture Aside），即讓學生以通俗易

懂的語言介紹文化；文化同化（Culture Assimilator）和文化包（Culture Capsule），即展示一段跨文化交際中引起誤會或衝突的片段，找出學生在二語學習時感到困惑的內容；其他還包括全身反應法、文化島、微型劇等。這些方法能夠啟發教師設計豐富多樣的活動，但教師需要結合其他材料，設計循序漸進的教學內容。

祖曉梅（2022）主編的《國際中文教育用中國文化和國情教學參考框架》提出了包含式的編排方法，高級階段包含並拓展了中級階段的文化目標和內容。框架體現了文化內容的連續性和完整性，有利於教師為不同程度的學生設計教學內容，但側重於讓中文學習者瞭解中國文化，較少涉及跨文化內容。

綜上所述，設計一個能回應學生本族文化，幫助學生形成文化意識，提高語言能力，同時利於教師循序漸進、由淺入深設計語言教學中的文化教學內容的參考框架，是十分重要的。

（二）Moran 的文化認知框架

在對文化要素進行定義，並分為產品（Products）、實踐（Practices）、觀念（Perspectives）、社群（Communities）、個體（Persons）五大類別的基礎上，Moran（2001）提出了文化學習的文化認知框架（Cultural Knowings Framework），其中包含四個相關聯的學習環節，即認識層面（Knowing How），瞭解層面（Knowing About），分析和比較層面（Knowing Why）和自我認知層面（Knowing Oneself）。

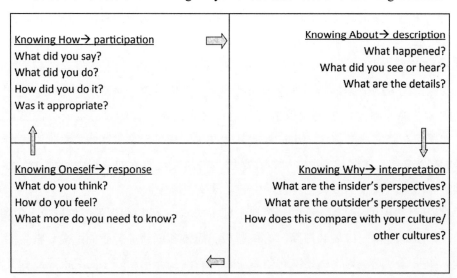

圖一　Cultural Knowings Framework for the AE E-Teacher Program (Adapted from Moran, P. Teaching Culture: Perspectives in Practice. Heinle ELT, 2001)

認識層面（Knowing How）指瞭解相關文化要素，如文化產品、實踐、個體等。瞭解層面（Knowing About）是認識層面（Knowing How）的深化，進一步描述文化體驗。分析和比較層面（Knowing Why）側重對文化現象進行分析和解釋，瞭解背後的文化意涵，並與自己或其他文化中的觀點進行比較。自我認知層面（Knowing Oneself）涉及自身對目標文化的看法，對自己的家庭、社區的價值觀和文化的自我意識。文化教學中可以系統性地選擇、編排和設計這四方面的內容（Moran, 2001），以發展學生的跨文化交際能力。

該框架近年來被運用於第二語言教學材料研究，包括：考察香港和內地英語教材中不同文化內容呈現的廣度和深度（Jackie F. K. Lee, 2020）；探討科索沃小學六年級二語教學中如何結合語言教授目的語文化，培養跨文化意識（L Gashi, 2021）；Jaeuk Park（2021）結合框架討論了「韓國數字廚房」對學習文化和語言的效用；Andy Noonan（2018）將該框架運用在嬉皮（Hippies）文化聽力課堂教學設計中。

Noonan（2018）認為，基於 Kolb 的體驗式學習周期理論，這一框架可以通過學生日常生活所見和所經歷的文化現象，一步步引導學生瞭解語言及文化元素。目前，該框架未被運用在中文第二語言課堂文化主題教學設計中，也未被證明對多文化背景的少數族裔學生適用。以語言學習為主的文化主題教學裏，可以嘗試參考 Moran 的文化認知框架，根據學生的語言能力，系統性地引導學生學習用以認識文化要素、描述文化、分析和比較文化、表達個人想法和感受的語言知識。

三、研究目的與研究問題

研究嘗試將該框架應用於香港非華語小學生中國傳統文化主題教學的課堂，旨在關注該框架對於多文化背景且年紀較小的中文二語學習者的效用，以及對非華語中文教師文化主題教學設計的啟發。

基於上述研究目的，本文提出兩個研究問題：

● 與普通節慶文化主題教學設計相比，Moran 的文化認知框架如何匹配香港初小非華語學生語言學習和非華語教師的教學需求？

● 參考該框架的中國傳統文化主題教學效果如何？

四、研究設計

（一）研究對象

本研究主要在非華語學生中文輔導班（Student Support Programme）[1] 的一個小學二年級班級中進行。該班共有 12 名學生，他們來自印度、巴基斯坦、尼泊爾和菲律賓，第一語言主要為南亞裔族群語言和英語。學生的中文聽説讀寫能力較弱，學期前的測驗成績在 35 分（滿分為 100 分）以下。該班線上授課，每周 2 次課，每次課包含 2 個課時，每課時 40 分鐘，小休 10 分鐘，共 1.5 小時。研究共使用 3 次課中的 5 個課時完成。參與本研究的教師是課程的教師，在研究人員講解 Moran 的文化認知框架後，教師對框架有基本的認識。

（二）研究方法

文章使用獨立個案研究（case study），將一個小學二年級的非華語班級的教師及學生作為整體分析單位。通過教案分析、觀課錄影、觀課表和教師課後反思等資料獲得結果。

分析教案時，為了更好地説明參考 Moran 文化認知框架設計的教案與普通教案的異同，文章將該研究所使用教案與另外三位教師農曆新年主題的教案比較，分析其在教學設計、回應《中國語文課程第二語言學習架構》語言能力要求方面的優勢。

參與式觀察（participant observation）部分，其中一位研究者以觀課教師的身份參與課堂教學，記錄 [2] 課堂教學中使用 Moran 文化認知框架的過程、學生課堂參與度和課堂表現等信息，探討該框架對提升非華語學生中文學習動機的幫助。

課後，研究者對非華語教師提供的課後反思材料進行分析，探討參考 Moran 文化認知框架後的優勢和不足。

文章採用三角驗證法（triangulation），通過收集多種類型的資料（包括教案、課後反思報告），關注不同調查對象（教師、學生），並在完成資料分析以後，將所得

---

1 Student Support Programme (SSP) 是由非華語學生學習中文支援中心 (Chinese Language Learning Support Centres, CLLSC) 提供的支援課程，主要支援香港不同國籍、教育、文化背景，就讀於官校或津校，中文能力稍弱或較遲開始接觸中文的非華語中小學生，幫助他們融入香港本地教育制度和學校生活。課程在週一至週五課後或週末進行，實行小班制教學。詳情可參考：https://www.edb.gov.hk/en/student-parents/ncs-students/support-to-parents-and-students/chinese%20language%20learning%20support%20centres.html。（檢索日期：2021 年 11 月）
2 文章所採用之觀課表為關之英 (2014) 設計的非華語學生中文教學：觀課表 (參考)。

結論回饋給授課教師，詢問授課教師的建議，以此增加文章的信度和效度（謝錫金，2013）。研究框架如圖二所示。

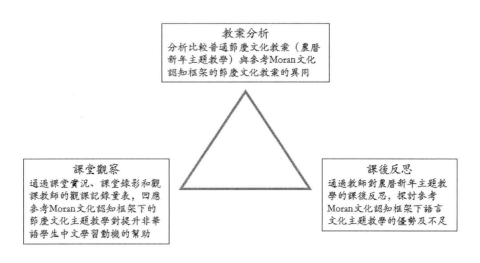

圖二　本文研究框架

（三）教案設計

教師首先參考 Moran 的文化認知框架，結合班級學生程度，對 5 個課時的教學階段和主要教學內容進行選擇和分類（圖三）。

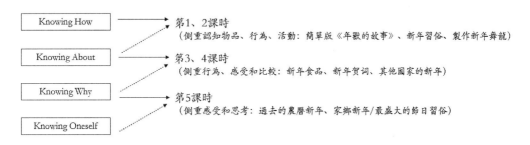

圖三　參考 Moran 文化認知框架劃分教學階段和主要教學內容

在結合文化認知框架劃分教學階段和主題的基礎上，教師根據班級學生總體程度及能力差異，參考《補充指引》及《中國語文課程第二語言學習架構》，從聽、說、讀、寫四方面制定語言教學目標，選取對應教學內容，設計教學活動（見下表一、二、三）。

表一、二、三 教學活動設計

教節	教學階段	教學主題	對應 Moran 文化認知框架階段	語言教學目標	教師活動及學生活動
1&2	引入	甚麼是農曆新年	Knowing How	**聆聽範疇：** 1. 學生能理解與農曆新年習俗相關的詞語的意思，如：拜年、吃團年飯、利是、貼揮春、舞獅舞龍等。{NLL（1.1）1}	1. 教師以提問方式邀請學生講一講對農曆新年的認識； 2. 學生回答問題，並在練習簿上寫下學習內容：農曆新年。
	發展一	年獸的故事	Knowing How	**説話範疇：** 1. 學生能根據視頻內容及圖片，説出年獸害怕的東西。{NLS（1.1）1、NLS（1.1）3} **閱讀範疇：** 1. 學生能大致理解年獸的傳說與農曆新年習俗的關係。{NLR（1.1）2}	1. 教師播放並講解年獸的故事的影片； 2. 教師播放簡報，以提問方式請學生看圖選出年獸最害怕的事物，如在簡報上展示紅色、紫色、綠色的色卡，讓學生選擇； 3. 教師請學生觀察影片中人物的行為； 4. 教師講解燒炮仗、貼揮春的農曆新年習俗。
	發展二	農曆新年習俗	Knowing About	2. 在教師的引導下，學生能大致明白新年舞龍的製作過程，製作新年舞龍。{NLR（1.1）2} **寫作範疇：** 1. 學生能書寫學到的農曆新年習俗； 2. 學生能書寫用以製作新年舞龍的物品，如：剪刀、顏色筆、鉛筆等。{NLW（1.1）1}	1. 教師以提問方式，請學生思考影片中人物行為與年獸害怕的事物之間的關係，如教師提問：「他們貼在門上的揮春是甚麼顏色的？」 2. 教師提問學生是否知道其他與年獸的故事有關的新年習俗； 3. 教師展示簡報及影片，提問及講解新年的其他習俗，包括：貼揮春、燒炮仗、拜年、吃團年飯、派利是、舞獅舞龍； 4. 學生回答並書寫新年習俗的詞語。
	發展三	製作新年舞龍	Knowing About		1. 教師用簡報展示及講解製作新年舞龍需要的材料； 2. 教師用簡報展示及講解製作步驟； 3. 學生製作新年舞龍。

教節	教學階段	教學主題	對應 Moran 文化認知框架階段	語言教學目標	教師活動及學生活動
3&4	鞏固一	複習新年習俗	Knowing About	**聆聽範疇：** 1. 學生能理解新年食品相關詞語的意思，如：魚、年糕等 {NLL（1.1）1} **説話範疇：** 1. 學生可以使用句式「在農曆新年，我們會……（做甚麼）」表達新年會做的事情；{NLS（1.1）3} 2. 學生能對新年習俗和新年食品説出自己的感受或想法。{NLS（2.1）1} **閱讀範疇：** 1. 學生能大致理解不同新年習俗、新年食品背後的簡單的文化寓意，如同音字帶來的寓意；{NLR（2.1）3} 2. 學生能大致理解不同國家的新年習俗及意義。{NLR（1.1）3、NLR（2.1）1} **寫作範疇：** 1. 學生能書寫學到的新年習俗及食品的詞語，如：吃團年飯、魚、年糕、煎堆等。{NLW（1.1）2} 2. 學生能書寫新年祝福的句式：「祝你＋（新年祝福語）」。{NLW（1.1）3}	1. 教師以提問方式鼓勵學生運用句子「在農曆新年，我們會……（做甚麼）」重溫及説出新年習俗； （1.1 對程度較低的學生，教師通過開放線上教學注記互動功能，讓學生在簡報上圈出圖片，再進行講解） 2. 教師引入吃團年飯的新年習俗。
	發展一	新年食品	Knowing About & Knowing Why		1. 教師講解團年飯中的一種食物：魚； 2. 教師以提問方式引導學生分享是否喜愛該食物； 3. 教師以提問方式引導學生思考和「魚」同音的字，隨後對同音字及該習俗的寓意進行講解； 4. 教師展示其他新年食品，帶領學生利用同音字思考新年食品的寓意，並鼓勵學生分享對這些食品的感受及原因。 （4.1 鼓勵程度較低的學生簡單説出好惡）
	發展二	新年賀詞	Knowing About & Knowing Why		1. 教師講解説新年賀詞的習俗； 2. 教師安排學生拿出工作紙，使用句型「祝你＋新年祝福」書寫，全班一齊説出新年賀詞。
	發展三	世界各國的新年	Knowing Why		1. 教師講解世界不同國家其中一個特別的新年習俗，以圖片展示及提問方式引導學生思考行為及寓意。

教節	教學階段	教學主題	對應 Moran 文化認知框架階段	語言教學目標	教師活動及學生活動
5	鞏固二	複習新年習俗	Knowing Oneself	**聆聽範疇：** 1. 學生可以明白句式「在過去的農曆新年假期，我……（做甚麼）」的含義。{NLS（1.1）2}	1. 教師以生活照分享過去農曆新年的活動及感受； 2. 以提問方式鼓勵學生運用句子「在過去的農曆新年假期，我……（做甚麼）」分享，由教師即時寫在簡報上。
	發展一	家鄉新年／最盛大的節日的習俗	Knowing Oneself	**說話範疇：** 1. 學生可以使用句式「在過去的農曆新年假期，我……（做甚麼）」表達自己在過去的新年假期做的事情；{NLS（1.1）3} 2. 學生能使用「在……（國家）的……（節日），我們喜歡……（做甚麼），因為……（原因）」的句子分享家鄉最盛大的節日。{NLS（2.1）1}	1. 教師以圖表形式展示討論框架，鼓勵同學以「國家-節日-食物-衣服-裝飾-習俗」的框架，分享家鄉新年／最盛大的節日的習俗； 2. 教師安排來自同一國家的學生為一組，一位學生介紹後，其他來自該國的學生可以補充介紹，由教師將分享內容即時寫在簡報上。 3. 教師以提問方式引導學生說出感受或分享寓意。
	總結	教學總結			1. 教師扼要評價學生的分享，總結農曆新年教學的內容。

五、研究發現

（一）Moran 的文化認知框架在匹配初小非華語學生語言學習和教師需求方面的效用

研究發現，與普通節慶文化主題教學設計相比，Moran 的文化認知框架提供了更清晰的框架，有利於非華語教師設計循序漸進的教學內容，回應學生本族文化。研究選取了課程內三位初小及高小教師撰寫的農曆新年教案（編號 A、B、C），分析其中教學內容及活動與 Moran 文化認知框架不同階段的對應程度、內容難易程度、教學成效，並將之與表一、二、三的教案對比。三份教案均已在實際教學中使用，教師會根據同學的課堂表現填寫教學成效（見圖四）。

教案編號	級別	時長	模式	對應Moran文化認知框架階段的教學主題內容				難易程度	教學成效（教師已在教案注明）
				Knowing How	Knowing About	Knowing Why	Knowing Oneself		
A	P1	2.5h	綫下	發展一：引導學生唱兒歌《歡樂年年》，引導學生在中找字詞寫揮春。	發展二：帶領學生完成《農曆新年》的篇章閱讀理解題，製作五要素詞匯簿，幫助學生掌握五素句+形容詞(時、人、地、事、感)。			兒歌歌詞中部分字詞不屬於香港小學學習字詞表，如：「千載百世共歡誼」	1.學生能掌握春節相關詞彙的用法；2.學生能掌握閱讀理解的問題。3.同學投入活動；4.學生能掌握五素句+形容詞(時、人、地、事、感)。5.學生對於詞匯理解不足以致造句邏輯不合理。
B	P4-P6	3h	綫下	發展一：老師播放簡報，展示傳統的農曆新年食品，並理解背後的寓意。	發展二：教師教授拜年吉祥話，之後進行角色扮演：同學分別扮演主人和客人，利用老師準備的全盒，招呼來拜年的朋友。 發展三：十二生肖的故事。	發展一：老師播放簡報，展示傳統的農曆新年食品，並理解背後的寓意。 發展三：十二生肖的故事。	發展三：十二生肖，讓同學找出自己的生肖。 發展四：根據《我屬豬》一文，仿作《我屬……》故事書	簡報內的拜年吉祥內容過多，難度偏高。 角色扮演對話部分字詞不屬於香港小學學習字詞表，如「祝你今年捆好多銀」	大部分學生能：1.認識農曆新年的食品、吉祥語、習俗。2.角色扮演對話。3.仿作故事。學生喜歡新年食品，對於和自己相關的生肖，尤其感興趣，但也有學生會嫌棄自己的生肖，覺得不夠聰明。學生對自編小冊子，覺得很神奇，但對於要填寫文字的工作紙、顯得沒有耐性，也不大主動思考，較依賴老師給予幫助。他們不能在課堂中完成小冊子，只能回家繼續完成。
C	P4-P6	3h	綫上	發展一：1.觀看教育局短片「農曆新年的傳說和習俗」。2.根據簡報圖片，重組「年獸的故事」。 發展三：1.學習農曆新年的習俗。2.說出恭賀的說話。	發展二：閱讀文章「年獸的故事」並回答問題。 發展三：1.學習農曆新年的習俗。2.說出恭賀的說話。	發展二：閱讀文章「年獸的故事」並回答問題。	發展四：1.製作賀年卡，表達新年對親友的祝福。		a.大部分學生能夠理解年獸的故事的內容和意思。b.大部分學生能夠理解年獸的故事的起因、發展、及結局。c.全班學生積極參與討論賀年食物及賀年活動的寓意。d.全班學生樂意參與製作賀年卡，寫上恭賀的說話給親友。 短片內容解說速度太快，學生可能未習慣語速，未能有效接收訊息，需在播放途中暫停，稍作解說，再播放下一節。

圖四　未參考 Moran 文化認知框架的教學內容設計

以上三份教案大致囊括了 Moran 文化認知框架四個階段的內容，可見部分教師無意識地參考了該框架進行教學設計，但存在提升空間。三份教案以語言教學為主，其中以教案 A 最為顯著，教學目標側重讓學生掌握「五素句＋形容詞」，在語言教學中加入少許文化元素，未涉及框架中後兩個階段的內容。

教案 B、C 的教學設計更貼近主題教學，基本能對應文化認知框架的四階段，部分教學階段因同時對應了多個階段，未能以「小步子」[3] 循序漸進介紹。教案 B「發展一」介紹了農曆新年食品及其寓意，如煎堆、糖蓮子、瓜子等，同時包含文化認知框架中階段一、三的內容。教師在「發展二」設置了角色扮演活動，請學生扮演主人，用「全盒」招呼客人，可以讓學生鞏固所學的新年食物，認識拜年活動，但未能深化學生對「發展一」中屬於階段三的食品寓意的理解。教案 C 的「發展一」以影片作為教學材料，包含年獸的傳說、「年」字的含義、新年習俗、新年食品的寓意等，能引起學生的學習興趣，但因同時包含文化認知框架中階段一、二、三的內容，不太利於學生理解和掌握。授課教師也在教學成效中提及：「短片內容解說速度太快，學生可能未習慣語速，未能有效接收訊息，需多加解說。」

教案 B、C 基本涉及了第四階段（Knowing Oneself）的內容，如教案 B 讓學生找

---

3 「小步子」：基於《中國語文課程第二語言學習架構》的教學策略，指「將中國語文課程的學習，安排成為一個個的小步子，讓非華語學生容易掌握」，為不同起步點和能力的非華語學生「調適及發展教材」。
詳情可參考：https://cd1.edb.hkedcity.net/cd/sbcdp/seminar/2016/web_pdf/Chi/C05_C10/C05_C10.pdf 及 https://www.edb.gov.hk/attachment/tc/student-parents/ncs-students/support-to-school/briefing-session/2020/Briefing%20for%20PS%20（2020.7.13).pdf。

出自己的生肖，仿作故事書，能讓學生從文化學習轉向關照自身，但主要基於學習、瞭解目的語文化的學習目標，學生的本族文化未得到回應。教案 B 的教師在教學成效中提及，「有學生會嫌棄自己的生肖」，需要教師進一步瞭解學生的文化背景和生活經驗，在課堂上加以解說。

與教案 A、B、C 相比，本研究的教師有意識地參考 Moran 的文化認知框架進行教案設計，優勢在於教學流程與活動設計更為清晰，能由淺入深講解語言點及文化點，並能設計相應教學活動回應學生的家庭—社區文化經驗。

教師在第 1、2 課時側重介紹物品、行為、活動，播放《年獸的故事》影片時，先讓學生看圖圈出年獸最害怕的事物（以圖片展示），然後請學生觀察影片中人物的行為（燒炮仗、貼揮春），思考人物行為與年獸害怕的事物之間的關係，未一次性介紹所有的習俗。教師亦設計了製作新年舞龍的活動，在學生對部分習俗有一定瞭解後，再在第 3、4 課時側重感受、比較的教學。第 3、4 課時中，教師先介紹團年飯中的一種食品「魚」，再帶領學生利用同音字思考食品的寓意，根據學生程度差異設立教學目標，鼓勵程度較低的學生分享感受，不強制要求掌握其寓意。第 5 課時中，教師設計了「分享家鄉新年／最盛大的節日的習俗」的活動，參考 Moran 的文化認知框架設計，先介紹行為、物品，後續再分享感受、進行比較，以此回應學生的生活經驗與本族文化，同時有助於學生養成面對不同文化現象時的系統思維習慣。

（二）融入 Moran 文化認知框架的教學設計在課堂教學中的效果較好

1. 融入該框架的教學設計有助於提升非華語學生的語言能力

研究發現，參考這一框架的教學設計對提升非華語學生語言的能力較為有效。考慮到學生中文能力較弱，教師着重講解 Moran 文化認知框架中第一（Knowing How）、第二階段（Knowing About）的內容。展示寓意、價值的內容（對應 Knowing Why 階段）時，由具體到抽象，以便理解。教師選取了香港農曆新年假期時常見的物品和活動，多用圖片直觀展示，緊密連接非華語學生的日常生活經驗。班級大部分非華語學生能夠根據簡報圖片，理解所學詞彙。部分學生會用簡單的中文句或英文句，向教師提問或表達自己對某一新年食品、活動的感受。

第三次課（課時 5）開始時，非華語學生基本可以根據簡報內的提示，使用簡單的中文語句，描述自己和家人在農曆新年時的活動。部分學生較難將字形與字音對應，需要教師加以提示和引導。因為大部分學生較少接觸完整的農曆新年節慶儀式，學生提到的多數行為與農曆新年傳統習俗關係不大，只有少部分學生提到「收利是」

和「貼揮春」，多數學生運用了此前學過的休閒活動相關詞語作答，如「玩遊戲」、「看書」、「看電視」等在其他假期也會做的事情。

在介紹家鄉節日的跨文化交流環節，大多數學生可以根據教師提供的框架一一對應，組織語言，使用簡單句子，按國家、節日名稱到食物、衣着、習俗等文化要素進行分享。部分學生可以簡單描述細節，分享自己的感受，達到第四階段（Knowing Oneself）中回顧自身文化經驗的內容，如「我們會吃魚」、「我們會吃火雞」，但是沒有學生能夠用中文討論家鄉節日活動背後的寓意、文化意涵和價值觀，完成第三階段（Knowing Why）當中價值內核的比較。經過三次課的教學，學生基本能夠完成聆聽、說話、閱讀、寫作方面的教學目標，一定程度上提升了中文能力，其中說話方面的提升最為顯著。

2. 融入該框架的教學設計有助於提升學生的學習興趣

初小非華語學生在該課堂中的學習興趣高於日常教學，專注度有所提高，願意瞭解中國農曆新年的知識，也樂於向教師、同學分享自己的感受。學生的主動性也顯著增加。教師在第一課設置了製作新年舞龍的環節，在完成新年舞龍的製作後，學生課後主動請求教師播放課堂上未播放完的農曆新年介紹視頻。觀看視頻時，學生就視頻畫面向教師提問，如：「老師，福字為甚麼要這樣放？Upside down 了。」可見學生能主動發現問題，希望瞭解更多背後的文化意涵。

師生間、同儕間的互動也較為積極。第三次課（課時 5）分享活動前，非華語學生已經會積極向教師分享自己對某種習俗的喜愛程度。中文程度較高的學生發現程度較低的學生無法理解簡報內容，不能回答問題時，會幫助教師用中文及英文向同學解釋，充當「小助手」。同儕互動亦體現在介紹家鄉節日的活動中，介紹同一國家的學生會對彼此的分享作回應和補充。研究者認為，在未來的文化主題教學中，教師可以在文化認知框架的基礎上，因應學生中文程度，增加小組合作、同儕互助的教學活動，如採訪活動、合作填表、情景對話、角色扮演等，以期增加學生自信心，提高學習積極性。

六、研究討論與總結

(一) 討論與總結

整體而言，與普通節慶文化教學教案相比，融入 Moran 文化認知框架的教學設

計，有助於多文化背景的非華語學生學習目的語文化內容，並嘗試用目的語分享本族文化和生活經驗，進行簡單的跨文化交流，提升目的語能力。

雖然學生的參與度和積極性顯著提高，但跨文化互動一定程度上受到學生語言能力的限制。學生的中文相對較弱，更傾向於使用英文表達觀點。後兩節課時，小部分學生在認字及字音對應方面仍存在困難。由於識字量和詞彙量不足，在跨文化比較活動中，部分學生傾向於模仿、重複前面同學敘述過的內容，尤其表現在食物、活動的名稱方面。描述寓意、價值觀等內容對他們來說較為困難，因此在深入的文化討論和對比（Knowing Why）、回應學生本族文化（Knowing Oneself）的互動相對受限。當教師引導學生嘗試使用中文表述時，學生均樂於重複、學習。教師可以根據學生語言水平，逐步過渡到沉浸式的二語課堂。此外，香港非華語學生身份也會影響跨文化互動。儘管教師嘗試引導學生先進行第一、第二階段的分享，有學生主動向教師提及，年紀很小時就跟隨父母親和家人來到香港，對家鄉的傳統文化、節慶習俗的記憶已經模糊。由於非華語學生的來港年期各異，部分學生為新來港學童，而有些則在香港出生長大，他們對家鄉傳統文化瞭解程度不一，加之年齡小，很難對文化現象產生全面而深刻的認識。不過藉助文化認知框架，在一定程度上得以回顧自身童年經驗、家庭文化，並從同儕身上瞭解和學習到相關文化內容。

匹配非華語教師的教學需求和教學設計方面，研究中的教師認為 Moran 文化認知框架能夠幫助教師對教學階段和教學主題進行分類，整體教學思路更為清晰。框架中第三、四部分（Knowing Why & Knowing Oneself）有利於教師設計有趣的教學互動環節，提升學生學習興趣和積極性。但在進一步選取、細化教學內容、照顧學生程度差異、排除過於艱深的內容等方面，仍需要結合其他的教學架構和資料以滿足教學需求。例如，進一步制定教學目標時，可以參考《中國語文課程第二語言學習架構》中聆聽、說話、閱讀、寫作四方面制定；選取具體文化要素時，可以參考文化洋蔥模型（Cultural onion model）對文化要素的五大分類，根據學生的程度分層選取，在初小的非華語課堂上可以適當捨棄某些文化要素；需要照顧不同學生學習能力、學習習慣的差異時，可以參考「分層教學」理論設計不同的教學任務；在排除對非華語學生難度較大的內容時，可以參考《香港小學學習字詞表》（2007）及《中英對照香港學校中文學習基礎字詞》（2009）[4]，查看不同字詞對應的學習階段。總體來說，教師可以參考框架，根據學生的語言能力，選取滿足學生學習程度、貼近日常生活和個人經驗的內

4　香港特別行政區政府教育局課程發展處中國語文教育組制訂，詳情可參考：https://www.edbchinese.hk/lexlist/。

容，循序漸進地講解節慶文化，由此提高學生的學習興趣和積極性。

（二）研究局限

研究者未嘗試將該模式投入到其他年級或程度的非華語學生的中文教學中，未排除其他因素對於實驗的干擾，也未在實驗前後以量表測量學生的語言能力，以此獲得更多量化數據。未來可以就不同的文化教學模型，在其他年級或程度的非華語中文語言課堂中，作進一步的研究與對比。

參考文獻

陳瑞端、梁慧敏、袁振華、曾潔、馬克芸（2018）：〈香港非華語小學生中文輔助教材的設計理念及其教學策略〉，《華文學刊》，16(1)，頁 38-59。

叢鐵華（2012）：《香港少數族裔學生學習中文的研究：理念、挑戰與實踐》，香港：香港大學出版社。

叢鐵華（2012）：〈中文作為第二語言教學的議題〉，《香港少數族裔學生學習中文的研究：理念、挑戰與實踐》（香港：香港大學出版社），頁 1-12。

傅愛蘭、叢鐵華、高放（2012）：〈跨文化學習〉，《香港少數族裔學生學習中文的研究：理念、挑戰與實踐》（香港：香港大學出版社），頁 119-143。

關之英（2014）：〈香港中國語文教學（非華語學生）的迷思〉，《中國語文通訊》，93(1)，頁 39-57。

王學松（2021）：〈「文化三角形」的方法論意義〉，《雲南師範大學學報（對外漢語教學與研究版）》，（03），頁 1-6。

文仕俊（2020）：〈文化關聯與中文學習興趣：Chinese as a Second Language Research〉，9(1)，頁 143-168。

香港教育局（2008）：《中國語文課程補充指引（非華語學生）》，檢自 https://www.edb.gov.hk/attachment/tc/curriculum-development/kla/chi-edu/Suppl_guide.pdf，檢索日期：2022.8.20。

香港教育局（2019）：《中國語文課程第二語言學習架構》，檢自 https://www.edb.gov.hk/tc/curriculum-development/kla/chi-edu/second-lang/teacher.html，檢索日期：2022.8.20。

香港審計署（2021）：〈教育局為非華語學生提供的教育支援措施〉，《審計署署長第七十六號報告書》，檢自 https://www.aud.gov.hk/pdf_ca/c76ch02.pdf，檢索日期：2022.8.20。

謝錫金（2013）：〈個案研究〉，《怎樣進行語文教育研究》（北京：北京師範大學出版社），頁 46-55。

謝錫金、祁永華、岑紹基（2012）：《非華語學生的中文學與教：課程、教材、教法與評估》，香港：香港大學出版社。

張慧明（2018）：《跨文化中文教學協作的能量》，香港：香港大學教育學院中文教育研究中心。

張慧明、唐秀芬、陳曉薇、羅聿嘉、馬曉燕、黃詠宜（2012）：〈個案五：與多元文化共舞——校本識字教材案例〉，《非華語學生的中文學與教：課程、教材、教法與評估》（香港：香港大學出版社），頁 157-168。

祖曉梅，教育部中外語言交流合作中心（2022）：《國際中文教育用中國文化和國情教學參考框架》，北京：華語教學出版社。

ACTFL (1996). Standards for Foreign Language Learning: Preparing for the 21st Century. https://www.actfl.org/sites/default/files/publications/standards/1996%20National%20 Standards%20for%20FL%20L%20Exec%20Summary.pdf.

Andy Noonan (2018). *Two Frameworks for Teaching Culture and Critical Thinking for the Office of English Language Programs*. [licensed under the Creative Commons Attribution 4.0 License]. https://americanenglish.state.gov/files/ae/resource_files/1.3_ presentation_slides_-_final_version_for_website-2.pdf.

Brown-Jeffy, S., & Cooper, J. E. (2011). Toward a Conceptual Framework of Culturally Relevant Pedagogy: An Overview of the Conceptual and Theoretical Literature. *Teacher Education Quarterly*, 38(1), 65-84.

Cummins, J. (1984). Bilingualism and Special Education: Issues in Assessment and Pedagogy. Clevedon: Multilingual Matters.

Gashi, L. (2021). Intercultural Awareness through English Language Teaching: The Case of Kosovo. *Interchange*, 52(3), 357-375.

Kramsch, C. (1991). Culture in Language Learning: A View from the United States. *Foreign Language Research in Cross-cultural Perspective*, 217, 240.

Ku, H. B., Chan, K. W., & Sandhu, K. K. (2005). A Research Report on the Education of South Asian Ethnic Minority Groups in Hong Kong. Hong Kong: Centre for Social Policy Studies, Department of Applied Social Sciences, The Hong Kong Polytechnic University.

Lee, J. F., & Li, X. (2020). Cultural Representation in English Language Textbooks: A Comparison of Textbooks Used in Mainland China and Hong Kong. *Pedagogy, Culture & Society*, 28(4), 605-623.

Moran, P. R. (2001). *Teaching Culture: Perspectives in Practice*. Australia: Heinle & Heinle.

Park, J. (2021). Culture Learning in a Daily Space of Kitchen: The Case of Korean Digital Kitchen. *Smart Learning Environments*, 8(1), 1-20.

World Learning (2017). Cultural Knowings Framework for the AE E-Teacher Program. [Sponsored by the U.S. Department of State and administered by FHI 360] https://learn.canvas.net/files/821608/download?download_frd=1&verifier=3okYu8zn7eSAW gytPJ2vi8AjvmPKUZjUmDsWWjIq.

A Case Study of Applying Moran's Cultural Knowings Framework into Chinese Traditional Culture Teaching and Learning for Non-Chinese Speaking Students

KUANG, Xiao-ying

HKU School of Professional and Continuing Education,
The University of Hong Kong

CAI, Qin-xi

Centre for Research on Chinese Language and Education,
The Education University of Hong Kong

Abstract

In Hong Kong, the teaching and learning of cultural content, especially culturally responsive teaching, has attracted increasing attention from teachers of non-Chinese speaking (NCS) students in the field of teaching Chinese as a second language. In order to enhance the ability of NCS students to use Chinese, most teachers usually focus on teaching Chinese culture and pay less attention to students' cultural backgrounds and cross-cultural content. Teachers have also encountered difficulties due to the need for an applicable framework for designing culture thematic teaching in teaching L2 Chinese as a reference. Employed a case study approach, this paper explored the effectiveness of applying Moran's *Cultural Knowings Framework* to the thematic teaching of traditional Chinese culture for younger L2 Chinese learners from multicultural backgrounds in Hong Kong, as well as whether the framework can satisfy the needs of instructional design. The results showed that the framework is advantageous to the thematic teaching design and enhances students' interest and motivation in learning Chinese. Given the further refinement of the teaching contents and catering to students' different levels of learning, other teaching frameworks need to be referenced simultaneously.

Keywords   Non-Chinese speaking student, Cultural Knowings Framework, Traditional culture, Instructional design, Interculture

香港非華語小學生
詩歌閱讀策略之探究：個案研究

香港教育大學中國語言學系　蕭詠珍
香港教育大學中國語言學系　林善敏

摘要

　　本地非華語學生學習中文一直是備受社會關注的教育議題。近年，教育局為中小學四個學習階段加入屬文言經典作品的「建議篇章」，建議小學階段加強詩歌文教學，冀能讓學生感受作品的語言文字及思想內容之美，豐富其文化內涵。過往曾有研究顯示非華語學生在學習中文上面對不同困難及挑戰，而詩歌中的文言文與現代漢語存有很大差異，詩歌是否適合作為非華語學生的學習材料是一個值得研究的問題。

　　本研究以質性個案研究的方法，旨在探討詩歌閱讀策略教學對改善非華語小學生中文閱讀的影響。研究對象為香港一所小學五位非華語學生。通過教學干預，非華語學生學習三首近體詩：〈九月九日憶山東兄弟〉、〈山行〉及〈江雪〉。研究方法包括學生半結構訪談、教師課堂觀察筆記及學生課業，以瞭解學生學習詩歌前後對中文閱讀的想法和感受。研究發現，詩歌閱讀策略教學有助提升學生的閱讀興趣，減少其焦慮。除此以外，中華文化增加學生對詩歌的認識，建議教師日後可以系統地將詩歌教學滲透在課程中，配合閱讀策略教學，提升非華語學生的語文能力。

關鍵詞　　非華語學生　第二語言中文　詩歌教學　小學課程　中華文化

---

*　蕭詠珍，香港教育大學中國語言學系。
　　林善敏，香港教育大學中國語言學系，聯絡電郵：ssmlam@eduhk.hk。（本文通訊作者）

一、引言

香港是一個國際大都會，有許多來自世界各地的人士到港旅遊及居住。截至 2016 年，居港的少數族裔人士數量超過 58 萬人，佔全港人口約 8%（香港政府統計處，2017）。現時本港約有 26,000 名非華語學生在港就讀幼稚園、中小學和特殊學校，而人數自 2015 年起呈持續上升的趨勢（香港審計署，2021）。他們主要來自尼泊爾、巴基斯坦、印度、越南、菲律賓、泰國等地。由於本港的主要語言為中文粵語，非華語學生學好中文，有利其升學、就業及日常交際。然而，中文與非華語學生的母語距離甚大，艱澀難學，非華語學生學習中文面臨不同的困難。

近年非華語學生學習中文的問題日益受到關注，政府推出不同措施提供教育支援。自 2004 年起，非華語學生能夠入讀主流學校，期望他們儘早融入本地教育體系。然而，香港融樂會（2007）的一項調查指出，非華語學生在主流學校未有達到預期的中文學習成效，當中閱讀和寫作範疇的學習問題較為嚴峻，有超過八成的教師認為其中文讀寫能力與主流學生相差很大。雖然教育局於 2008 年編訂《中國語文課程補充指引（非華語學生）》（下稱《補充指引》），希望幫助學校為非華語學生設計中文課程，提升其學習成效（課程發展處，2008）。政府又於 2014/15 年推行「中國語文第二語言學習架構」（下稱「學習架構」），擬設「小步子」學習目標（課程發展處，2019），不過，關之英（2014）指出《補充指引》與主流的中文課程沒有分別，缺乏針對性，她又透過觀課發現中小學的中文課程內容重複，欠缺統一，令部分學生出現厭學情緒。而「學習架構」是建基於主流的學習進程架構，所擬設的目標流於理論層面，未有給予落實課程的具體教學建議。樂施會及政策二十一有限公司（2016）的調查顯示，在 263 間受訪學校中，只有兩成和接近四成學校認同「學習架構」有助提升學生語文能力，反映這兩項政策對改善非華語學生的中文學習成效存疑。

另一方面，教育局於 2021 年為小一至中六四個學習階段加入屬文言經典作品的「建議篇章」，建議小學階段加強詩歌文的教學，並期望學校在 2024/25 學年或之前把這些篇章逐步編入中文課程（課程發展處，2021）。詩歌言簡意賅，且琅琅上口，有助學生記憶及理解。可是，對於非華語學生而言，掌握中文漢字已不容易，要學習文言字詞及語法，可謂難上加難。故此，本研究以香港一所小學為個案，採取質性研究的方法，教授非華語學生詩歌閱讀的策略，從而提升其閱讀能力及興趣，並針對非華語學生的詩歌教學，提供教學建議。

二、文獻回顧

（一）非華語學生學習中文的困難及挑戰

　　過往研究均反映非華語學生在中文學習上遇到困難，尤其是閱讀和寫作範疇。Ku et al.（2005）訪問 200 位非華語高中學生，當中分別有 88.5% 和 91% 的人表示自己的閱讀及寫作能力低下。黃汝嘉和蕭寧波（2009）以 97 位非華語小四級學生為研究對象，發現他們的聆聽測驗成績明顯優於閱讀測驗成績，但聆聽得分仍低於超過七成的本地小一生，而閱讀得分更是低於將近九成的本地小一生，可見非華語學生與本地生的中文水平存在相當大的差距。此外，李楚成和梁慧敏（2018）訪問了 15 位南亞裔大學生，受訪者一致認為漢字是所有困難的根源，並在中文四個學習範疇的自我評分上，超過九成受訪者認為讀寫的難度比聽說更高，當中更有 8 位把讀寫難度評為滿分 5 分，而只有 1 位認為聽說難度達滿分。

　　閱讀是語文學習不可或缺的範疇，亦是學習其他範疇的基礎。陳瑞端等（2018）深入調查 400 位小學非華語學生的中文典型語言偏誤，發現他們在初小、中小和高小三個階段都存在不同的閱讀困難現象。例如初小學生的閱讀及理解文本的速度緩慢；中小對漢字結構缺乏概念，難以構詞，以及難以掌握複句中的邏輯關係；高小則在閱讀時只能停留在字詞的表義，無法擷取及組織文本的重要信息。岑紹基、張燕華、張群英、祁永華、吳秀麗（2012）分析非華語學生的閱讀困難與中文的特點有關。第一，陌生的中文書寫系統阻礙學生認字；其次是漢語含有大量多義詞及近義詞，學生容易混淆詞語的義項，因而造成文本理解錯誤；還有，學生未能聯繫外來詞，難以理解詞語意思。此外，語言是文化的載體，非華語學生不瞭解詞語或文章背後蘊藏的文化知識，從而影響他們理解作品的思想感情與內容。由於在港非華語人士已建立所屬的生活文化圈，所以學生課堂外的中文輸入很少，無論是接觸漢字的機會，語感的培養，或是中華文化皆全靠課堂教學，因此其中文學習的進程相對滯後。針對以上問題，本研究以詩歌教學作為切入點，通過指導非華語學生閱讀策略及文化輸入，提高他們對中文閱讀的興趣。

（二）詩歌閱讀策略教學

　　詩歌是中國文學重要的體裁，文學學習能提高學生學習語文的興趣和能力，感受及體悟作品獨特的思想感情（課程發展議會，2008）。另一方面，文學作品是一種文化標誌，建構不同時代的文化價值，學生透過閱讀文學作品，能增進對中華文化的認識及欣賞。有本地研究發現對中國歷史文化持積極態度的非華語學生，更能接受有關

漢語學習的知識，學習中文的效果更理想（岑紹基、張燕華、張群英、祁永華、吳秀麗，2012）。

閱讀策略教學建基於認知心理學，研究不同閱讀能力的學生與其閱讀策略之關係，從而提出改善閱讀困難學生的能力的教學方法（Graham, 2007）。閱讀策略教學主要是通過教師講解及示範，讓學生掌握每項策略的執行步驟，以及認知過程（劉潔玲，2006）。教師的角色由主導變成輔助，協助學生建構及理解閱讀內容，培養學生成為主動及具備反思能力的閱讀者（Grenfell, 2007）。閱讀過程是一項解碼過程，學生運用不同的閱讀策略，從掌握字詞意思、理解句子、主題及作者思想感情，對文本內容有綜合的分析（Oxford, 1990）。至 19 世紀初，語文教育學者開始把閱讀過程與學生的情意連結，認為閱讀策略與學生的動機有關聯性（Erler and Macaro, 2011），學習者的解碼能力越高，其信心、自我效能感亦會相應增加，反之亦然。因此，閱讀策略對提升學生的閱讀能力及動機，均有舉足輕重的作用。

香港中國語文課程將閱讀能力、閱讀策略及閱讀興趣與習慣列入教學重點，強調學生要學會閱讀，具備語文自學的能力（課程發展議會，2002）。劉潔玲（2001）設計閱讀教學策略課程，提高學生的閱讀理解能力，得到正面的成效，肯定了以西方研究為主的閱讀策略教學能應用於中文教學。另一邊廂，香港的文言文教學採用傳統的語譯文本，串講內容的方法，不但未能提升學生閱讀能力，更使學生產生厭學情緒（廖佩莉，2015）。而香港學生的文言文閱讀能力，尤其是香港中學文憑考試中，學生的文言閱讀表現普遍未能準確理解明白，反映閱讀文言文的能力薄弱（考試局，2020）。簡而言之，有關中文第二語言的閱讀策略的研究甚少，以詩歌作為教材更是寥寥無幾。因此，本研究希望通過增加非華語學生的文化知識，結合生活，更有效學習古詩詞。

（三）閱讀策略與語言焦慮

正如前文所述，閱讀策略與語言動機具有顯著關聯。本研究試圖以動機研究的延伸理論「語言焦慮」為基礎，探究提升非華語學生閱讀興趣的方法，以及減低其焦慮的因素。Spielberger（1976）指出，焦慮是指一個人的自主神經系統所引起的主觀性恐懼、憂慮、擔憂和緊張的感覺。Horwitz et al（1986）把語言焦慮定義為「由語言學習過程的獨特性而引起的一組複雜的自我認知、信念、感受及行為，而這些特質是與課堂語言學習相關的。」（頁 128）。過往研究發現，外語學習者具一定程度的學習焦慮（Al-Khasawneh, 2016; Koka et al, 2019），亦有大量研究反映出外語焦慮對學習者的語言成就和表現呈負面影響（Aida, 1994; Amiri & Ghonsooly, 2015; Cakici, 2016;

Teimouri et al, 2019），因為焦慮會干擾學習過程，學習者的大腦傾向關注負面的自我認知，而非學習任務本身，這反映語言焦慮是外語學習者掌握目的語的一大障礙。更重要的是，研究發現中文為外語學習者平均具中等水平的學習焦慮（Basith et al, 2019; Zhou, 2017）。

針對中文閱讀焦慮的研究發現（Shi & Liu, 2006; Zhao et al, 2013; Zhang, 2002），學習者的焦慮主要有以下幾方面。首先是陌生的漢字，漢字與英文等拼音文字不盡相同，部首及部件數量頗多，學生依靠死記硬背；在字音上，母語為拼音文字的人在閱讀拼音文字時能夠通過字母來識別其音，然而漢字不直接表示其讀音。兩種文字系統大相徑庭，非華語學生未能將其音韻及字母知識應用於閱讀漢字，當遇上不認識的新詞，就會毫無頭緒，因而產生焦慮。其次，非華語學生即使掌握每個單字的意思，仍未必能解碼詞語、句子及段落的整體意義。閱讀漢語需要把漢字組合成有意義的複合詞，掌握語法而理解句子的邏輯關係，適當地分割有意義的字句等一系列複雜的閱讀過程才能理解（Yang, 2020）。緩慢的閱讀過程，讓學生失去耐性；未能理解句子意思，則感到挫敗。最關鍵的是，不諳中國社會或文化觀念，無法準確掌握文章背後的思想與感情。因此，本研究以此為出發點，重點教授非華語學生「詞義推斷法」、「部首聯想法」及「文題推斷法」等閱讀策略的應用，協助學生理解文言文字詞，瞭解詩歌的文化意涵，同時希望他們能遷移至漢字學習。

（四）研究問題

基於上述背景，本研究以閱讀策略及語言焦慮為理論基礎，採用質性個案研究方法，探討香港非華語小學生閱讀的困難及詩歌教學對其閱讀興趣的影響。具體研究問題如下：

- 非華語小學生中文閱讀面對甚麼困難？
- 詩歌閱讀策略教學如何影響非華語學生的閱讀興趣？

三、研究方法

（一）研究對象

本研究以香港一所小學五位非華語學生為個案，通過設計教學干預，探討詩歌閱讀策略對其閱讀興趣的影響。五位非華語學生，三位為小四級學生，兩位為小五和小六學生。其中三位為巴基斯坦人，另外兩位為越南人。由於研究對象居住香港多年，

因此除了在學校，日常生活也有運用廣東話溝通的機會，其聽説能力與同齡中文母語學生相若。

（二）研究方法及工具

本研究採用個案研究（Case study）方法，深入探討個案的核心，並透過個案的典型例子，瞭解非華語學生學習詩歌的情況（Robson, 2011）。另外，本研究運用多種質性研究工具，以搜集不同來源的資料，包括課堂觀察、半結構學生訪談及學生評估課業，多元性的資料進行多重檢核（Data Triangulation），為每位學生建立個人檔案，降低研究者的偏見，提高研究的信度及效度。

（三）課堂觀察

課堂觀察讓研究員能夠觀察、聆聽及紀錄學生在特定情境下的言行——非華語學生學習詩歌；同時提供第一手的教育經驗，並驗證學生訪談的內容（Scott & Morrison, 2006）。是次研究中，兩位研究員共同設計詩歌教學的內容，但由其中一位研究員擔任教學干預的施教者，並在教學過程中觀察學生的學習表現及行為。質性研究是一個複雜的平衡過程，研究者的背景及價值觀會影響其對課堂的理解與觀察，因此要考慮研究者的主觀性。研究者（etic）既為參與者（emic），使用不同研究工具時所扮演的角色為「參與者的觀察」（Hennink et al, 2010）。一方面參與研究的群體，另一方面具備自己在執行研究的意識（王文科、王智弘，2019）。研究者的課堂觀察筆記以半開放式設計，上半部分以量表形式，讓研究員對學生的課堂表現進行評鑒；下半部分則紀錄課堂流程及課後觀察。課堂流程主要為描述性觀察，以獲得學生客觀的行為記錄；課後觀察則主要為評鑒性觀察，經過研究者的歸納及思考而整合學生的課堂表現（見附錄一）。

（四）學生半結構訪談

研究者在實施教學干預前、後邀請學生進行個別訪談，訪談的題目圍繞非華語學生的閱讀困難，學習詩歌的興趣、感受與體驗，同時比較學生對詩歌閱讀策略教學的看法和感受是否有所改變。本研究選擇半結構訪談，鼓勵學生以開放式的方式回答問題，提供更大的靈活性，讓研究員能在過程中追問，深入探究非華語學生的想法，以及給予他們闡述、澄清其回答的機會（Cohen et al., 2006）。所有訪談內容均有錄音，然後研究者將錄音轉錄為文字稿。

（五）教學干預設計

本研究選取〈九月九日憶山東兄弟〉、〈山行〉及〈江雪〉三首詩作為教材。選取這三首詩有幾個原因，首先，詩歌蘊含中國傳統文化精神，例如〈九月九日憶山東兄弟〉寫重陽節登高習俗，佳節團圓；其次〈山行〉及〈江雪〉展示中國人與自然的緊密關係，詩中有畫，讓非華語學生加深對中華文化的認識。同時，在教學過程中，教師採用多元策略來進行教學。教師會帶領學生運用解釋詩題的策略以掌握詩歌的大意，對詩歌內容有基本認識，亦會指導學生運用詞義推斷法，從文意脈絡中提取線索，以推測字詞意思。另外，教師亦指導擴詞法和部首聯想法。為了讓學生瞭解詩歌的意境，教師善用多媒體教學，向學生呈現與詩歌內容相關的圖片及影片，從而深化學生對詩歌內容的掌握。更重要的是，教學過程中滲入文化教學，介紹及講解與詩歌相關的文化內涵，並聯繫學生生活經驗。在評估設計方面，教師採用多元化的評估方式，以評估學生對字義及詩歌內容的理解，例如課後工作紙、以及以繪畫、圖片表達對詩歌內容的理解。

（六）學生評估課業

在每次教學後，教師都佈置課業，以瞭解及評估學生的學習進度，並從中分析詩歌教學對學生學習的影響。學生的評估課業是學習的人工製品（Learning Artefact），是學生在教學過程中創造的物品，使知識「可見」（Scott & Morrison, 2006）。所以，本研究的評估課業的設計，除了評核學生對詩歌的認識，均以展示學生的知識為主，例如讓學生繪畫詩歌的意境和內容。

（七）研究程序

首先，研究者通過學校網站及與學校教師對話，瞭解學校非華語學生的中文課程及學習情況。初步擬定教學內容後，研究員製作教材、設計教學活動和評估，並撰寫教案。教學干預的所有內容及材料，均由一位老師檢核，確保適合五位非華語學生的中文水平。課堂進行期間，兩位研究員緊密聯繫，因應學生的表現對教學內容進行調適，並按計劃進行學生訪談、課堂觀察，以及搜集學生評估課業。研究資料的收集於2021 年 11 月至 12 月間進行。

（八）研究資料分析

本研究採用主題分析法（Thematic analysis）分析數據和資料。主題分析法是一種用來識別、分析和報告所獲數據中的主題的方法（Braun & Clarke, 2006）。這種方法

強調透過編碼而建構主題，不同主題蘊含中心概念，而每個概念之間都具關聯性，有可能是彼此影響，亦有可能是概念相似。本研究所運用的主題分析結合了描述性和解釋性研究（吳啟誠、張瓊云，2020），前者旨在呈現研究對象對事件的觀點，研究員所進行的訪談分析屬此性質；後者旨在深入探討和詮釋資料背後所隱含的意義，學生課業和課堂觀察日記則屬此性質。本研究會結合三種研究工具所獲得的資料，找出及呼應共同主題，以回應研究問題。

Braun 和 Clarke（2006）指出主題分析具六個步驟，當中涉及編碼及找尋主題，以下為本研究編碼和主題產生過程的範例：

編碼過程

訪談內容（R：研究者 A：學生）	編碼（code）
R：嗯。好，那我想問你經過了這三節的詩歌教學活動，你享受上課學詩歌的過程嗎？ A：Er，好享受，因為我認識了許多不同的東西，又認識了許多新（學的）詩。 R：嗯，那你最享受的地方是……是甚麼？ A：我享受的地方就是……Er……老師你講的課很有趣，而且不會選擇很難的詩（來教）。	享受學習詩歌 認識一些詩歌 老師教學有趣 所教的詩歌難度適中

主題產生過程

編碼（code）	類別（category）	主題（theme）
享受學習詩歌	學習詩歌的感覺	
認識到一些詩歌		
老師教學有趣	享受學習詩歌的原因	
所教的詩歌程度適中		閱讀詩歌的興趣
會於課後主動閱讀詩歌	課後自行閱讀詩歌的積極性	
渴求增長有關詩歌的知識		

是次研究中，研究員透過整合三種研究工具中的不同編碼，最後組成三個主題：學生的中文閱讀困難、閱讀興趣及中華文化教學。

（九）研究倫理

是次研究已通過以人類為實驗對象的道德倫理審查。

四、研究結果

研究結果結合各項研究資料，綜合分析後得出以下三個主要結果：

（一）閱讀策略改善非華語小學生閱讀困難

在前期學生訪談中，所有學生均表示在閱讀中文或學中文的過程中偶爾會遇上困難，並可歸納為三方面，分別是字義理解、漢字筆畫以及字詞讀音三方面。首先，在字義理解方面，學生甲、乙和丁表示在篇章中遇到一些未曾接觸過的字詞，因而未能理解及掌握字詞的意思，延長篇章閱讀的時間，降低閱讀興趣。其次，在漢字筆畫方面，學生丙表示某些中文字有許多筆畫或是筆畫相似，難以辨認。而在漢字讀音方面，學生甲、乙和戊表示有些中文字很難讀。由於非華語學生課外較少接觸中文，加上缺少文化積澱，面對漢字新詞困難重重，即使猜也毫無頭緒。

是次研究顯示詩歌教學過程中加入閱讀策略，能有效減少學生的閱讀困難，尤其是字義理解。在後期訪談中，大部分學生均認為閱讀詩歌不困難，主要有兩個原因，包括「認識了很多閱讀詩歌的技巧」（甲），能理解字詞意思（「老師（解釋字詞）意思是怎樣」（丙）、「（字詞）意思容易明白」（戊））。學生甲更舉出有助其閱讀的技巧：「看那首詩之前就看看（詩的）標題，看看標題（來）理解那個標題（內容）在說甚麼」。另外，學生丁表示在閱讀詩歌時仍覺得有點困難，認為某些字詞太艱澀，但經過老師講解部首聯想法及詞義推斷法，他們較容易去推測字詞的正確意思，有的更會嘗試自行推敲詞義。例如〈山行〉的「葉」字，非華語學生都不太認得，也不懂以部首推測與植物相關，更不認識這是個姓氏。但掌握閱讀策略能幫助非華語學生理解字義或內容，成為主動的閱讀者。

學生的課業表現與訪談內容一致。在〈九月九日憶山東兄弟〉課後工作紙中，所有學生能正確辨認詩中「獨」、「登高處」及「一人」的意思；而在〈山行〉一詩的評估中，教師要求學生於課後繪畫詩中所提及過的景物，結果顯示四位學生的畫作能反映其對詩歌意境及當中字詞意思的瞭解（見附錄三），例如學生對石徑的刻畫顯示他們能理解詩中「山」的特點。另外，亦有學生能描繪房屋和多棵紅色的楓樹，反映他們能掌握「人家」和「楓林」之意，並在繪畫楓樹時明白「霜葉紅於」的特點。所有學生當中，學生甲對詩中景色的描繪最為完整：

　　從上述作品可見，學生甲在房屋上方繪畫了白雲，反映其能掌握「白雲生處有人家」一句。雖然學生戊沒有繪畫白雲，然而從其課業中可知學生對其餘景物有充分的掌握，並畫上詩中另一提及到的事物——馬車，這顯示學生明白詩人坐車上山觀看秋景，並掌握「停車」中「車」的含義。

除了學生的課業表現，課堂觀察呼應學生訪談結果。在第一節課，部分學生（乙、丁、戊）較少舉手回答，且未必能正確回答有關詩歌內容的提問，對字詞的理解明顯不足。然而到了第三節課，所有學生有意識地運用老師曾教過的閱讀策略來幫助自己理解字詞意思，甚至詩歌整體內容大意。例如學生甲、乙和丙運用文題推斷法，推敲〈江雪〉一詩與雪景、冬天有關；學生甲和戊亦嘗試自行運用部首聯想法，留意字詞部首，並聯繫上下文，正確推敲字義。學生課上的表現反映其閱讀理解能力因掌握閱讀策略而有所提升。

（二）非華語小學生閱讀詩歌的興趣

學生訪談反映教學干預能提升大部分非華語學生學習詩歌的興趣。所有學生均表示享受三節課堂，並指出箇中原因，例如「知道了古代的交通工具，例如馬車、牛車及航船。」（甲），「那些詩歌很有趣，那些字容易（理解）以及內容吸引到自己。」（戊）。部分學生亦表示經過是次課程後，會在課後主動閱讀其他詩歌，但學生乙和丙則表示不會主動閱讀詩歌，因為「我不是中國人，不會看太多中國的事物」。值得一提的是其中一位學生說：「例如它（指古詩）寫的「帆」（指「舟」）是船（的意思），那我一看就認得出，就不用問同學或老師，因為我怕煩到他們。」（乙）詩歌教學之前，當非華語學生遇上不懂的詞語，他們會尋求同儕或老師的協助，但求助的需要會產生負面情緒。當學生掌握閱讀策略之後，能減少負面情緒的出現，同時增強他們閱讀的信心。

透過課堂觀察，研究員發現大部分學生享受課堂，對閱讀詩歌的興趣均有一定程度的提升，與訪談結果吻合。然而學生在課上的行為表現略有不同，可分為三種情況：

第一種情況為學生甲及丙的情況，整體來說，兩位學生投入課堂，表現出對學習詩歌的興趣。例如學生甲在第一課節已經常主動回答有關詩歌內容的問題，積極朗讀，甚或背誦詩句。他亦會分享與詩歌內容相關的生活經歷及感受。此外，學生甲於〈山行〉的課業表現亦流露了其閱讀興趣，在教師沒有要求下，他在畫作上抄寫全首詩，可見學生願意付出額外的精力完成課業。

第二種情況為學生丁和戊的情況，其課堂表現反映兩位學生對詩歌的興趣有所改變。在教學早期，學生的學習態度較散漫，常與鄰桌交談；而在教學中期，他們開始主動舉手回答問題，也會主動向老師提問與詩歌相關的問題。到了教學後期，他們既積極回答有關詩歌內容的問題，甚至會對教學材料給予回饋，其循序漸進改變的學習態度充分體現其詩歌閱讀興趣的提升。

第三種情況為學生乙的情況，雖然該學生在訪談中表示享受課堂，然而其原因與詩歌沒有太大關係。透過觀察，研究員發現學生乙對詩歌的興趣不單較其他同學低，而且沒有任何變化。在教學早期，學生常常出現專注力不足的情況。到了後期，雖然他曾主動分享與詩歌內容有關的生活經驗，但其課業潦草、馬虎，反映他對閱讀詩歌的興趣不大。這與學生在訪談中表示課外不會閱讀詩歌的想法一致。

值得留意的是，雖然是次研究能夠增強大部分學生對於閱讀詩歌的興趣，因為這是學習內容，以及是次教學提升他們的信心，但更重要的是讓學生瞭解詩歌為中國文學及文化重要元素，有值得學習的價值。正如學生乙和丙提及，因為他們不是中國人，認為沒有必要對詩歌有更進一步的認識，但這想法未必有利非華語學生長遠學習中文，以及達至合適的水平，因此有必要加強非華語學生的中華文化教育。

（三）中華文化對非華語小學生詩歌閱讀的影響

詩歌蘊含豐富的中華文化，聯繫背後的文化語境才能讀懂文本，故研究員設計教學干預時亦有加入文化教學。在前期訪談中，大部分學生（甲、乙、丙、丁）指出對中華文化瞭解不深，甚至認為某些中華文化知識很難。而後期訪談結果反映學生經過詩歌教學後，對中華文化具正面印象，大部分學生（甲、乙、丙、丁）能舉出印象深刻的中華文化例子。此外，大部分學生（甲、丙、丁、戊）亦認同認識中華文化有助明白詩歌內容，深化理解，消除在閱讀過程中的障礙，從而減少閱讀恐懼與不安。

而透過課堂觀察，研究員亦發現所有學生對中華文化具一定程度的興趣。例如專注觀看有關重陽節由來的影片（甲、丁），並回答問題；在第二節課中，部分學生會討論詩中所提及的中國古代交通工具（乙、丙、丁），又對農曆及香港的季節特點抱有好奇心。在最後一節課中，大部分學生（甲、乙、丙、戊）主動就着詩中所體現的文化而分享相關生活經歷及表達己見。綜合訪談內容以及學生學習中華文化時積極正面的態度和表現，體現了學生有認識中華文化的興趣及閱讀的興趣。然而，當教師邀請學生把自身文化與中華文化進行比較，瞭解其異同，大部分學生表示不甚認識所屬文化的習俗、節日，更不用提背後的精神。部分非華語學生出生及成長於香港，他們對香港或中華文化接觸機會不多，認識不深，同時對自身文化亦由於地理及環境轉變，所能保留的也不多，這是一個值得關注的問題。

五、討論

　　過去研究發現非華語學生的閱讀困難，主要基於對漢字的認識不足，並於本研究得到實證支持。首先，本研究證明當學生的閱讀困難減少，其閱讀焦慮也會減少，而掌握閱讀策略至關重要。研究結果顯示學生掌握了詞義推斷法、部首聯想法等閱讀策略後，閱讀理解能力有所提升，能運用閱讀策略來自行推測字詞意思。部首聯想法能增加學生對漢字結構的概念，文題推斷法更有助學生瞭解文章主題，以及對文本的內容及重要信息有初步認識（陳瑞端等，2018）。即使是文言文，當學生認為理解詞語的意思不再是難題，其閱讀興趣亦隨之增加，課堂更加投入（Grenfell, 2007）。同時，古代漢語與現代漢語的詞彙有許多相同之處，在高小學習階段凸顯兩者的共性，能降低對文言文的畏懼心理。更重要的是，非華語學生課外接觸中文的機會較少，語感培養相比本地學生進程較長，同時未必能調動文化知識，以推測字詞及文本內容，因此掌握閱讀策略更為關鍵。

　　除此之外，多元化的教學策略，讓學生以不同形式反覆閱讀詩歌，從宏觀的視野，認識詩歌的意境，摒棄必須掌握每一個字詞的準確意思，更符合學習詩歌的目的。加上以畫圖形式作為評估工具，深化學生閱讀詩歌的方法，即使對個別字詞不太認識，都能掌握詩歌的意境，對小學生而言亦富趣味。「意境」是詩歌的特點，也是中國藝術的精要，學生通過繪畫的方式，領悟詩中有畫的特點。除此之外，本研究發現詩歌教學能增進學生對中華文化的認識，掌握詩人的思想感情（岑紹基、張燕華、張群英、祁永華、吳秀麗，2012），從而降低學生的「陌生感」及閱讀焦慮。中華文化博大精深，即使是二語的學生，亦不應停留於生活習俗，而應加深對背後蘊藏的道德價值，甚至是文學、哲學及歷史的學習（林善敏及麥俊文，2021）。例如重陽節讓學生瞭解「慎終追遠」的思想，謹慎從事，追念前賢的態度。同時，要讓學生連結登高看芒草的生活經驗，在教學過程中，體會登高避災禍的由來，以及現代變成一種家庭活動的演變過程。這讓學生反思其自身文化與中華文化的異同，以異中求同為旨，啟發其思維及提升文化素養。這是一個雙向的反思過程，非華語學生不但增進對中華文化的認識，同時反思自身文化，尤其是部分學生表示不瞭解自身文化，對於建立其身份認同舉足輕重。

　　研究結果亦帶來一些非華語詩歌教學啟示及建議。首先，課程設計方面，建議把詩歌教學有系統地滲入課程中，建立初小及高小的詩歌學習框架，以詩歌主題及中華文化劃分學習內容，避免詩歌教學碎片化的情況。其次，在詩歌選材方面，建議教師選取較為貼近學生經歷的題材，就如研究員於是次研究所選取的題材主要圍繞節日、

親人、季節和風景等，學生的現實生活也涉及這些議題，故更易理解，亦能讓學生更願意參與學習活動。另外，在教學設計和策略方面，建議教師使用多元策略，尤其善用多媒體融入教學，透過呈現相關圖片及影片，使詩歌內容具體化，深化學生對內容的理解，既能吸引學生的注意力，更有助提升學習成效。另外，建議教師引導學生學習適當的閱讀策略，從而讓學生自行閱讀及掌握詩歌意思，提升其語文學習能力，解決閱讀困難。此外，教師在實施跨文化教學時除了強調中華文化之特色及進行文化對比外，也可嘗試透過提問和聯想讓學生感受中華文化與自己家鄉文化、生活經歷有相似之處，引起學生共鳴，從而拉近學生與語言的心理距離，達致文化共融，而非為學生與詩歌所蘊藏的文化內容之間建立一道城牆（張群英、叢鐵華、岑紹基、傅愛蘭，2012）。

六、結論

是次研究結果反映通過詩歌教學指導非華語學生閱讀策略，能提升其閱讀興趣，增進中華文化知識，以及閱讀能力。教師引導學生掌握不同字詞理解策略，有助消除學生的閱讀困難，減少其閱讀焦慮。另外，研究結果亦反映以詩歌作為教材，能擴闊學生中華文化的知識，具相當的教學價值。是次研究證明詩歌教學能改善非華語小學生的閱讀能力，然而亦存在一些研究限制。例如研究對象的人數只有五位，而且分佈於不同年級，未能作出比較。另外，由於研究員經驗尚淺，起初撰寫課堂觀察筆記不夠熟練及詳細，後來經討論及修正後，再結合三種研究工具分析同一主題，互相論證資料的合理性。本研究作為探索非華語小學生學習詩歌的可能性，一方面希望提升學生的閱讀策略及興趣，另一方面希望增進他們對中華文化的認知，同時為如何改善非華語小學生在其他中文學習範疇的學習情況，提供有價值的參考，以促進其中文學習。

參考文獻

岑紹基、張燕華、張群英、祁永華、吳秀麗（2012）：〈香港少數族裔學生學習中文的困難〉，輯於叢鐵華、岑紹基、祁永華、張群英編著：《香港少數族裔學生學習中文的研究：理念、挑戰與實踐》，香港：香港大學出版社。

陳瑞端、梁慧敏、袁振華、曾潔、馬克芸（2018）：〈香港非華語小學生中文輔助教材的設計理念及教學策略〉，《華文學刊》，卷 16，第 1 期，頁 38-59。

關之英（2014）：〈香港中國語文教學（非華語學生）的迷思〉，《中國語文通訊》，93（1），頁 39-57。

黃汝嘉、蕭寧波（2009）：〈香港少數族裔小學生的中文能力水平〉，《基礎教育學報》，卷 18，第 2 期，香港：香港中文大學，頁 123-136。

考評局（2020）：2020 年香港中學文憑考試中國語文科教師會議簡報表。檢自：https://www.hkeaa.edu.hk/DocLibrary/HKDSE/Subject_Information/chi_lang/CHI-BS-2020-1.pdf，檢索日期：2021.11.9。

課程發展議會（2002）：《中國語文教育學習領域課程指引（小一至中三）》，香港：政府印務局。

課程發展議會編訂（2008）：《中國語文課程補充指引（非華語學生）》，香港：香港特別行政區政府教育局。

課程發展處（2021）：〈中國語文科目——建議篇章（問與答）〉，香港：香港特別行政區政府教育局，檢自 https://www.edb.gov.hk/attachment/tc/curriculum-development/kla/chi-edu/recommended-passages/QA_Recom_passages.pdf，檢索日期：2022 年 4 月 8 日。

樂施會、政策二十一有限公司（2016）：〈中小學為非華語學生提供中文學習支援的研究調查〉，檢自 https://www.oxfam.org.hk/tc/f/news_and_publication/1413/content_24801tc.pdf，檢索日期：2022 年 4 月 8 日。

李楚成、梁慧敏（2018）：〈香港南亞裔學生學習中文的研究調查及政策建議〉，《中國社會語言學》，第 2 期，頁 113-132。

廖佩莉（2015）:〈析論香港文言教學的現況與對策〉,《中國語文通訊》,第 94 卷,第 1 期,頁 45–57。

林善敏、麥俊文（2021）:〈對外漢語課程文化及歷史教學實施的現況、挑戰及展望〉,輯於馮志弘等主編《中國歷史文化教育及研究》（香港:中華書局）,頁 58 – 80。

劉潔玲（2006）:〈新課程實施下香港中文科教師的閱讀教學觀與教學模式〉,《教育學報》,第 34 卷,第 2 期,頁 25-46。

課程發展處（2019）:《「中國語文課程第二語言學習架構」簡介》,香港:香港特別行政區政府教育局,檢自 https://www.edb.gov.hk/attachment/tc/curriculum-development/kla/chi-edu/second-lang/NLF_brief_2019.pdf ,檢索日期:2022 年 4 月 11 日。

王文科、王智弘（2019）:《教育研究法》,台灣:五南圖書出版股份有限公司。

吳啟誠、張瓊云（2020）:〈主題分析在教育研究上的應用〉,《特殊教育發展期刊》,第 69 期,頁 29-42。

香港融樂會（2007）:《「少數族裔學童學習中文情況」前線老師意見調查報告》,檢自 https://www.legco.gov.hk/yr07-08/chinese/panels/ed/papers/edcb2-1450-1-c.pdf ,檢索日期:2022 年 4 月 8 日。

香港審計署（2021）:〈為非華語學生提供的教育支援措施〉,第 2 章,載於《審計署署長第七十六號報告書》,檢自 https://www.aud.gov.hk/pdf_ca/c76ch02.pdf ,檢索日期:2022 年 4 月 11 日。

香港政府統計處（2017）:《2016 中期人口統計——主題性報告:少數族裔人士》,香港:香港特別行政區,檢自 https://www.bycensus2016.gov.hk/data/16bc-ethnic-minorities.pdf ,檢索日期:2022 年 4 月 10 日。

張群英、叢鐵華、岑紹基、傅愛蘭（2012）:〈香港少數族裔的族群特點與文化〉,輯於叢鐵華、岑紹基、祁永華、張群英編著:《香港少數族裔學生學習中文的研究:理念、挑戰與實踐》,香港:香港大學出版社。

Aida, Y. (1994). Examination of Horwitz, Horwitz, and Cope's Construct of Foreign Language Anxiety: The Case of Students of Japanese. *Modern Language Journal*, 78 (2), 155-168.

Al-Khasawneh, F. M. (2016). Investigating Foreign Language Learning Anxiety: A Case of Saudi Undergraduate EFL Learners. *Journal of Language and Linguistic Studies*, 12(1), 137-148.

Amiri, M., & Ghonsooly, B. (2015). The Relationship between English Learning Anxiety and the Students' Achievement on Examinations. *Journal of Language Teaching and Research*, 6(4), 855-865.

Basith, A., Musyafak, N., Icwanto, M. A., & Syahputra, A. (2019). Chinese Learning Anxiety on Foreign Students. *European Journal of Educational Research*, 8(4), 1193-1200.

Braun, V., & Clarke, V. (2006). Using Thematic Analysis in Psychology. *Qualitative Research in Psychology,* 3, 77-101. https://doi.org/10.1191/1478088706qp063oa.

Cakici, D. (2016). The Correlation among EFL Learners' Test Anxiety, Foreign Language Anxiety and Language Achievement. *English Language Teaching*, 9(8), 190-203. http://dx.doi.org/10.5539/elt.v9n8p190.

Cohen, L., Manion, L., Morrison, K., & Morrison, R. B. (2007). *Research Methods in Education*. London: Routledge.

Erler, L., & Macaro, E. (2011). Decoding Ability in French as a Foreign Language and Language Learning Motivation. *The Modern Language Journal*, 95(4), 496-518.

Graham, S. (2007). Learner Strategies and Self-efficacy: Making the Connection. *Language Learning Journal*, 35(1), 81-93.

Grenfell, M. (2007). Language Learner Strategy Research and Modern Foreign Language Teaching and Learning. *Language Learning Journal*, 35(1), 9-22.

Hennink, M., Hutter, I., & Bailey, A. (2010). *Qualitative Research Methods*. SAGE.

Horwitz, E. K., Horwitz, M. B., & Cope, J. (1986). Foreign Language Classroom Anxiety. *Modern Language Journal*, *70*, 125-132.

Koka, N. A., Islam, M. N., & Osman, M. (2019). Studying Foreign Language Anxiety with Its Causes and Effects: A Case of King Khalid University EFL Learners. *Arab World English Journal, Special Issue: The Dynamics of EFL in Saudi Arabia*, 4-21. https://dx.doi.org/10.24093/awej/efl1.1.

Ku, H. B., Chan, K. W., & Sandhu, K. K. (2005). *A Research Report on the Education of South Asian Ethnic Minority Groups in Hong Kong*. Hong Kong: Center for Social Policy Studies, Department of Applied Social Sciences, The Hong Kong Polytechnic University, and Unison Hong Kong.

Oxford, R. (1990). Language Learning Strategies. In A. Burns & J. C. Richards (Eds.), *Learning English as a Second Language* (pp. 81-91). Cambridge: Cambridge University Press.

Robson, C. (2011). *Real World Research (3rd edition)*. Chichester: Wiley.

Scott, D., & Morrison, M. (2006). *Key Ideas in Educational Research*. London: Continuum.

Shi, Y. Z., & Liu, Z. Q. (2006). Foreign Language Reading Anxiety and Its Relationship to English Achievement and Gender. *Journal of PLA University of Foreign Languages, 29*, 59-65.

Spielberger, C. D. (1976). The Nature and Measurement of Anxiety. In C. D. Spielberger, & R. Diaz-Guerrero (Eds.), *Cross-cultural Anxiety*, 1, 3-12. Washington, DC: Hemisphere.

Teimouri, Y., Goetze, J., & Plonsky, L. (2019). Second Language Anxiety and Achievement: A Meta-analysis. *Studies in Second Language Acquisition*, 1-25. DOI:10.1017/S0272263118000311.

Yang, S. (2020). Oral Reading Fluency of Chinese Second Language Learners. *Reading and Writing*, 34(4), 981-1001.

Zhao, A. P., Guo, Y., & Dynia, J. (2013). Foreign Language Reading Anxiety: Chinese as a Foreign Language in the United States. *The Modern Language Journal*, 97(3), 764-778.

Zhang, L. (2002). Anxiety of Overseas Students in Chinese Reading. *Chinese Journal of Applied Linguistics, 4*, 77-83.

Zhou, J. (2017). Foreign Language Reading Anxiety in a Chinese as a Foreign Language Context. *Reading in a Foreign Language*, 29(1), 155-173.

附錄一：課堂觀察筆記

詩歌教學活動二　課堂觀察筆記					
教學日期及時間：3/12（11:50-12:50）		教學地點：G14B 室			
教學課題：〈山行〉杜牧		學生姓名：學生甲			
學生表現評鑒：	完全不滿意	中等以下	中等	良好	優異
1. 學生專心上課				P	
2. 學生主動回應老師問題及表達己見					P
3. 學生學習態度積極認真					P
4. 學生努力完成教師指示					P
課堂記錄					

1. 教學程序：引入
   ➤ 主動表示想背誦詩歌，但不成功，經老師提示首句的第一個字後，便馬上大聲背誦首兩句。
2. 教學程序：解詩題及簡介作者背景
   ➤ 老師提問「山行」的意思，一開始沒人回答，當老師給予足夠提示後，學生大聲回答正確的答案。
3. 教學程序：朗讀詩歌
   ➤ 學生按照老師指令有序地朗讀詩歌。
4. 教學程序：內容理解及深究
   ➤ 當老師提問誰可以朗讀首句，學生主動舉手；朗讀「斜」一字時有猶豫，但有嘗試朗讀。
   ➤ 學生回答「人家」的意思後，老師指出不太準確，學生然後再嘗試作答。
   ➤ 在老師提問學生有關觀看楓林的經歷前，學生看到圖片後馬上指出自己曾有觀賞楓林的經歷。
   ➤ 在總結詩歌中的景物時，學生積極完成老師指示，很快就數到文中所提及的景物的數量。
5. 教學程序：文化教學
   ➤ 老師在介紹芒草的過程中，學生與前方同學一邊小聲討論，一邊指着屏幕上的圖片。

課後記錄

➤ 學生在課堂願意朗讀詩句，且多次踴躍舉手回答有關詩歌內容的問題。
➤ 學生留心有關詩歌景色的圖片，就着圖片而提問及分享個人生活體驗。

附錄二：教案舉隅

第二課節教案：〈山行〉

教學對象：非華語高小學生

教學範疇：閱讀範疇

教學課題：〈山行〉杜牧

學生已有知識：

1. 認識四季
2. 理解詩中某些字詞意思

教學目標：

完成本課後，學生能夠：

1. 正確且有感情地朗讀詩歌
2. 理解及說出詩歌某些字詞的意思
3. 理解詩歌內容
4. 體悟詩歌的意境
5. 認識詩中所體現的中華文化及香港的秋天

教學流程（60分鐘）：

時間	教學程序	教學活動和內容	教具	教學備注
3'	引入	**提問** 1. 還記得上一節課學了哪一首詩歌嗎？ **朗讀** 1. 教師着學生一同朗讀〈九月九日憶山東兄弟〉一遍，並適時給予回饋。	簡報	重溫上課所學，從學生的已有知識銜接本節課所學的內容。 透過點明詩歌的主題，建立學生心理預期。

（續上表）

時間	教學程序	教學活動和內容	教具	教學備注
		提問及講述 1. 這首詩歌與哪個中國傳統節日有關？ 2. 還記得重陽節是在哪個季節的嗎？ 3. 上一節課老師提到在重陽節，人們會登高郊遊，因為處於秋季的重陽節前後天氣清涼，適合登山；人們也會觀賞菊花，因為菊花在秋季開得特別燦爛。 4. 說起秋天，秋天給你帶來甚麼感覺？ **講述** 1. 教師指出古時候的人曾創作一些與季節有關的詩歌，本節課會講述一首有關秋天的詩歌，一同看看詩中所描述的秋天是怎樣的。		
2'	解詩題及簡介作者背景	**提問及講述** 1. 教師引入〈山行〉，着學生猜猜「山行」即是在山上做甚麼，然後解釋詩題為在山上行走、遊覽的意思。本詩是有關詩人在秋日坐車上山時看到的景色。 2. 教師說明本詩詩人是杜牧，唐代著名詩人，詩歌創作無數，題材多元化；杜牧性格豪爽、不受拘束、比較開朗樂觀。	簡報	讓學生認識詩人背景及性情，從而聯繫其背景及性格解讀詩歌。
2'	詩歌朗讀	**朗讀** 1. 教師範讀詩歌一遍。 2. 教師帶領學生朗讀詩歌一遍，讓學生掌握字詞停頓和讀音，並適時糾正其讀音。	簡報	透過朗讀，提升學生語言感知，有助理解及體悟詩歌的思想感情。
24'	詩歌內容理解	**朗讀、展示、講述、提問** 「遠上寒山石徑斜」 1. 朗讀：教師邀請學生朗讀詩句。 2. 講述：此句寫詩人在山腳一邊坐車，一邊向遠處望，看見了一些事物。 3. 提問「寒山」：「寒山」是處於甚麼季節的山？ 4. 講述：「寒山」點出季節，是指深秋時節的山。而「上」一字表示了這些山很高。 5. 提問「石徑」：「石」是「石頭」之意，從此字推測「徑」是用石頭鋪成的東西。根據前文，你認為詩人在山腳除了看見高山外，還看見甚麼？ 6. 講述：「石徑」指山中的石頭小路。 7. 提問「斜」：前文提到山路，這條山路的形態是怎樣的？ 8. 講述：「斜」指曲曲折折，表示山路是曲曲折折的。 9. 展示：教師展示相關景色的圖片，並加以解釋。 10. 講述：此詩句描述了一條彎彎曲曲的山路伸向遠處深秋的山頂。 「白雲生處有人家」 1. 朗讀：教師邀請學生朗讀詩句。 2. 講述：詩人順着山路向上望，又看見了一些事物。	簡報 課文 工作紙 圖片	詞義推斷法 圖片展示能把詩句所描寫的畫面具體化，讓學生對詩句內容有更好的掌握。

(續上表)

時間	教學程序	教學活動和內容	教具	教學備注
		3. 提問「白雲」：詩人看到了甚麼景物？ 4. 講述：詩人看到白雲。「生」有「生出」之意；「處」有「處所」之意，因此「白雲生處」是指白雲出現、飄浮的地方。 5. 講述：白雲飄浮的地方是指山林的高處。越往上走，越往山的深處走，越能看到白雲飄浮。詩人寫白雲再次突出了山高。 6. 展示：教師展示白雲在山上飄浮的圖片。 7. 提問「人家」：詩人看到在白雲飄浮的地方有甚麼？ 8. 講述：教師引導學生留意「人家」的「家」，透過提問讓學生聯想起一家人住在房屋中，從而明白「人家」有房屋之意。 9. 講述：此詩句指詩人走到山的高處，看到白雲漂浮，並隱約看見當中有幾所屋子。 10.展示：教師展示相關景色的圖片。 11.講述：山林裏有幾所屋子，代表有人住在這裏，而剛才我們所看到的石徑就是他們上上下下的通道。 _____ 「停車坐愛楓林晚」 1. 朗讀：教師邀請學生朗讀詩句。 2. 講述：詩人乘車沿着山路前進，他看到了一些東西而停下車來。 3. 提問「車」：試猜猜詩人坐的車是甚麼類型的交通工具？ 4. 講述及指示：中國古時沒有巴士、電車、的士等發達的交通工具，人們大多以牛車、馬車代步，藉助動物的力量前行，並展示牛車、馬車的圖片。 5. 講述：「坐」是因為的意思。 6. 提問：試留意詩句，詩人看到甚麼而停下車來？（引導學生留意「楓林」的部首） 7. 展示：教師展示楓樹、楓葉的圖片。 8. 提問：大家有看過楓葉嗎？你覺得漂亮嗎？如果是你，你會否停下來觀賞楓葉？ 9. 講述：教師簡單講解楓葉的外形特點。 10.提問：從「林」一字所見，詩人看到的是一片楓葉，還是很多楓葉？ 11.展示：教師展示楓林的圖片。 12.提問：詩人看到的是哪個時段的楓林景色？（引導學生留意「晚」一字） 13.講述：「晚」有「傍晚」之意，「楓林晚」指黃昏時的楓林景色。 14.提問：詩人為甚麼停車？ 15.講述：因為他愛黃昏時的楓林美景，想停下來細心欣賞。（引導學生留意「愛」一字）		詞義推斷法 詞義推斷法 透過向學生解說古時交通工具，瞭解中國古代文化及生活。 部首聯想法 聯繫學生真實經驗，讓學生對所描述的事物更深刻。

(續上表)

時間	教學程序	教學活動和內容	教具	教學備注
		「霜葉紅於二月花」 1. 朗讀：教師邀請學生朗讀詩句。 2. 展示：教師展示霜的圖片，然後提問學生有否見過霜。 3. 講述及展示：霜葉即是披上了霜的楓葉，霜在秋冬時期才出現，再次點出詩中的季節，然後展示霜葉的圖片。 4. 講述及提問「二月花」：「二月」指農曆二月，運用我們平常的計算模式，即是大概三月，是屬於哪個季節？ 5. 講述及展示：「二月花」指二月的花，即是春天的花，然後展示一些在春天盛開的花的圖片。 6. 提問「紅於」：此句出現兩種植物，分別是披上霜的楓葉和春天的花，根據文意，詩人認為霜葉比春天的花更怎樣？ 7. 講述：此句是指霜葉比春花更紅，詩人認為秋天的楓葉比春天的花更美麗動人。		透過圖片把景物形象化，有助學生理解景物特點。
10'	詩歌內容深究	**指示、提問、講述、朗讀** 1. 提問及指示：詩人在秋遊時看到甚麼景物？請把詩人所看到的景物圈出來。 2. 講述：詩人所看到的景物有：寒山、石徑、白雲、人家、楓林、霜葉 3. 提問：詩人喜歡秋天的景色嗎？你如何知道？ 4. 講述：詩人喜歡秋天的景色，從以下方面得知： ➢「停車坐愛楓林晚」一句中「愛」一字可見詩人喜愛楓林晚景。 ➢ 即使天色漸黑，但詩人看到楓林時也停下車來觀賞，捨不得離去。 ➢「霜葉紅於二月花」一句中可見詩人喜歡秋天的霜葉，讚賞它的艷麗。 5. 提問：詩人所描寫的秋天是富生命力的，還是死氣沉沉的？ 6. 講述：從有家庭住在山上，以及披了秋霜的楓葉比春花更紅更鮮艷兩方面反映他所描寫的秋天是富生命力的。 7. 講述：詩人的個人經歷與性格會影響他寫詩的題材、內容和所表達的感情，就如平日大家運用詞語造句時都是根據自己的經歷和感受而創作。而這首詩中，詩人沒有描寫死氣沉沉的秋景，而是描寫秋葉的生命力，以及清新美麗的秋景，與詩人樂觀的性格有關。 8. 朗讀：教師着學生一邊想像詩歌所描述的畫面，一邊有感情地朗讀詩歌，教師適時給予回饋。 9. 提問：你喜歡詩中的秋景嗎？為甚麼？	簡報	透過提問，讓學生思考，以及更深入掌握詩歌的內涵。 引導學生根據文意感受詩人對秋天的情感。 讓學生瞭解作者背景有助閱讀及理解詩歌所表達的思想感情。 透過再次朗讀，體會詩歌意境和表達的情感。 把詩歌內容聯繫學生個人，鼓勵學生分享、表達己見。

(續上表)

時間	教學程序	教學活動和內容	教具	教學備注
4'	文化教學	**提問、講述、展示** 1. 教師提問大家認為香港的秋天與詩中所描述的秋天是否一樣。 2. 教師提問學生認為香港秋天的天氣和溫度怎樣、樹葉有甚麼特點，然後加以補充及解釋。 3. 教師說明在街上很少能看到詩中所描述的紅紅的楓葉，不過原來香港也有一些賞楓好去處，然後展示圖片及解釋。（教師提及有些楓葉是偏黃色。） 4. 教師展示芒草圖片，說明在香港的秋天，人們還很喜歡上山觀賞另一種特別的植物（芒草），然後簡單講解芒草的特點。 5. 教師邀請學生分享家鄉的秋天有甚麼特點。	簡報圖片	從詩歌內容帶出香港的秋天，讓學生聯想生活經驗，以及認識香港的季節特點。
15'	佈置課業 總結	**指示、講述** 1. 教師派給每人一張小畫紙。 2. 教師說明學習任務：把詩歌所描寫的景物或畫面畫在紙上。 3. 教師邀請學生展示作品，並給予適切的回饋及小獎勵。 4. 教師提問學生詩人透過本詩，表達了對秋天的甚麼感情（喜愛、讚美之情），以作總結。	木顏色筆畫紙	鞏固學生所學，以及評估學生是否掌握字詞意思和理解詩歌內容，並發揮學生的創意力。

An Exploration of Poetry Reading Strategies among Non-Chinese Speaking Primary School Students in Hong Kong: A Case Study

SIU, Wing Chun

Department of Chinese Language Studies, The Education University of Hong Kong

LAM, Sin Manw Sophia

Department of Chinese Language Studies, The Education University of Hong Kong

Abstract

Non-Chinese Speaking (NCS) students learning the Chinese language has always been an issue of concern to the government. In recent years, the Education Bureau (EDB) has introduced a list of classical Chinese for the four Key Stages of primary and secondary schools, suggesting that the teaching of ancient poetry should be enhanced at the primary level, to enable students to experience the beauty of the language and enrich their cultural understanding. Previous studies have shown that NCS students encounter different difficulties in learning the Chinese language; such challenges are exacerbated due to the significant differences between Classical Chinese and Modern Chinese.

This study adopted a qualitative case study approach to investigate the impact of teaching reading strategies of Classical poems on improving the reading competence of NCS primary school students. A primary school in Hong Kong with five NCS students participated in the study. Three classical poems were selected as the three-week intervention's teaching materials. The intervention aims to equip the students with reading strategies and promote their cultural knowledge. Semi-structured interviews are conducted before and after the intervention with each student. Data from teacher observation notes and students' assignments are also collected to examine the perspective of NCS students on learning classical poems. The study found that the intervention equipped the students with reading strategies for classical poems, enhanced their cultural knowledge, and increased their interest in Chinese reading. It is suggested that teachers can systematically integrate the teaching of poetry into the Chinese language curriculum, along with the teaching of reading strategies, thus, enhancing the language proficiency of NCS students.

Keywords   Non-Chinese Speaking students, Chinese as a second language, Classical poetry, Primary curriculum, Chinese culture

何去何從
——剖析近半世紀香港小學中國語文科文言閱讀教材的定位和發展

香港教育大學中國語言學系
張壽洪*

摘要

在過去的半世紀，香港小學中國語文課程從不接納文言教材發展至教育部門提供40篇建議文言經典名篇，變化極大。

本研究以歷時研究和文獻分析的方法，通過對1975到2022年的小學中國語文科課程文件和教科書內容的整理和分析，探討小學文言閱讀教材的定位，剖析不同時期語文教學的重點，總結不同階段語文教學的取向。最後，本研究根據中國語文科課程和文言教材的最新發展，為課程發展、教科書編寫和師資培訓等範疇的工作，提供建議和參考。

關鍵詞　　　小學語文教學　閱讀教學　文言篇章

一、背景

自1903年獨立成科以來，「語文科」的定位便在「工具性」和「人文性」之間遊移。在小學語文教學的實踐上，閱讀範疇佔用的教學時間最多；閱讀教材的性質和類型，最能反映語文教學的取向。香港教育當局自上世紀70年代開始規範基礎教育課程，並先後數次修訂中國語文科的課程文件（劉潔玲，2008）。1975年頒佈的《小學

---

* 張壽洪，香港教育大學中國語言學系，聯絡電郵：shcheung@eduhk.hk。

中國語文科課程綱要》，清楚表明「小學各級教材應該全部用語體文編寫」（課程發展議會，1975，頁 4）；到了 2021 年 8 月，香港教育局公佈《加强文學文化的學習——增設建議篇章　強調文道並重》的指示，要求學校在初小和高小階段增加 40 篇文言教材（何燕萍，2021）。從數字上看，半世紀以來文言教材的增長，可謂令人驚訝。

本研究以歷時研究和文獻分析的方法，通過對 1975 到 2022 年的小學中國語文科課程文件、參照課程文件要求編訂的教科書和學者研究的成果分析，探討小學文言閱讀教材的定位和分佈，剖析不同時期的語文教育觀念與文言閱讀教學的關係，並就文言教學的處理向不同持份者提出建議。

二、研究目的

本研究主要通過對小學中國語文科課程文件內容和教科書內文言閱讀篇章的分析，探索不同時期語文教學的重點和取向。研究的主要目的如下：

① 通過對課程文件內容和教科書教材的分析，瞭解不同時期語文教學的取向和特質，探討不同語文教學觀念對教科書文言教學篇章數量和取材的影響。

② 根據最新課程文件的內容和建議，分析文言教學的發展方向。

③ 就中國語文科課程和文言教材的最新發展，為課程發展、教科書編寫、師資培訓和課堂教學等範疇的工作，提供建議和參考。

三、研究方法

本研究主要採用「歷時研究」和「文獻分析法」，通過閱覽課程文件和教科書，瞭解近 50 年中國語文科課程的特點和要求，探索教科書如何配合課程文件擬定教學內容，從而掌握香港小學中國語文科、中學語文科文言閱讀篇章在不同階段的角色。

研究的具體步驟如下：

1. 剖析課程文件對閱讀教學教材的建議和要求

從上世紀 70 年代到今天，香港教育部門先後頒佈了三份直接闡釋中國語文科課程的文件，包括：(1)《小學中國語文科課程綱要》(1975)；(2)《中國語文科小一至

小六課程綱要》（1990）；和（3）《中國語文課程指引（小一至小六）》（2004）。[1] 期間教育部門也公佈跟中國語文科教學內容有緊密關係的《小學中國語文建議學習重點》（2008）以及說明中國語文科發展取向的《學會學習：中國語文教育學習領域諮詢文件》、《中國語文學習領域課程指引（小一至中三）》（2002）、《中國語文學習領域課程指引（小一至中六）》（2017）和《加強文學文化的學習——增設建議篇章 強調文道並重》（2021）等。[2] 本研究會通過剖析上述文件，勾畫出不同階段課程的特點和對文言閱讀教材的指引。

2. 分析教科書內文言教材的處理和編排

本研究以「定額取樣」的方法和「略遠詳近」的原則，選取不同時期的小學語文教科書，透過分析書中文言教材的編排，瞭解教科書落實課程文件要求的方式。當中按照「課程綱要（1975）」和「課程綱要（1990）」編寫的教科書，會在香港教育大學圖書館的藏書中，抽取一套最齊備的教科書為研究對象。至於根據「課程指引（2004）」要求編撰的教科書，會選取兩套比較流行的教科書作分析。[3]

3. 綜合分析結果，提出意見和建議

研究者整合分析結果後，會根據小學課程的發展取向和文言教材的角色，向課程發展人員、教材編寫人員和師資培訓者等，提出處理文言教材的意見，以協助教師提升學與教的效能。

1　(1) 上述三份課程文件，下文分別簡稱為「課程綱要（1975）」、「課程綱要（1990）」和「課程指引（2004）」。(2) 香港的教科書都經過教育當局評審，能通過評審的都刊登在「適用書目表」上，供公眾查閱。「適用書目表」上有一個「課程文件」的欄目，說明各教科書根據哪些課程文件的指示編訂。目前，所有小學中國語文教科書都是根據「課程指引（2004）」編寫。

2　嚴格來說，《加強文學文化的學習——增設建議篇章 強調文道並重》（以下簡稱「加強」）在性質上不屬於課程文件。不過，自從「加強」發表後，有關文言篇章教學的建議受到教育界不同持份者的高度重視。

3　曹文悅曾在 2021 年統計香港教育大學主修中文教育的學生，在實習時實習學校選用教科書的情況，發現學校最常採用的兩套中國語文科教科書是《新編啟思中國語文》及《我愛學語文》。詳見《分析香港小學六年級中國語文科教科書的閱讀練習如何受全港性系統評估影響》（香港教育大學語文教育學士課程畢業論文），未刊印。

四、閱讀範疇的重要性和文言篇章的角色

1. 閱讀教學的重要性

閱讀、寫作、聆聽和說話是語文教學的四大範疇。香港自推動以「學會學習」為主題的課程改革後，把語文教育的內容擴展為「閱讀、寫作、聆聽、說話、文學、中華文化、品德情意、思維和語文自學」等九個學習範疇。不過，現行的《中國語文課程指引（小一至小六）》仍強調「中國語文的學習，應以讀寫聽說為主導，帶動其他學習範疇」（課程發展議會，2004，頁12）。事實上，閱讀篇章提供語料，作為語文知識學習、語文能力訓練和語文素養培養的基礎；閱讀可說為小學生的語文成長提供最必要的土壤和養料。

閱讀教學的重要性也通過語文課堂的時間分配反映出來。下表展示《中國語文科小一至小六課程綱要》內的「各級每周教學節數分配表」（課程發展議會，1990，頁35），從中可見閱讀範疇的教學時間，明顯比其他範疇多；高年級佔總課時的63%，低年級平均佔總課時的66%。[4] 因為閱讀範疇佔用課時的比例高，而閱讀篇章是閱讀範疇的主要教材，因此閱讀篇章的性質和類型，最能反映不同該時期語文課程的取向。

表1：各級每周教學節數分配表

	讀文教學	寫作教學	寫字教學	教育電視	總數	閱讀佔課節的百分率	平均值
一年級	8	2	1	0	11	73%	
二年級	7	2	1	0	10	70%	66%
三年級	5	2	1	1	9	56%	
四年級	5	2	0	1	8	63%	
五年級	5	2	0	1	8	63%	63%
六年級	5	2	0	1	8	63%	

2. 小學語文教學中文言篇章的角色

文言篇章以古漢語寫成，古漢語是現代漢語的濫觴；學生學習古代漢語，有助進一步瞭解現代漢語的發展和掌握規範的書面語。文言篇章的內容包含中華文化、文學和品德情意的元素，能引導學生感受文化的熏陶和語言文字之美。小學語文科課程中

4　「閱讀佔課時的百分率」和「平均值」兩項為研究者所加。

的文言詩文，多為淺顯的經典詩文作品；多讓小學生接觸文言篇章，既能引導他們瞭解中國源遠流長的文化和歷史，提升他們的審美和欣賞能力，也能通過古人的嘉言懿行，培養學生積極正面的生活態度，進而建立健全的品格。（何燕萍，2021）

五、1975-2017 年間課程文件的教學取向和文言閱讀教學指引

1.《小學中國語文科課程綱要》（1975）

根據劉潔玲（2008）的意見，《小學中國語文科課程綱要》是香港教育當局落實規範基礎教育課程後，頒佈的第一個小學中國語文科課程。該課程的目標主要包括：[5]

① 培養學生對語體文的閱讀和理解能力。

② 培養學生運用語體文來表達思想，使具有寫作的基本能力。

③ 指導學生從課內課外的活動中充實生活經驗，養成健全的人格。（課程發展議會，1990，頁 1）

整合《課程綱要》的內容，70 年代的語文課程在整體取向和閱讀教學的指引上，有下列特點：

① 學習內容只涉及讀寫聽說、品德情意、自學和思維等內容，沒有提及文化和文學等元素。

② 要求小學各級教材全部用語體文書寫。

③ 閱讀教學稱為「讀書教學」，主要教學目標包括：指導學生認識字、詞的形音義和語體文的句法；訓練學生有條理地運用語體文來表情達意，不犯語法上的錯誤。

2.《中國語文科小一至小六課程綱要》（1990）

1990 年頒佈的《課程綱要》，跟閱讀教學關係較密切的主要目標包括：

① 培養學生閱讀語體文的能力。

② 培養學生豐富的想像力和有條理的思考能力。

③ 指導學生掌握語文知識，並轉化為語文能力。

④ 培養學生閱讀的興趣，使養成閱讀習慣，並提高自學能力。

5　下文臚列的，是課程文件內跟閱讀教學關係較密切的目標。因篇幅關係，跟閱讀關係較疏遠的從略。

⑤ 培養學生的道德觀念，並使學生認識中國文化。（課程發展議會，1990，頁
13-16）

整合《課程綱要》的內容，90 年代的語文課程在整體取向和閱讀教學的指引上，
有下列特點：

① 學習內容的覆蓋面比從前的廣闊，涉及讀寫聽說、文化、品德情意、自學和
思維等範疇。若跟現今的課程比較，只沒有提及文學元素。

② 指示各級教材使用語體文書寫；不過，六年級每學期可設置淺易文言文或古
典詩歌共四課，供教師按照學生的程度選教，使學生進一步認識中國傳統
文化。

③ 閱讀教學稱為「讀文教學」，教學目標包括：指導學生掌握語文知識，並轉化
為語文能力；培養學習興趣、習慣和自學能力；培養道德觀念和認識中國文化。

3. 2004 年至 2017 年間頒佈的課程文件和教學資源

在 20 世紀末和 21 世紀初，香港開展課程改革，「開放學習材料」和「重視文化
和文學學習」成為語文課程發展的重心。期間教育當局頒佈了多項語文課程文件和教
學資源。

(1)《學會學習：中國語文教育學習領域諮詢文件》（2000）

2000 年底，香港啟動以「學會學習」為主題的課程改革。《學會學習：中國語文
教育學習領域諮詢文件》確立語文的九大學習範疇，並強調中國語文教育該「提高學
生語文運用能力，同時兼顧思想、品德的培育和文化的熏陶」，「加強文學教學，培養
審美情趣和能力」。「諮詢文件」同時指出「現時中小學課程文化學習方面出現不銜接
的情況⋯⋯故須擬訂文化學習目標和內容，以加強培養學生對中華文化的認識、反思
和認同」（課程發展議會，2000，頁 4-6）。該書的附錄 1 和 2 分別為「小學中國語文
文學學習設計示例」和「小學中國語文中的文學教學實例」，兩者均以文言材料為教
材。（課程發展議會，2000，頁 30-35）

(2)《中國語文教育學習領域課程指引（小一至中三）》（2002）

本指引在課程改革落實後頒佈，內容主要解說九大範疇和解讀中國語文科各項
革新的措施，例如單元教學、文學教學等。「指引」主張本科的學習內容該包括「古
今經典」和「要讓學生誦讀吟詠優秀的文學作品，以培養語感」（課程發展議會，
2002，頁 48，75）。文件內的附錄 19 名為《研究及發展（種籽）計劃（2001/02）在

小學中國語文中加強文學學習元素》，內文介紹了 4 所參與種籽計劃的學校的校本文學課程，其中兩所學校的文學教材以古詩文為主，內容取材自《三字經》、《論語》、唐詩和古典小說等。

(3)《積累與感興：小學古詩文誦讀材料選編（試用）》（2002）

為推動古詩文學習，教育當局在 2002 年出版《積累與感興：小學古詩文誦讀材料選編（試用）》詩集和文集。詩集收錄 100 首古典詩歌，文集收錄古文 50 篇。根據該書的〈編輯說明〉，出版該詩文集的目的是「加強文學教學，培養學生的審美情趣和能力……（讓）學生在古典文學方面，能多誦讀一些淺易的作品，積學儲寶，豐富語感」（教育署課程發展處中文組，2002，編輯說明頁）。

(4)《中國語文課程指引》（2004）

《中國語文課程指引》（2004）是目前進行日常教學和編寫教材的依據。

A. 課程的閱讀教學理念

《中國語文課程指引》規範、闡釋和落實了「學會學習」課程改革中跟語文教學相關的措施。有關語文科的基礎理念，「指引」強調「語文教育須體現語文的人文性。語文是重要的交際工具，同時又是思想、文化的載體。中國語文教育的目的，是要提高學生運用語文的能力，同時兼顧思想、品德的培育和文化的熏陶」。在課程發展方面，中國語文的發展方向包括：均衡發展讀寫聽說能力；培養美感和欣賞、創作能力；加強品德情意教育和加強文化學習等。（課程發展議會，2004，頁 5-6）

B. 課程特點

◎ 文化教學和文學教學受到前所未有的重視，課程強調「通過中國語文教學，讓學生深入認識中國文化，吸收優秀的文化養分；進而反思、認同中華文化……欣賞世界各民族的文化，吸收其他民族的文化菁華，並具有國際視野和容納多元文化的胸襟」。（課程發展議會，2004，頁 5）

◎ 強調開放學習材料，而教育當局會支援教學，為學校提供多元化的配套教學資源，如「古詩文誦讀材料選編」等。（課程發展議會，2004，頁 5）

◎ 教育當局為「指引」編製了配套的《小學中國語文建議學習重點》，其中高小的閱讀學習重點包括「理解所學篇章中與現代語義不同的文言詞語」。（課程發展議會，2008，頁 9）

(5)《中國語文教育學習領域課程指引（小一至中六）》(2017)

「課程指引」建基於教育改革的發展，對語文教學的發展提出多項新主張，包括：

◎提升語文素養：其中一個教學策略是「加強文化的學習，培養學生對中華文化的認識、反思和認同」。（課程發展議會，2017，頁6）

◎重視經典閱讀：學校適宜兼顧文白，為初小、高小學生選取多樣化的文學、文化優秀學習材料，鼓勵學生熟讀或背誦。（課程發展議會，2017，頁6）指引又建議小學在高年級增加較多音節優美的古詩文，引導學生通過誦讀感受作品的情意。（課程發展議會，2017，頁26）

六、不同時期小學閱讀教學的取向和文言篇章的角色

從上節對不同時期課程文件的分析中，可見小學語文教學的取向在上世紀70年代、90年代和2000年以後有很明顯的改變，而文言閱讀教學的角色也有很大的變化。

1. 1975 年時期

1975年頒佈的《課程綱要》明顯是把語文學習看成「純工具訓練」。學生學習語文的目的，主要是培養運用語體文作為溝通、交際工具的能力，實踐重點放在讀寫聽說能力的培養，完全沒有關注文學和文化的學習，而教學材料要求全部應用語體文。因為課程重視「工具性」，輕視「人文性」，所以沒有給文言教學預留位置；學生在整個小學階段，不會接觸文言閱讀篇章。

2. 1990 年時期

1990年頒佈的《課程綱要》重視「工具訓練」，強調「語文雙基」，認為學好語文知識，然後轉化為語文能力，便能具備良好的語文水平。不過，隨着人們對文化修養和品格修養的重視，課程開始探索文化教育對德育的正面作用，並主張透過傳統文化教學，培養學生的道德觀念。可以説，這時期的語文教學在工具性中滲入人文性，嘗試透過人文性的內容強化語文學習的效能。文言教學在開始重視人文性的傾向下，淺易的短篇文本和古典詩歌出現在高年級的閱讀教材中，但仍只能作為「選教科文」。

3. 2000 年以後

《中國語文教育學習領域課程指引（小一至中三）》（2002）建議鼓勵學生誦讀古今優秀文學作品以提升語感，文言作品成為必備的學習素材。《中國語文課程指引》（2004）提出要兼顧語文的工具性和人文性，還詳細解說文化教育、品德情意教育和思維教育三者的重要性和互補關係。教育當局更是首次闡明「語文教育須體現語文的人文性」理念，強調文化、文學學習是語文科不可或缺的成分和必須受到重視。「文化承傳」是人文性的重要元素，在人文性的大前提下，古漢語的學習成為中國語文教學的重要環節，古詩文成為教科書內常見的選材。《中國語文教育學習領域課程指引（小一至中六）》（2017）提出「語文素養」和「經典閱讀」概念，讓文言受到前所未有的重視。

七、不同時期教科書的文言教材編排

1. 1975 年時期

基於課程文件的要求，所有因應 1975 年《課程綱要》編寫的教科書，完全沒有收錄任何文言篇章。不過，中華文化和歷史始終是語文學習的重要元素，是課文內容的載體，小學語文教科書的課文很難完全避免有關內容。以新亞洲出版社在 1977 出版的《中國語文》（小五‧上）為例，該冊教材中有一篇名為〈鷸和蚌的故事〉（見圖1）；編者詳細地把戰國時代燕國大臣蘇代游說燕惠王放棄跟趙國開戰的情節交代，在過程中借蘇代以舉事例說理的方法，把〈鷸蚌相持〉的原文以語譯的方式展示。可以說，整篇〈鷸蚌相持〉寓言是巧妙地「鑲嵌」在語體文〈鷸和蚌的故事〉中，而語體文版本比文言版本的內容更加詳盡和豐富（見圖2）。可見即使課程不容許文言教材存在，教科書編者仍會彈性地使用課程提供的空間，以靈活的手法間接表現文言教材的內容。

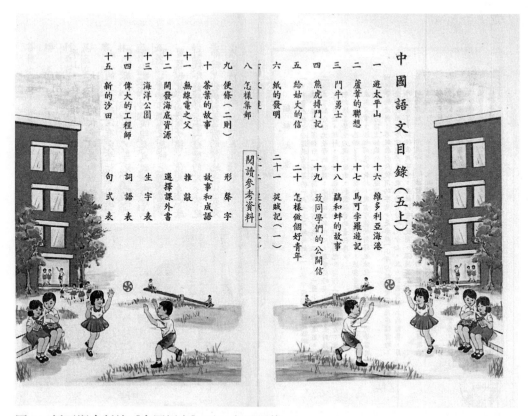

圖1　新亞洲出版社《中國語文》五・上冊目錄

十八　鷸和蚌的故事

戰國時代，中國分成為秦、楚、齊、趙、燕、韓、魏等七國。其中較強的國家，時常欺凌弱小的國家；兵禍連年，不停侵伐，使得人民的生活異常困苦，如處身在水火之中。

當時燕國有一位大臣蘇代，看到那混亂的局勢，極為憂傷。適逢燕、趙兩國，正在準備用兵，一場新的戰爭，不久將會爆發。他感到應該替人民說話，應該為和平而奔走！

於是，蘇代去見燕惠王，委婉的說：我經過易水河畔的時候，看見一隻蚌，張開了殼，露出白嫩的肉，正在河邊曬太陽；恰巧被鷸看見，就飛去啄食蚌肉；怎料蚌的反應很快，及時合起了雙殼，夾住鷸的長嘴。

鷸威脅蚌說：「今天不雨，明天不雨，就有死蚌。」蚌也針鋒相對的說：「今天不出，明天不出，即有死鷸。」雙方互不相讓，爭持不休。這時有個漁夫經過河邊，看見鷸和蚌糾纏在一起，便順手把牠們活生生的捉去了。

蘇代繼續說：「現在燕趙兩國又將交戰。這場戰爭，不只會使雙方人民蒙受災害；同時，長久戰爭下去，正像鷸和蚌的爭持，不免兩敗俱傷。因為那在一旁虎視眈眈的強秦，必然乘機兼併了燕趙兩國，就成為不勞而獲的漁夫！」

燕惠王聽了蘇代這番說話，覺得很有道理；於是派他出使到趙國去作說客，跟趙國講和了。

圖2　〈鷸和蚌的故事〉課文內容

2. 1990 年時期

本部分以新亞洲出版社在 1991 年出版的教科書《中國語文》為例，説明教科書落實課程文件建議的情況。該教科書的六·上冊和六·下冊，每冊均設置課文 24 篇，首 20 篇為白話篇章，最後 4 篇則為文言短篇或詩歌（見圖 3）。六·上冊的 4 篇文言課文分別是〈五言詩兩首〉、〈狐假虎威〉、〈七言詩兩首〉和〈鄭人買履〉；至於六·下冊的 4 篇課文則是〈折箭〉、〈唐詩兩首〉、〈疑鄰竊斧〉和〈宋詩兩首〉（見圖 4）。8 篇課文中，其中一半是近體詩歌，另一半是短篇寓言故事。假設教師施教所有課文，小學生不僅能累積一定的古漢語學習經驗，對唐詩、古寓言的體例和古人的思想都能有一定的認識。

圖 3　新亞洲出版社《中國語文》六·上冊目錄

也。
之皆走。虎不知獸畏己而走也，以為畏狐
虎以為然⑨，故⑩遂⑪與之行。獸見
後，觀百獸之見我而敢不走乎⑧？」
子以我為不信⑥，吾⑦為子先行，子隨我
長④百獸，今子食我，是逆⑤天帝命也。
狐曰：「子無敢食我也！天帝使我
虎求①百獸而食之②，得狐。

二十二　狐假虎威　　戰國策

86　　　　　　　　　　　　　　　　　　　　85

圖 4　〈狐假虎威〉課文內容

3. 2000 年以後

本部分以兩套主要根據《中國語文課程指引》（2004）和《中國語文教育學習領域課程指引（小一至中六）》（2017）的建議編訂的教科書為例子（簡稱「教科書甲」和「教科書乙」），説明教科書中編選文言教材的實況[6]：

（1）教科書甲的文言教材編選、組織和教學建議

教科書甲在小一至小六各級教科書的四個單元中，設置「古詩雅趣」欄目，加入跟單元主題有關連的詩歌，例如在小四單元九「歌者的心聲——新詩的特點」單元中加入賀知章的《回鄉偶書》。另在小四至小六分別設立文言詩歌、文言小故事和古人智慧等以文言篇章為教材的古文單元。整套教科書有 38 篇文言教材，包括 34 篇詩歌和 4 篇短文。

在教學的實踐方面，教科書甲建議教師使用「略教」方式處理「古詩雅趣」，每

6　兩套教材分別是《新編啟思中國語文》（2020 年出版）和《我愛學語文》（2022 年出版）。

篇詩歌的教學時間為一教節；「教師用書」主要提供有關文本和作者的基本資料，包括作者簡介、題解、賞析和趣味小故事等。單元則增加朗讀、文言基礎知識學習和改寫活動等，每個單元的教學時間約為 10 課節。

表 2：教科書甲的文言教材 [7]

年級	篇章名稱	數量
小一	詠鵝、江南、元日、宿新市徐公店	4
小二	詠雪、畫鷄、春曉、七步詩	4
小三	遊子吟、暮江吟、出塞、題西林壁	4
初小教材數量		12
小四	絕句四首（其三）、古朗月行（節錄）、回鄉偶書、清明 單元八 景物有情——絕句欣賞：竹里館、登鸛鵲樓、早發白帝城、泊船瓜洲	8
小五	金縷衣、示兒、從軍行、墨梅（其三） 單元八 古人的情懷——律詩欣賞：送友人、賦得古原草送別、聞官軍收河南河北、過零丁洋 單元十五 文言小故事——認識文言文：鄭人買履、東施效顰	10
小六	望天門山、登樂遊原、梅花、贈汪倫 單元七 古詩的情懷——閱讀古詩的方法：黃鶴樓、蜀相 單元十五 古人智慧此中尋——閱讀文言文的方法：論語四則、誨學（家誡）	8
高小教材數量		26
小一至小六教材總數		38 （34 韻文、4 非韻文）

（2）教科書乙 [8]

　　教科書乙教材的安排跟教科書甲很不同，除了小一級的〈詠鵝〉和小四級的〈論語四則〉是加插在單元外，其他文言篇章都是以單元組篇的方式呈現。小二和小三各有一個詩歌單元，小四至小六各級有兩個文言單元。在選材方面，除了詩歌和散文

7　課文數量的統計只計算兩套教科書內的「講讀」和「導讀」課文；其他範疇出現的文言素材不包括在內（例如自學篇章和聆聽內容）。

8　教科書乙雖然在 2022 年出版，但該書的編者並無機會參考在 2021 年 8 月公佈的〈加強文學文化的學習——增設建議篇章 強調文道並重〉文件。原因是香港教科書有評審機制，根據「適用書目表」顯示，教科書乙是在 2021 年 10 月底通過評審。評審過程需要數月時間，加上教科書後期製作所需的時間，教科書乙的編寫，肯定早於 2021 年 8 月。

外，教科書乙也收錄了以韻文形式寫作的《三字經》等。

在文本的數量方面，教科書乙全套有文言教材 23 篇，包括 16 篇韻文和 7 篇非韻文。在教學時間的安排方面，單篇課文的建議教學時間約為 3 課節。至於單元方面，平均的教學時間約為 12 課節；以五年級的詩歌單元〈古詩的啟示〉為例，除了詩歌教學外，單元還有朗讀、寫作、視聽和語文知識（包括文言知識、修辭法中的比喻和對比）等內容，教師用書建議總教學時間為 12 課節。

表 3：教科書乙的文言教材

年級	篇章名稱	數量
小一	詠鵝	1
小二	單元六 古詩的美景：小池、村居、詠柳	3
小三	單元七 古詩見真情：遊子吟、贈汪倫、九月九日憶山東兄弟	3
初小教材數量		7
小四	單元五 古詩話神州：華山、早發白帝城、廬山 單元十二 古人讀的書：人之初、冬則溫	5
小五	單元三 古詩的啟示：長歌行、金縷衣、觀書有感 增潤單元一 語言的寶藏：論語四則 單元十一 古文的瑰寶：季札掛劍、不貪為寶	6
小六	單元六 古詩家國情：春望、過零丁洋、官倉鼠 單元九 古文的道理：朱子家訓、陋室銘	5
高小教材數量		16
小一至小六教材總數		23 （16 韻文、7 非韻文）

(3) 比較兩套教科書的文言教材和組織 [9]

教科書甲和教科書乙在文言教材的處理上，有相近的地方，也有明顯不同的地方。在教材的體裁方面，兩教科書中的文言教材大部分都是古詩（教科書甲佔 89%，

9　近年教科書出版社致力發展電子教材，教科書甲和教科書乙均提供了豐富的網上資源；可以說，網上資料比紙本教科書更能緊貼課程的發展。以教科書甲為例，出版社在教科書網頁上有「專題補給站」項目，設置有「古詩文」專項，內裏提供了教科書內所有文言篇章和教育當局就〈加強文學文化的學習——增設建議篇章 強調文道並重〉公佈的建議教材。

教科書乙的網頁設置了「新課程元素」欄目，當中有 7 個項目，其中 6 個項目跟文言文教學有關。

教科書乙佔 73%）。至於組合教材的方式，教科書甲以單篇的形式為主[10]，教科書乙則以單元為主。因此，即使前者的教材篇章數量較多，但教學總時間反而不及後者。總的來說，本地文言教學因尚在起步階段，教學模式仍待開發和建立。

八、文言教學新紀元：〈加強文學文化的學習——增設建議篇章 強調文道並重〉文件的公佈

1. 背景和內容

2021 年 8 月，香港教育局公佈〈加強文學文化的學習——增設建議篇章 強調文道並重〉（以下簡稱「加強文學文化文件」），該文件指出「學校課程檢討專責小組最後報告」建議應該從小培養學生欣賞中國文學作品和文言經典（何燕萍，2021）。教育當局因此為中小學不同階段推薦適合學生程度的文言經典作品，並建議學校在 2024-2025 學年前加入課程。第一學習階段的建議篇章有 20 篇，包括 18 首詩歌和兩篇短文，其中 17 篇是《積累與感興》內的材料。第二學習階段的建議篇章數量也是 20 篇，包括 14 首詩歌和 6 篇短文，其中 18 篇是《積累與感興》內的材料。

教育當局表示加強文學文化教學的目的旨在豐富學生的語文積澱、培養品德情意和提升文化修養。小學階段的建議篇章主要是音節優美、琅琅上口的古詩文，期望學生通過誦讀，感受作品優美的語言文字和積極充實的思想內容。官方同時建議學校可運用「文言經典單元」和「配合單元主題加入相關篇章」的方式設計課程。教育當局承諾會透過多元化的策略和活動，支援學校、教師和學生。

2. 文件給日常教學帶來的挑戰

目前香港小學文言教學採用「開放學習材料」的概念，沒有必教篇目，教師可以自行規劃校本文言課程；在教學策略上，教師可以完全遵照教科書的建議，也可以追隨「積累與感興」的精神，以誦讀培養語感為出發點。「加強文學文化文件」對小學文言教學提出劃時代的建議和要求。首先在教學的「量」方面，「文件」清晰地提出教學篇目和所屬教學階段，教師有責任按照要求完成；其次在教學的「質」方面，「文件」具體說明教師宜引導學生「深入欣賞篇章，體會作者用心，學習其中的思想內涵，掌握行文作法」（何燕萍，2021），上述目標相信不能依靠略教的方式達成。

---

10 有關文本雖然出現在單元內，但相對獨立，教師一般以「單篇」方式處理。

「加強文學文化文件」的教學建議，明顯跟教科書的內容有一定的差距。如以〈回鄉偶書〉一詩為例，「加強文學文化文件」建議在第一學習階段施教，而教科書甲則安排在小四；另一方面，前者建議的教學深度明顯比後者深入。在教科書甲中，〈回鄉偶書〉的教學內容只有一頁篇幅，內容包括文本、4 個注釋和兩道「文學賞析」題。而教育當局提供的教學材料既完全覆蓋教科書的內容，還設有作者簡介、預習活動和跟進活動，甚至在「賞析」部分，還運用〈回鄉偶書之二〉來深化人事變化。再如〈論語四則〉同時為「加強文學文化文件」和教科書乙建議的教材。教科書乙只強調學生對論語內容的理解和結合生活體會孔子的主張，而教育當局建議的教學內容還包括對孔子生平和〈論語〉的基本認識，以及對〈論語〉散文藝術的體認。通過以上說明可知，「加強文學文化文件」建議的教學廣度和深度，跟老師現時的處理有一定的差距；「文言教學新時代」，確實帶給教師新的考驗和挑戰。

九、總結與建議

香港雖然推行校本課程多年，不過日常教學，教師仍多以教科書為底本。〈加強文學文化的學習——增設建議篇章　強調文道並重〉文件提出具體的文言篇章教學要求和建議，一方面給教師提供了清晰的指示，但另一方面也帶給教師一定程度的憂慮。例如在日常教學中，使用本文提及的「教科書甲」類型教本的教師，他們基本不擔心須完成的教學篇章數量；不過，這些教師過往大都使用「單篇」和「略教」的方式處理教材，他們面對的挑戰是往後或須改變教學策略，以切合課程的目標。另一方面，在日常教學中使用「教科書乙」類型教本的教師，他們具備教授文言單元的經驗，掌握文言教學「詳教」和「略教」的技巧，不過他們須面對教學篇章大幅度增多的處境；如何跟時間競賽，在有限的教學時間內完成 40 篇文本的教學工作，是教師須面對的現實景況。

就文言經典教學的新發展和教師面對的問題，研究員認為教師若得到全面而充足的支援，應能儘快適應課程的要求。因此，建議課程發展專家、教材編寫人員和師資培訓者各盡所能、各展所長，全方位提供不同的教學資源，讓日常教學順利過渡至重視人文性的新里程。本研究對各方的工作有下列建議：

1. 課程發展專家

文言經典教學的建議篇章已訂定，教育部門已完成不少課程配套的資源，如篇章

賞析資料和誦讀錄音，現時的重點工作應是設計教學單元示例和相關教材。有些問題希望課程專家能考慮和避免，例如教育局網頁上有一個名為「仁民愛物」單元，單元的學習材料包括一篇名為〈林中鳥〉的白話篇章和白居易的詩歌〈鳥〉，很明顯單元示例並沒使用「建議篇章」；教育當局提供的示範教材中沒有運用指定教材，實在教人疑惑。此外，這些示範單元仔細列出教學程序，但卻沒有附上教學所需時間，也大大影響材料的參考價值。

日後文言教學在日常教學中佔用一定比例的時間，文言學習的評估也愈趨重要，經典篇章教學的評估重點該包括甚麼？文學欣賞能力和品德情意該如何評量？這些都是教師關心的問題，課程發展專家宜儘早提供具體解說和範例。

2. 教材編寫和製作人員

除了教科書外，教材須提供更多的教學配套資料，方便教師因應學生需要開展不同的課堂活動。最近香港教育大學得到校外機構資助，製作建議篇章的動畫和相關教材，視聽材料有助教師設計多元的課堂活動，深受學生歡迎。本研究建議教材編寫人員可嘗試製作圖畫和文字並重的經典教材漫畫本，透過漫畫幫助學生理解和掌握篇章內容，並引導學生閱讀附設的延申文字資料，以提供更多具素質的閱讀活動。教材設計者還可參考經典篇章的內容或作者的故事，設計「桌上遊戲」、「棋類遊戲」，以提升學習興趣，鞏固學習成果。

3. 師資培訓人員

香港教師的經典文言作品教學經驗不多，且各有不同的限制，師資培訓機構宜因應教師的背景提供多元的學習和交流機會。針對在職教師，師資培訓機構可開辦焦點清晰的短期課程，讓教師吸收經典文言作品教學的新知識；課程宜設置小組教學實習，讓有經驗的教師互相交流，一起解難，促進觀念的更新及建立教學信心。參與有關課程的教師又可組成小組，在課程結束後彼此支援。

針對準教師在古漢語知識和教學經驗方面的問題，師資培訓課程宜更新古代漢語、古典文學和教學法等學科的內容，幫助準教師應付新時代的使命。此外，建議篇章中也有不少反映兒童思想和心智的作品，例如〈詠鵝〉、〈詠雪〉等。這些教材在內容和性質上接近兒童文學，因此，師訓課程中有關兒童文學教學的課題也得作跟進和調整。

參考文獻

陳煒良、吳淑瑩、盧愛蘭（2020）：《新編啟思中國語文》，香港：牛津大學出版社。

何燕萍（2021）：〈加強文學文化的學習——增設建議篇章　強調文道並重〉。
　　網址：https://www.edb.gov.hk/tc/about-edb/press/insiderperspective/
　　insiderperspective20210812.html，瀏覽日期：2022 年 8 月 25 日。

教育出版社（日期不詳）：《我愛學語文（網站）》。網址：https://ephchi.ephhk.com/，
　　瀏覽日期：2022 年 12 月 25 日。

梁沛民（2012）：〈二十年來小學中國語文課程發展初探〉，《現代教育通訊》，100，頁
　　1-6。

劉潔玲（2008）：〈從內地與香港課程改革看香港語文新課程的理念和實施〉，《課程與
　　教學：研究與實踐的旅程》（重慶，重慶大學出版社），頁 264-272。

羅秋昭（2007）：《國小語文科教材教法》，台北：五南圖書出版社。

區培民（2003）：《語文課程與教學論》，杭州：浙江教育出版社。

啟思出版社（日期不詳）：《啟思中國語文網》。網址：https://trc.oupchina.com.hk/
　　tsrckeys/TSRC?_SrsCode=npcla3e&langCode=tc，瀏覽日期：2022 年 12 月 25 日。

香港教育署課程發展處中文組（2002）：《積累與感興：小學古詩文誦讀材料選編（試
　　用）》，香港：政府印務局。

香港特別行政區教育局（日期不詳）：〈中國語文課程——建議篇章〉。網址：https://
　　www.edb.gov.hk/tc/curriculum-development/kla/chi-edu/recommended-passages.
　　html，瀏覽日期：2022 年 12 月 25 日。

香港特別行政區教育局（日期不詳）：〈適用數目表〉。網址：https://cd.edb.gov.hk/rtl/
　　searchlist.asp，瀏覽日期：2022 年 12 月 25 日。

香港課程發展議會（1975）：《小學中國語文科課程綱要》，香港：課程發展議會。

香港課程發展議會（1990）：《中國語文科小一至小六課程綱要》，香港：課程發展議會。

香港課程發展議會（2000）：《學會學習：中國語文教育學習領域諮詢文件》，香港：
　　課程發展議會。

香港課程發展議會（2002）：《中國語文學習領域課程指引（小一至中三）》，香港：課程發展議會。

香港課程發展議會（2004）：《中國語文課程指引》，香港：課程發展議會。

香港課程發展議會（2008）：《小學中國語文建議學習重點（試用）》，香港：課程發展議會。

香港課程發展議會（2017）：《中國語文學習領域課程指引（小一至中六）》，香港：課程發展議會。

余婉兒、蘇潔玉（2022）：《我愛學語文》，香港：教育出版社。

A Deep Probing into the Development and Growing of Classical Chinese Reading Material in the Past Half Century in Hong Kong Primary School

CHEUNG, Sau Hung

Department of Chinese Language Studies, The Education University of Hong Kong

Abstract

In the past half century, the Chinese Language curriculum in Hong Kong primary schools has evolved from not accepting classical Chinese passages to provide 40 recommended classical passages by the Authority. The change in some sense is incredible.

Though the analysis of curriculum documents and relevant textbooks from 1975 to 2022 by using the methods of diachronic research and literature analysis, this research discusses the development and growing of the classical Chinese reading and the characteristics of Chinese Language Curriculum of primary schooling in different periods. In light of the result of analysis, this research provides suggestions to the works of curriculum development, textbook compilation and teacher training.

Keywords   Chinese Language Teaching in Primary School, Teaching of Reading, Classical Chinese Passage

民國報刊中的香港傳統抒情文體作為教材之研究
——以中國語文科「建議篇章」為構建框架*

香港都會大學教育及語文學院

張燕珠**

摘要

　　本研究以中國語文科「建議篇章」為構建框架，從品德情意學習重點的「個人」(A)、「親屬・師友」(B) 及「團體・國家・世界」(C) 層級，探討民國時期 (1911-1949) 報刊中的香港傳統抒情文體作為中學閱讀教材的設計與應用。研究運用分類法和比較法，從《中文期刊全文數據庫》(1911-1949)，搜集和整理書寫香港地景的傳統抒情文體，依據品德情意學習層面，統整有關文體作為閱讀材料。研究結果發現，文人運用傳統抒情文體，書寫香港標誌性的地景，作品貫通歷史、文學、文化等現象。從品德情意學習層面編排拾級而上的閱讀材料，包括 (A) 與「香江」、(B) 與「香江」及 (C) 與宋王臺，體現由己及人的中華文化。研究建議教師編選教材時，應重視其代表性，建立學生的正面價值觀，為銜接現時的文言經典教材作出調適。

關鍵詞　　民國報刊　香港傳統抒情文體　中國語文科　「建議篇章」　閱讀教材

---

* 本文內容由香港都會大學研究基金項目部分資助（編號：PFDS/2021/02）。

** 張燕珠，香港都會大學教育及語文學院，聯絡電郵：cycblue1618@gmail.com。

一、引言

2021 年，香港教育局頒佈第一至第四學習階段的建議篇章篇目共 85 篇（文言經典部分）（「建議篇章」）。教育局課程發展處（2021）期望學校能因應校情，在2024-2025 學年或之前逐步在課程內加入「建議篇章」，豐富學習內容。這些新的課程改革肯定文言篇章的重要性，全面提升文言文在中國語文科的地位。民國時期（1911-1949）的報刊，收錄不少書寫香港標誌性的地景作品，它們能夠「拓寬閱讀面、增加閱讀量，提升閱讀深度」（課程發展議會，2017，頁 6），補充現時中國語文科文言篇章只是選取至清代的不足之處。[1]本研究的目的以中國語文科「建議篇章」為構建框架，重視「作品具豐富的語言、文學、文化學習的內涵」（教育局課程發展處，2021，頁 1），從品德情意學習重點的「個人」、「親屬‧師友」及「團體‧國家‧世界」層級，探討民國時期報刊中的香港傳統抒情文體作為中學閱讀教材的設計與應用，供教師參考。研究運用分類法和比較法，從《中文期刊全文數據庫》（1911-1949）（《中文期刊》）（上海圖書館，2011），搜集和整理書寫香港地景的傳統抒情文體，依據第三、第四學習階段「建議篇章」的文學、文化內涵，並參照品德情意的學習重點，統整有關文體作為閱讀材料。以下的研究問題能驅動有關研究目的：

1. 怎樣藉助中國語文科「建議篇章」來構建教材框架？
2. 民國時期報刊中的香港傳統抒情篇章的文體和地景分佈情況如何？
3. 根據「建議篇章」與品德情意學習重點，香港傳統抒情文體怎樣成為（自讀）教材？

二、文獻探討

（一）傳統抒情文體

陳世驤（1972）指出中國文學注定有強勁的抒情成分，因為抒情傳統始於唱文《詩經》和韻文《楚辭》。它們同時支配着此後的中國文學道統。傳統中國文學抒情性的

---

1 文章作者同時從《晚清期刊全文數據庫》（1833-1911）及《中文期刊全文數據庫》（1911-1949），整理書寫香港地景的傳統抒情文體，探討它們作為中學中國語文閱讀教材的方案，期以通過地景文學，拓寬學生的閱讀層面。研究發現標誌性香港地景的主題由模糊到清晰，從晚清的 18 篇大幅增加至民國時期的 114 篇。它們適用於單元閱讀篇章及學習材料或活動。參見〈以報刊中的香港傳統抒情文體作為中學閱讀教材之研究〉，載《第十一屆漢字與漢字教育國際學術研討會論文集》，頁 242-251。

起源和發展，轉化自《詩經》中的民間集體現實主義創作精神，以及《楚辭》中的貴族個體浪漫主義創作精神。「抒情」一詞，首見於屈原《九章·惜誦》：「惜誦以致愍兮，發憤以抒情」。王德威（2011）進一步解釋，「抒情」（lyric、lyrical 或 lyricism）的「抒」有「抒發、解散」的含義，可與傳統「杼」字互訓，帶有「編織、合成」的意思；而「情」字帶出中國古典和現代文學對主體的特殊觀照。這裏包含言志抒情的傳統觀點，也是傳統詩歌的核心命題：情與志、情與性、情與理、情與非情等觀念。「志」是蘊藏在內心的「情」。它是指詩歌能表現人的思想、意願、情感，呈現人的心靈世界。就題材內容與表達形式而言，五言詩與七言格律並列為中國最重要的兩大詩歌格律之一（陳世驤，2016）。五言取代四言，顛覆古典格律講究平衡的沉穩從容，而七言延伸五言，容許更大的彈性，促使詩歌更接近生活口語並發展其內在固有的散文性質，而「詞」這種結合音樂與詩的文學形式，具備各種特質，足以與詩歌並存和發展（陳世驤，2016）。本文所言的傳統抒情文體是特指韻文，包括古體詩、近體詩、詞體、曲體。它們具備特定的寓意與聯想性質（陳世驤，2016），就是反覆出現相近主題、藝術技巧等，展現作者感應客觀世界後的「心」、「志」與「情」。我們釐清抒情傳統的中國文學特質，有助深入認識文言經篇章的文學、文化內涵。

（二）教材論

Dewey（1916）指出學校教育的三大主題是教材、教法與行政或管理，三者是一體的。Dewey 的教材論主要圍繞教材、教材與教師、教材與學生等觀念，回應社會的需要。教材可來自自然、社會及學校環境等，作為「符合教育意義的教材」（Dewey, 1916）、「非教育的」（non-educative）（Dewey, 1938）、「反教育的」（mis-educative）（Dewey, 1938）教材等。依照使用主體，Dewey（1916）把教材分為「教育者的教材」與「學習者的教材」（subject matter of educator and learner），即現時常見的「教學材料」與「學習材料」等用語。Dewey（1916）認為學生教材的發展階段有三：第一階段是從日常生活直接經驗中獲得的認知意義的材料，第二階段是從個人和社會經驗中用作交流和溝通的信息，第三階段是符合科學化或合理化組織的教材。Tomlinson（2011）為材料（materials）下定義，是指教師或學習者用來促進語言學習的任何東西。教材不限於教科書，也可包括不同的教學媒體，如字典、報紙等。教材的開發者有教師、講師和學習者，他們為提高他人或自己的語言學習能力，根據各種經驗所輸入的資源（Tomlinson, 2011）。教材研究範圍廣泛，包括書籍和章節的材料設計與發展（Harwood, 2010; Jolly & Bolitho, 2011）、材料的評估與調適（McGrath, 2002; Islam & Mares, 2003）、材料與學習動機（Wachob, 2006）、材料的種類（Tomlinson, 2008）

等。本文所指的教材，是 Dewey（1916）第三階段有組織的教材，是 Tomlinson（2011）所指的教師為提高學習者語言學習的一切輸入，也是課程發展議會（2017，頁 60）在《課程指引》所強調的「具典範性、時代意義及可讀性高的文字材料」。它們屬於教師自編教材。本文着重材料設計與課程發展，在於配合中國語文科第三、第四學習階段的「人文內涵」、「文學作品中的思想情懷」、「民族文化精神」（課程發展議會，2017，頁 9），強調人文素養知識、課堂運用與課程設計。

（三）「建議篇章」

教育局課程發展處（2021）列明「建議篇章」中的文言經典作品，具豐富的語言、文學、文化學習的內涵，希望學生透過熟讀有關作品，感受作品的語言文字和思想內容之美，掌握篇章中文學、文化內涵，有助豐富語文積累和沉澱，培養品德情意和提升文化修養，也有助拓寬視野和胸襟。「建議篇章」的選取原則，主要是文質兼備、內容豐贍、題材多樣化、音節優美等，提升學生的語文及文學素養。根據課程發展議會（2021，頁 18-19）及課程發展議會與香港考試及評核局（2021，頁 16-17）的指引，品德情意的學習重點有「個人」（A）、「親屬‧師友」（B）、「團體‧國家‧世界」（C）三個層面，體現傳統人倫關係由親及疏、推己及人的觀念。（A）有十項建議學習重點，包括自我尊重、自我節制、實事求是、認真負責、勤奮堅毅、專心致志、積極進取、虛心開放、曠達坦蕩及美化心靈。（B）有六項建議學習重點，包括尊重別人、寬大包容、知恩感戴、關懷顧念、謙厚辭讓及重視信諾。（C）有六項建議學習重點，包括心繫祖國、守法循禮、勇於承擔、公正廉潔、和平共享及仁民愛物。

綜合而言，在「建議篇章」構建框架下，我們能按照其選取原則，篩選具備深厚文學和文化內涵的香港傳統抒情文體，並從品德情意的學習重點，編排有關材料，配合學生的心智和能力發展，發展為教師自編教材的方式，從而成為學校教材的一部分。

三、研究方法

（一）研究框架

本研究選取準則是「建議篇章」的框架，並根據品德情意學習重點的（A）、（B）和（C）佈置教學材料。第三、第四學習階段分別有 25 篇、20 篇建議篇章，各階段的韻文類則是 9 篇和 5 篇，約佔 30%。〈古詩十九首兩首〉、〈唐詩三首〉、〈宋詞三

首〉、〈元曲兩首〉各計算為一篇。現將 14 篇韻文按品德情意的學習重點及賞析重點分類（表一）。主題方面，(A) 集中於懷鄉、閨（哀）怨、愛情、田園、隱逸、自愛、孤寂，反映自我的生活狀況、選擇等。(B) 集中於離別、詠物、詠中秋（節日）、詠漁夫（人），反映人與人之間的聯繫、顧念等。(C) 集中於從軍、征戰（事）、思國、愛國、登樓（高）、懷古，反映心繫國家的宏願。

表一：「建議篇章」韻文類品德情意的學習重點分佈（本文作者整理）

品德情意	第三學習階段	第四學習階段	主題
(A)	〈古詩十九首兩首（行行重行行、迢迢牽牛星）〉、〈天淨沙・秋思〉	〈國風・關雎〉、陶潛〈飲酒（其五）〉、王維、李白〈唐詩三首（山居秋暝、月下獨酌（其一）〉、李清照、辛棄疾〈宋詞三首（聲聲慢秋情、青玉案・元夕）〉、關漢卿〈元曲兩首（四塊玉・閒適）〉	懷鄉、閨（哀）怨、愛情、田園、隱逸、自愛、孤寂
(B)	王勃〈送杜少府之任蜀州〉、白居易〈詠鳥詩兩首（燕詩、慈烏夜啼）〉、蘇軾〈水調歌頭並序（明月幾時有）〉	白樸〈元曲兩首（沉醉東風・漁父詞）〉	離別、詠物、詠中秋（節日）、詠漁夫（人）
(C)	〈木蘭詩〉、杜甫〈兵車行〉、李煜〈虞美人（春花秋月何時了）〉、岳飛〈滿江紅（怒髮衝冠）〉	杜甫〈唐詩三首（登樓）〉、蘇軾〈宋詞三首（念奴嬌・赤壁懷古）〉	從軍、征戰（事）、思國、愛國、登樓（高）、懷古

（二）研究假設和對象

假設民國時期南來文人緬懷前朝及憑弔歷史遺蹟，拓展文化記憶與歷史想像的文學地圖，留下可觀的書寫香港地景的經典篇章。本文的研究對象，是民國時期報刊中的香港地景傳統抒情文體。

（三）研究方法

本文運用分類法和比較法，從《中文期刊》搜集和整理書寫香港地景的傳統抒情文體。

1. 分類法

香港標誌性的地景可分為「香江」（含「香港」的搜尋詞）、太平山（含「升旗山」的搜尋詞）、宋王臺（含「宋王台」、「宋皇臺」、「宋皇台」的搜尋詞）、青山禪院（含「青山寺」的搜尋詞）、望夫石等五類。我們過濾掉了同名異地的地景類別，如檳城升

旗山、台灣太平山等。我們承接「建議篇章」的韻文體類別，集中古體詩、近體詩、詞體、曲體等四類，過濾掉了古代的賦體、散文體、小説體，以及現代文體的新詩、散文詩、隨筆、小説。同題詩（二首至三首）及組詩（四首或以上）也計算作一首。

2. 比較法

從品德情意的學習重點出發，我們編排（A）與「香江」、（B）與「香江」及（C）與宋王臺等三類閱讀材料。每類主題輯錄兩首詩作，比較同代文人書寫相同地景的異同。作品的主題有懷（返）鄉、哀怨、離別、懷古、弔古等。題材內容也見於「建議篇章」。它們能成為「建議篇章」的教學材料，適合自讀教材中的比較閱讀或課外延伸閱讀，縱向發展抒情主題的情意，如比較古今懷鄉的異同等。

四、研究結果

本部分依照《中文期刊》的資料，以及「建議篇章」的主題，經搜集和統計地景、文體類別、作者和作品後所得的結果呈現，分析香港傳統抒情篇章的文體（表二和表三）和主題（表四）的分佈情況，最後結合「建議篇章」的品德情意的學習重點（表一），選取與之對應的抒情篇章作為閱讀教材。

（一）統計報刊中的香港傳統抒情文體

經過以上的處理過程，我們搜集和整理所得傳統抒情篇章的文體，古體詩 13 篇、近體詩 97 篇（五絕 1 篇、七絕 36 篇、五律 12 篇、七律 48 篇），詞 4 篇，共 114 篇（表二）。地景方面，文人集中書寫「香江」（54 篇）、太平山（9 篇）、宋王臺（33 篇）、青山禪院（7 篇）和望夫石（11 篇）。預期的文體欠缺曲體，但地景俱備（表三，因篇幅所限，只錄部分作品）。「香江」仍然是焦點，並新增數量不少的宋王臺作品。青山禪院詩在 40 年代才出現，屬晚起的題材。

表二：報刊中的香港傳統抒情文體分佈（本文作者整理）

地景	古體詩	近體詩				詞	小計
		五絕	七絕	五律	七律		
「香江」	3	1	14	9	26	1	54

（續上表）

地景	古體詩	近體詩				詞	小計
太平山	2	0	3	0	3	1	9
宋王臺	4	0	9	1	17	2	33
青山禪院	0	0	5	2	0	0	7
望夫石	4	0	5	0	2	0	11
總計	13	1	36	12	48	4	114

表三：報刊中的香港傳統抒情文體舉隅（本文作者整理）

地景	文體類別		作者和作品名稱	報刊名稱和刊期
香江	古體詩		呂襄武〈香江海員復職有感而作〉	《鑄強月刊》1922 年第 2 卷第 10 期
			李景康〈重陽日香港賓名社諸子過訪釀飲酒家樓〉	《虞社》1935 年第 218 期
	近體詩	五絕	吳安昌〈寄香港炘弟〉	《學生文藝叢刊》1934 年第 8 卷第 3 期
		七絕	蕭存甘〈庚申春日適滬留別香江舊侶〉（組詩）	《中國商業月報》1920 年第 11 期
			黎景夏〈送存甘詞長之滬並次留別香江舊侶原韻〉（組詩）	
			劉叶公〈送存甘詞長之滬並次留別香江舊侶原韻〉（組詩）	
			陳素公〈送存甘詞長之滬並次留別香江舊侶原韻〉（組詩）	
			黃寶儇〈日兵犯境走難香江劫後家園頓為禾黍感成此絕寫寄吳清伉儷〉	《拒毒月刊》1932 年第 56 期
		五律	李其禮〈贈別通一禪師之香江十首〉	《人海燈》1935 年第 2 卷第 20 期
		七律	呂繼達〈香江放洋（七月廿七早由香港啟行往安南）〉	《鑄強月刊》1921 年第 5 期
			肖汾〈辛未除夕亂中送別培礎寶儇香江〉（二首）	《拒毒月刊》1933 年第 62 期
			柳亞子〈香港戰事詩四首〉	《文化雜誌（桂林）》1942 年第 2 卷第 6 期

(續上表)

地景	文體類別		作者和作品名稱	報刊名稱和刊期
太平山	古體詩		歐陽寶鑒〈重陽日登香港太平山〉	《虞社》1933 年第 200 期
	近體詩	七絕	李思純〈香港太平山〉	《學衡》1923 年第 21 期
			王蓴農〈登香港太平山（二首）〉	《黃埔生命》1930 年第 2 期
		七律	陳菊衣〈和曹聰泉九日登太平山韻〉	《南社湘集》1924 年第 1 期
			范錡〈薄暮登香港太平山〉	《文學雜誌（廣州）》1933 年第 6 期
	詞		王蓴農〈如此江山〉	《華僑雜誌》1913 年第 2 期
宋王臺	古體詩		海濱〈遊九龍宋王臺〉	《新大聲雜誌》1935 年第 1 卷第 6 期
			疢齋〈宋王臺同海濱翼群夫婦〉	《青鶴》1935 年第 3 卷第 7 期
	近體詩	七絕	壽珊〈宋皇台弔古〉	《大道（南京）》1936 年第 6 卷第 5 期
			郭灝如〈春節後二日遊宋皇台〉	《竹秀園閱報：復興版》1949 年第 17 期
		五律	李景康〈奉陪荔坨師編修登九龍宋王臺秉訪厲人方伯山居（二首）〉	《香港大學博文雜誌》1919 年第 1 期
		七律	蕭存甘〈次鄭君璞戊午二月偕學生遊宋王臺元韻〉	《中國商業月報 1918 年第 6 期
			蕭存甘〈次鄭君璞戊午八月偕學生再登宋王臺元韻〉	
			李景康〈遊九龍宋王臺寄蘇選樓茂才〉	《香港大學博文雜誌》1919 年第 1 期
			潘小磐〈刦後重過宋王臺故址〉	《崇正會刊》1946 年復刊 2
	詞		陳菊衣〈齊天樂·秋日登宋王臺〉	《南社湘集》1936 年第 6 期
青山禪院	近體詩	七絕	關礎君〈遊青山寺有感〉	《廣州大學校刊》1940 年第 14 期
		五律	鄭樓〈與果伯佛樓敘五及達權侄同遊青山寺〉	《民鋒》1940 年第 2 卷第 17 期

（續上表）

地景	文體類別		作者和作品名稱	報刊名稱和刊期
望夫石	古體詩		畹九〈望夫石〉	《小說叢報》1916 年第 3 卷第 1 期
			張幽齋〈望夫石〉	《學生文藝叢刊》1926 年第 3 卷第 6 期
	近體詩	七絕	錦君〈望夫石〉	《培正青年》1926 年第 5 卷第 8 期
			王少雲〈望夫石（三首）〉	《虞社》1937 年第 277 期
		七律	魏克循〈望夫石〉	《南風》1924 年第 87 期
			阮超舉〈過沙田望夫石〉	《潭岡鄉雜誌》1936 年第 17 卷第 2 期

　　文人選擇傳統抒情中的典範性文體，由古體詩到七絕與七律，延續這些優秀的韻文。他們採取更接近生活口語的七言，抒寫「香江」和宋王臺，在變動的時代中，表達個人對社會、歷史、身份等細膩複雜的情感，又創造現代人的傳統思想與時代精神。

(二)「建議篇章」與香港傳統抒情文體的關係

　　這些作品作為「文字材料」，具有「豐富的語言、文學、文化學習內涵」（教育局課程發展處，2021，頁 1）。寫作範圍既傳統又廣泛，如送別、贈題、唱和、歌行、口占、訪友等，傳承文人藉助詩歌雅集，抒發情思的傳統文化（表四）。

表四：香港傳統抒情文體中七絕、七律的主題（本文作者整理）

品德情意	主題	「香江」	太平山	宋王臺	青山禪院	望夫石	小計
(A)	懷（返）鄉	7					7
	閨（哀）怨	6		1			7
	愛情					7	7
	田園	4					4
	隱逸		1	1	3		5
	孤寂	1					1
(B)	離別	10					10
	詠物	1					1

（續上表）

品德情意	主題	「香江」	太平山	宋王臺	青山禪院	望夫石	小計
	詠節日	1					1
	詠人				1		1
（C）	從軍	1					1
	征戰（事）	2		1			3
	思國	3	1				4
	愛國	3	1	5			9
	登高	1	2		1		4
	懷古		1	18			19
總計		40	6	26	5	7	84

經過以上的篩選過程，結果發現，文人主要書寫「香江」和宋王臺的地景，而大部分文人選擇七絕和七律的文體。愛國題材貫穿當中，說明在變動中的民國，詩人自覺地繼承詩言志的愛國精神。在傳統抒情文體上，文人能夠表達現代人的「情感結構」（王德威，2011，頁 iv），顯現於傳統抒情文體的認知過程中的審美經驗。文人以詩歌言說離散的心、忠厚的志及不安的情。因此，這些傳統抒情文體承接「建議篇章」中的「心」、「志」與「情」的特質，能讓學生在抒情韻律中獲得語言、情感與審美教育。從品德情意的學習重點上看，我們編排拾級而上的閱讀材料，包括（A）與「香江」、（B）與「香江」及（C）與宋王臺。「香江」書寫中，呈現詩人泛寫香港來表達普遍人生感悟的主題，表達懷（返）鄉、哀怨和離別等情感。宋王臺書寫中，呈現詩人特寫南宋行朝遺蹟，結合歷史興亡與時代亂離，表達懷古、弔古等愛國元素。這些表達方式皆能體現詩人由己及人的中華文化情愫。而主題和文體方面，展現時代變遷中文人的不同表現，都是文人的「共同表達語言」（陳世驤，2016，頁 329），它們能激發個人情感向上，凝聚群體的力量，思考個人與時代的關係。教師自編以上材料作為教學教材，能增強學生在學習過程中的輸入材料，讓學生獲得審美教育。

下文選取配合「建議篇章」的懷（返）鄉和懷古主題，有關「建議篇章」的原文和賞析重點都是取自教育局課程發展處（2021）。

1.（A）與「香江」
以下詩歌可配合〈古詩十九首兩首（行行重行行）〉（〈行〉）的懷（返）鄉主題：

作者和篇目	〈古詩十九首兩首（行行重行行）〉（〈行〉）	呂繼達〈香江放洋〉（七月廿七早由香港啟行往安南）（〈香江〉）	張一麐〈渝港途中雜詩・將至香港〉（〈將至〉）（《天文台》1938 年第 214 期）
原文	行行重行行，與君生別離。相去萬餘里，各在天一涯。道路阻且長，會面安可知？胡馬依北風，越鳥巢南枝！相去日已遠，衣帶日已緩。浮雲蔽白日，遊子不顧返。思君令人老，歲月忽已晚。棄捐勿復道，努力加餐飯！	香江鮮纜思悠然，破浪乘風欲雨天。路繞萬山（香港出日處，眾山環繞，人皆稱為萬山）行色壯，舟經南海俗塵躅。故鄉回首成千里，歲月催人瞬半年（返粵已半年）。奔走寧忘親已老，歸來何日樂林泉。	流離到處便為家，日夕牛羊望遠睞；老去夫妻尤惜別，盼卿沽酒拔荊釵。

〈行〉寫妻子對遠行在外的丈夫的思念，主要特點是採用重疊反覆地對「君」傾訴的語調，章法的層疊與語調緊密配合。〈香江〉和〈將至〉與〈行〉屬同題同調，滲透着個人對遠方親人的思念。〈香江〉和〈將至〉的作者由於思念而流露鄉愁，分別是思鄉而歲月催人老，以及流離別處而夫妻惜別。它們的表達手法與〈行〉相似。〈香江〉的「路繞萬山行色壯」、「故鄉回首成千里」，〈將至〉的「流離到處便為家」、「老去夫妻尤惜別」，都是轉化自〈行〉的「相去萬餘里，各在天一涯」。因為詩人與至親別離，語調飽含跟對方傾訴之意，預期重聚之樂。「歸來何日樂林泉」、「盼卿沽酒拔荊釵」，都是勉勵語，表達方式與〈行〉的末二句異曲同工。

2.（B）與「香江」

以下詩歌可配合王勃〈送杜少府之任蜀州〉（〈送〉）的離別主題：

作者和篇目	王勃〈送杜少府之任蜀州〉（〈送〉）	黎瓔〈寄梅姑娘香港〉（組詩）（〈寄〉）（《萬象》1943 年第 2 卷第 10 期）
原文	城闕輔三秦，風煙望五津。與君離別意，同是宦遊人。海內存知己，天涯若比鄰。無為在歧路，兒女共沾巾。	燈火天涯一夢遙，可堪笑語記清宵；近來擅灑傷時淚，又為離人湧似朝。 何事片心鬱不開，欲從一檋息風雷？遙知天半笙歌夜，亦有月明故國哀。 鏡盟釵約並時空，何處樓台向好風？自是書生無福澤，銷魂祇在黯然中。 雲水蒼茫問此征，至今情味未分明；春朝啼鴃秋宵雨，都化相思欲絕聲。 （三十年初秋作）

在中國古代，寫離別的詩非常多，大都充滿悲傷的情調。〈送〉卻奮發昂揚，在眾多的別離詩中別具一格，既寫出了與友人的深厚情誼，也抒發了曠達豪邁的胸懷。但〈寄〉採用常見的離別詩筆法，用語比較悲沉而直接，如「離人」、「心鬱不開」、「黯然」、「蒼茫」等。〈寄〉與〈送〉屬同題異調，在師友之情中，流露人生多離別的普遍情況。二詩在送別和寄贈友人之中，表達不同的離別情懷，但同樣展示深厚的情誼，適合比較閱讀或主題閱讀。

3.（C）與宋王臺

以下詩歌可配合李煜〈虞美人（春花秋月何時了）〉（〈虞美人〉）思念故國的主題，也可配合杜甫〈唐詩三首（登樓）〉的感慨前事：

作者和篇目	李煜〈虞美人（春花秋月何時了）〉（〈虞美人〉）	李景康〈遊九龍宋王台寄蘇選樓茂才〉（〈遊九龍〉）	杜甫〈唐詩三首（登樓）〉
原文	春花秋月何時了？往事知多少！小樓昨夜又東風，故國不堪回首月明中！ 雕闌玉砌應猶在，只是朱顏改。問君能有幾多愁？恰似一江春水向東流！	危厂孤棧倚天開，南渡衣冠亦可哀。不道景靈花草遍，只今衰草上高台。西風曾逐馬蹄驕，遺事千年恨未消。帝子不歸秋寂寞，隔江絲雨送南朝。	花近高樓傷客心，萬方多難此登臨。錦江春色來天地，玉壘浮雲變古今。北極朝廷終不改，西山寇盜莫相侵。可憐後主還祠廟，日暮聊為梁甫吟。

〈虞美人〉寫的是作者李煜在囚時，思念故國，以及壓抑不住的深深愁懷。〈遊九龍〉與〈虞美人〉屬同題同調，但作者的身份有異。李煜是亡國的主角，親身歷盡國家的興亡，李景康是讀者，想像南宋行朝的悲壯過程，但二人同樣表露家國之情，感慨歷史興亡。

〈遊九龍〉也可配合杜甫〈唐詩三首（登樓）〉的感慨前事。〈登樓〉借登樓所見感慨時事。題為「登樓」，而登樓所見遠遠超出視野之外：花近高樓使人傷心，是因為春光再度，而詩人依然客居在外。〈遊九龍〉借登台所見想像南宋行朝播遷的過程。題中所見是寄友人蘇澤東，因蘇氏是香港第一部文人雅集《宋台秋唱》的編選者，二人寓居香港之際，跨越時空感慨前事，同樣在動盪的民國初年登臨宋王台，心情不言而喻。他們的感慨與杜甫的情懷是一致的，都是超出眼前可視之物，加入文化記憶，想像前朝的歷史。

趙扶生〈民國六年十二月二十二日冬至偕二小兒登九龍宋王台懷古七律二首〉（〈民國六年〉）（《青年進步》1918 年第 11 期）可與〈遊九龍〉進行比較閱讀，其詩云：

其一

扶幼登高萬嶽低，那堪顧盼路東西。

廿年再到欣頑健，百里重來拂舊題。

天地無情鬢髮換，風雲多故海天迷。

英雄自古須磨礪，舞劍何容學嬾穌。

其二

宋王已去臆臺空，觸目傷心感慨同。

厓海璽沉蜑雨冷，村墟木落竈煙籠。

千秋古蹟留天外，八面青山入畫中。

宇宙茫茫悲往事，竭勝浩歎氣成虹。

二詩顯示同代文人書寫相同地景的異同，屬同題同調之作。〈民國六年〉中的「宋王」、「厓海」、「璽沉」等用語，與〈遊九龍〉中的「危厓」、「孤棧」、「帝子」等用語，同樣融入歷史想像，勾勒歷史事件，分別直接抒發「悲往事」和「千年恨」的情懷。

綜合上述結果分析，通過「建議篇章」及品德情意的學習重點的設定，我們能夠清楚地體現香港傳統抒情文體作為閱讀材料的可能性，期以拓展學生的閱讀廣度和深度。同時，這些可能的閱讀材料能回應多份教育文件所重視的文言篇章，豐富學生的學習內容。

五、討論與建議

基於上述韻文體的研究結果顯示，文體和主題都是重要的學與教元素。教材論相關文獻的學者強調運用有意義、有組織的教材來促進學習。於此可見，調適材料（materials adaptation）是建立閱讀教學材料的核心步驟。調適可包括減少、增加、刪掉、增潤和補充材料，以提高學習者最大的學習價值（Tomlinson, 2011, 頁 xiv）。這裏所指的調適，是指中文組教師與校內的資訊科技組合作，調整資料作為補充材料。首先建立基本的資料素材庫，如以研究結果的表三為基礎，編成有系統的「香港早期傳統抒情文學資料庫」（資料庫），內容應有地景分類、文體類別、原文、主題、賞析重點、品德情意學習重點等。教師可因應教學需要，系統地評估資料庫的詩歌與學習目標的關係，組織篇章主題、文體形式等。根據學習階段或學生能力，讓學生自由連

結有關資料庫的詩歌原文，提升他們自主學習的能力。教師可讓學生掌握如何運用資料庫，進行有目的的詩歌閱讀計劃，糾正目前語文教育普遍存在的「讀書少」的弊病（溫儒敏，2016）。因應學校條件，進一步以研究結果的表二、表四為基礎，擴大資料庫的內容和功能，加入圖像材料，如香港早期地貌、地景圖片、歷史檔案等，也可引入其他文字材料，如歷史資料、地理知識、人物故事等，實現跨學科學習，拓展學生的閱讀層面。

香港早期的抒情文體能銜接傳統詩歌常見的主題，包括鄉愁詩、離別詩、黍離詩、答還詩、送別詩等，能成為「建議篇章」及其他文言篇章的教學材料，適合（自讀）教材中的比較閱讀或課外延伸閱讀，縱向發展抒情主題的情意，如古今離別詩的異同等。「香江」鄉愁詩、黍離詩中，運用歷史檔案資料、圖片、影視片段與文字共同呈現作品的主題，適用於五分鐘的課題引入，或課後討論，加深學生理解現實社會中亂離的情感。香港傳統抒情文體作為（自讀）教材的設計，也可配合其他文言篇章的主題，擴大其應用範圍。講授陳子昂〈登幽州臺歌〉這類登臺懷古作品時，教師加入宋王臺或太平山的作品，展現異代文人通過文學作品再現記憶和想像，加深學生認識和理解中國詩歌其內在本質與情感力量（陳世驤，2016）。再如，教授文天祥〈正氣歌並序〉這類民族詩時，教師聯繫宋王臺作品中弔宋末二王，在詩歌歷史情懷的「文化」上，傳承民族文化與時代精神。

綜合上述，從開放多元化教學材料上看，教師靈活運用或調整這些詩歌資源作為引導情境式學習，注重培養學生的情意、審美等文學教育，提升他們鑒賞、評價、反思古詩詞篇章等能力。開發報刊中的香港傳統抒情文體成為閱讀教材，只是教學工具的例子，並不等於課程。中學生學習文言篇章的機會大增，本研究的思路主要是利用學生熟悉的香港地景作為教學材料，聯繫他們的生活經驗及所學的文言篇章（課程發展議會，2017），結合韻文的特點，善用情意和審美教育推動文學教育，增強他們理解文言篇章的能力，擴大閱讀文言篇章層面至民國時期。

六、結論

「建議篇章」重視語言、文學和文化學習的內涵，以此作為構建教材的框架，能突出傳統抒情文體所蘊含的中國文學的特質，落實教育局課程發展的方向。在中文閱讀教學中，教師善於選用它們，能滋養學生的品德情意，通過鑒賞作品來反思人文價值。再者，教師再配合品德情意的學習重點，則能有系統地組織校本教材，開闊學生

的閱讀視野，為語文教育增添多樣性的教學材料。然而，香港傳統抒情文體的文學價值，遠遠低於「建議篇章」及其他文言篇章，因此要教師適度編選運用或編製合用的校本閱讀教材，相信仍有不少調適的工作。本文期待教師善用香港文學遺產，選取合用的地景作品，讓學生以「情」引「心」繫「志」，建立正確的價值觀。由於篇幅、經費和人力所限，本研究只選取了韻文體，若能擴大至散文體，編製成網上資料庫，相信能為語文教材設計與研究作出些許的貢獻。

參考文獻

陳世驤（1972）：《陳世驤文存》，台北：志文出版社。

陳世驤著，高文萱譯，陳國球校訂（2016）：〈中國文學的文化內涵〉，《東亞觀念史集刊》，10，327-369。

教育局課程發展處編訂（2021）：《中國語文課程——建議篇章》，檢自 https://www.edb.gov.hk/tc/curriculum-development/kla/chi-edu/recommended-passages.html，檢索日期：2022.4.1。

課程發展議會編訂（2017）：《中國語文教育學習領域課程指引（小一至中六）》，檢自 https://www.edb.gov.hk/attachment/tc/curriculum-development/kla/chi-edu/curriculum-documents/CLEKLAG_2017_for_upload_final_R77.pdf，檢索日期：2022.4.1。

課程發展議會編訂（2021）：《中學中國語文建議學習重點》，檢自 https://www.edb.gov.hk/attachment/tc/curriculum-development/kla/chi-edu/SEC_LO_2021.pdf，檢索日期：2022.4.1。

課程發展議會與香港考試及評核局聯合編訂（2021）：《中國語文課程及評估指引（中四至中六）》，檢自 https://www.edb.gov.hk/attachment/tc/curriculum-development/kla/chi-edu/CHI_LANG_CAGuide_2021.pdf，檢索日期：2022.4.1。

上海圖書館編製（2011）：《中文期刊全文數據庫》（1911-1949），檢自 https://www-cnbksy-com.ezproxy.lib.hkmu.edu.hk/，檢索日期：2022.2.1。

王德威（2011）：《現代抒情傳統四論》，台北：台大出版中心。

溫儒敏（2016）：〈「部編本」語文教材的編寫理念、特色與使用建議〉，《課程‧教材‧教法》，36（11），3-11。

Dewey, J. (1916). *Democracy and Education: An Introduction to the Philosophy of Education*. Ed Tech Books.org.

Dewey, J. (1938). Experience and Education, in L. Hickman (Ed.). *The Collected Works of John Dewey, 1882-1953* (Electronic ed., LW13, pp.3-63), InteLex, Charlottesville.

Harwood, N. (Ed.) (2010). *English Language Teaching Materials: Theory and Practice,* Cambridge University Press, Cambridge.

Islam, C., & Mares, C. (2003). Adapting Classroom Materials, in B. Tomlinson (Ed.), *Developing Materials for Language Teaching* (pp.86-100), Continuum, London.

Jolly, D., 8c Bolitho, R. (2011). A Framework for Materials Writing, in B. Tomlinson (Ed.). *Materials Development in Language Teaching* (2nd ed., pp.107-134), Cambridge University Press, Cambridge.

McGrath, I. (2002). *Materials Evaluation and Design for Language Teaching* (2nd ed.). Edinburgh University Press, Edinburgh.

Tomlinson, B. (Ed.) (2008). *English Language Teaching Materials: A Critical Review*. Continuum, London.

Tomlinson, B. (2011). *Materials Development in Language Teaching* (2nd ed.). Cambridge University Press, Cambridge.

Wachob, P. (2006). Methods and Materials for Motivation and Learner Autonomy. *Reflections* on *English Language Teaching*, 5(1), 93-122.

A Study of Hong Kong's Traditional Lyrical Style in Newspapers and Periodicals of the Republican Era as Teaching Materials：Using the 'Suggested Texts' of the Chinese Language as the Framework[*]

CHEUNG, Yin Chu

School of Education and Languages,
Hong Kong Metropolitan University

Abstract

This paper takes the "Suggested Texts" of the Chinese Language as the construction framework. It discusses the design and application of Hong Kong's traditional lyrical style in newspapers and periodicals during the Republican era (1911-1949) as reading materials for secondary schools. It designs "Individuals" (A), "Relatives, teachers, and friends" (B), and "Groups, countries and the world" (C), which are the critical points of moral and affection learning for teachers' reference. Through classification and comparison methods, we collect and organize traditional lyrical style writings about Hong Kong landscapes from the *Chinese Periodicals Full-text Database (1911-1949)*. The literary and cultural connotations of the "Suggested Texts" are integrated into the relevant literary styles as reading materials. The study's results found that the literati used an ancient lyrical style to write about the

---

* The work described in this paper was partially supported by the Hong Kong Metropolitan University research grant (Project Ref. No. PFDS/2021/02).

iconic landscapes of Hong Kong. In addition, their works penetrate history, literature, culture, and other phenomena. Reading materials are arranged at the level of moral and affection learning, including (A) and "Hoeng Gong", (B) and "Hoeng Gong", and (C) and Sung Wong Toi, reflecting the Chinese culture of giving and receiving from oneself to others. This paper suggests that teachers should pay attention to their representativeness when compiling teaching materials, establish positive values for students, and connect with current classical texts. The text can be adapted to current classical Chinese reading materials.

Keywords   Newspapers and periodicals of the Republican era, Hong Kong traditional lyric style, Chinese Language, "Suggested Texts", Reading materials

廣府文化資源融入大灣區
語文教育路徑研究

澳門科技大學國際學院

鄭冬瑜*

摘要

　　大灣區包含香港、澳門及珠三角九市，同屬廣府地區，地域相近；承襲廣府文化，文脈相親。廣府文化資源融入灣區語文教育，有助於整合灣區文化歸屬力量，實現灣區內青少年文化認同的「最大公約數」，形成以廣府文化為聯結紐帶的文化合力，增強灣區文化軟實力，深化灣區文化共同體理念，推動「人文灣區」的建設與發展。廣府文化資源豐富，從地域特色和大眾認可度兩方面綜合考量，選取語言、飲食、藝術和信俗作為最具代表性的地域文化資源進行開發利用。具體到語文教學中，以粵語詞彙、涼茶文化、粵劇表演和媽祖信俗作為語文教學資源，探尋廣府文化融入語文教育的路徑。

關鍵詞　　廣府文化資源　灣區　語文教育

一、引言

　　大灣區是由港澳兩個特別行政區和珠三角九市組成的區域內城市群，灣區內的語言情況較為複雜，既有國家通用語言普通話，也有日常交際常用粵方言，還有在香港作為正式語言的英語，在澳門作為正式語言的葡語。灣區內多種語言政策和語文教育並存，語言政策上香港推行「兩文三語」，澳門推行「三文四語」，語文教育上粵澳「普教中」、「粵教中」共存，九市則始終是「普教中」。多種語言政策並行，多種語文教

---

*　鄭冬瑜，澳門科技大學國際學院，聯絡郵箱：2109853gut30005@student.must.edu.mo。

育共存，使得大灣區呈現和諧豐富的語言生活格局。

由於港澳語文教育與內地語文教育相比，在教材、教學內容、教案設計等方面都有其獨特性，學界對港澳的語文教育關注已久。單文經、黃素君、宋明娟（2009）從宏觀視野針對澳門 30 年來課程政策進行理論反思，並對未來澳門課程內容進行預測，認為課程內容將由原來的學術導向，轉而兼重社會情感與多元文化教育，加強愛國主義教育活動，增加對國家與澳門的認識。林暉（2017）聚焦澳門中小學階段「粵教中」語文教育，從語文教育政策、教學語言、學制與語文課程三方面進行全方位考察，最後指出，澳門的語文教育注重文化傳遞，加強地區文化在語文教育中的融合，這對內地具有較好的參考價值。劉恩樵（2020）着眼於澳門初中學段語文教育，對澳門初中語文基本學力和教學設計做了深入探析。以上研究分別對澳門課程政策、語文教育發展和初中語文教育進行梳理和反思，動態描述了澳門語文教育的發展。王聰（2018）通過對 2017 年香港教育局新頒佈的《中國語文教育學習領域課程指引（小一至中六）》與 2002 年香港教育局頒佈的《中國語文教育學習領域課程指引（小一至中三）》的對比研究，總結出香港語文教育所取得的進步，指出香港語文教育授課的目標，有關「提高讀寫聽說能力、思維能力、審美能力和自學能力」這四方面，與內地的語文教育核心素養——「語言結構與運用、思維發展與提升、審美鑒賞與創造、文化傳承與理解」高度契合。郭宇菲（2021）在分析香港語言規劃歷史流變的基礎上，結合當前香港語言生活現狀，探討教育語言規劃中存在的問題，並就此提出改進對策，建議以共同的嶺南文化為紐帶，加強廣東省相關部門與香港教育局的溝通與合作。以上研究成果從歷時的角度介紹了香港「兩文三語」的歷史和現狀，關注了香港回歸 20 年以來語文教育政策新進展。

前人研究成果有助於全面認識港澳語文教育的現狀，通過對港澳與內地語文教育的比較，能更好地推動灣區內語文教育的融合並進。以上成果注意到地區文化融入語文教育的必要性，但僅限於在語文教育相對封閉的系統中對課程政策、考評機制、教學內容進行探索，沒能從粵港澳大灣區戰略發展的要求，認識到語文教育與灣區文化認同之間的聯系。周清海（2014）指出語文教育中的文化和民族認同關係密切，文化問題涉及語文的認同，是不可取代的。在談及華語文教育時，他認為只有在文化和語言方面有共同的核心，才有利於保留共同的文化認同。這為大灣區的語文教育提供了新的思路和研究聚焦點。香港、澳門與珠三角九市同屬廣府片區，承襲廣府文化，地域相近，文脈相親，廣府文化資源轉化為灣區語文教育的教學資源，有助於實現文化認同的「最大公約數」，形成以廣府文化為聯結紐帶的文化合力，推動「人文灣區」的建設與發展。

二、廣府文化資源概述

現代意義上的廣府通指嶺南承載以廣府話為母語的民系所在地,地域主要分佈在珠江流域的西江中下游地區、北江中下游地區和珠江三角洲地區(涉及廣東、廣西、海南、香港、澳門五省區)。廣府文化通指廣府民系的文化,屬粵方言片區的地域文化。廣府文化資源就是廣府地區在社會歷史發展過程中,廣府人民創造的具有地域特色的物質財富(如建築、器具、飲食)和精神財富(如藝術、風俗)的總和。

廣府文化資源豐富,應基於地域特色和大眾認可度,選取合適的內容轉化為灣區語文教學資源。語言是人類日常表達工具,飲食是人類最基本最重要社會活動,藝術和信俗則是人們生活狀態的社會反映,以上四個領域能夠集中體現地域文化特色,並且在民眾中的熟識度相對較高,因此可以從中選擇最具代表性的文化因數。粵方言在大灣區的語言生活中具有天然的主導性地位,流通範圍廣;涼茶作為粵、港、澳地區的傳統飲品,為灣區居民所熟知並流行於日常生活中;粵劇作為傳統戲劇,流行於粵港澳,由三地聯合申報成為世界級非物質文化遺產;媽祖是灣區最受敬仰的海神,媽祖信俗在灣區有廣泛的民眾基礎。以粵語詞彙、涼茶文化、粵劇表演和媽祖信俗作為灣區語文教學資源,探究廣府文化如何融入灣區語文教育,不僅為語文教育搭建「綜合性」學習的平台,同時促進灣區青少年對廣府文化的深度瞭解,增強對灣區的文化認同。

(一)粵語

語言是最具活性的文化載體,是記載人類歷史和文化現象的最重要工具。粵語是廣府地區的通行方言,俗稱廣府話、白話,因以廣州語音為標準音也被稱為廣州話。粵語歷史悠久,素有古漢語「活化石」的美稱,是長期文化融合的結果。粵語既有南越族語和中原古漢語成分,也有壯侗語和苗瑤語成分,同時吸收了大量海外詞彙。作為大灣區流通的主要方言,粵語兼具工具屬性和文化屬性:既承擔社會交際工具的職能,也承擔傳承地域文化和民情習俗的功能,是廣府地域文化最重要的組成部分。

(二)涼茶

作為廣府飲食文化的典型代表,涼茶文化在粵港澳三地具有悠久的歷史和廣泛的民間認可度。由於廣府地區多雨濕潤,人體內濕氣沉滯,因此廣府居民以中醫理論為指導,經過長期的摸索與實踐,研製出具有清熱解毒、排滯祛濕的中藥飲品,並將之應用於日常飲食中。2006 年廣東涼茶入選第一批國家級非物質文化遺產名錄,2017

年和 2019 年，香港和澳門分別將涼茶列入非物質文化遺產名錄。涼茶成為粵港澳三地共同的飲食文化符號，也是廣府飲食中最具地域特色的文化品牌。

（三）粵劇

粵劇，又稱大戲、廣東大戲，以「南國紅豆」享譽海內外。其聲腔以棒子、二黃為主，兼有高腔、昆腔牌子、粵語民間說唱（南音、龍舟、木魚）和小曲雜調。其地域特色發軔於 18 世紀初，19 世紀中越趨明顯，至 20 世紀 30 年代發展成熟，是數百年間各省戲班和聲腔在兩廣地區交融互滲並逐漸當地語系化的結果。粵劇不僅流行於兩廣地區，也隨着人口的流動，流行於香港、澳門等地。廣東省已有的聯合國教科文組織公佈的 4 項人類非遺代表作名錄項目，粵劇名列其中。2017 年，香港康樂文化事務署公佈首份「香港非物質文化遺產代表作名錄」，共包涵 20 個項目，其中就有粵劇。2020 年，澳門文化局更新非物質文化遺產清單，8 個國家級非物質文化遺產代表性項目，粵劇佔有一席之地。粵劇活躍在廣府地區，是廣府人日常文化生活中的重要組成部分，在宗族慶典、重大節慶和祈福儀式中，粵劇都是不可或缺的文化儀式，成為廣府族群共同的文化記憶。

（四）媽祖信俗

自古廣府片區瀕臨南海岸線，早在百越時代，就「陸事寡而水事眾」，先民以海為生。在珠海、高要等地陸續發現古越人捕魚的石錨和由貝、蚌、蠔堆積而成的牆壁遺址。自秦漢以降的海上絲綢之路時期，廣府諸港口廣州、澳門、香港、珠海開始了與海外國家的貿易往來，成為中國與海外通商交流的必經之路。廣府地區海神信仰歷史悠久，有觀音、北帝、龍母、媽祖等。海神中，地位最為尊崇、信眾最為廣泛的當數媽祖。廣東地區現存的媽祖宮廟有 100 多座，粵東、粵中、粵西、粵北都不同程度分佈着媽祖宮廟。香港目前現存媽祖宮廟 120 多座，散佈在坪洲、長洲、赤柱、銅鑼灣、佛堂門、鯉魚門等地。僅就數量而言，天后宮在香港地區民間信仰中一騎絕塵，其他信仰無法望其項背。澳門媽祖文化歷史淵源深厚，且世代傳承，歷久彌新。澳門約有 10 座供奉媽祖的廟宇，始建於明代的媽閣廟是澳門最重要的供奉媽祖的廟宇，此外，還有澳門半島和路環島的天后古廟、氹仔島的天后宮和關帝天后廟等。2017年，媽祖信俗與哪吒信俗、土地信俗、朱大仙信俗被列入澳門的非物質文化清單之中。其中，媽祖信俗更是成為澳門僅有 2 項國家級非物質文化遺產之一。媽祖宮廟在灣區的分佈足見媽祖信俗在廣府地區有着堅實的民眾基礎。

三、廣府文化資源融入大灣區語文教育的路徑探索

王寧（2016）認為，語文課程是一門按照漢字和漢語的特點，教師引導學生在真實的情境中學習和應用母語的語言實踐活動，通過母語的運用，有原則、有選擇地繼承傳統文化。課程兼具綜合性和實踐性，旨在培養學生的言語經驗和言語品質；思維方法和思維品質；基於正確價值觀的審美情趣和文化感受能力。以上四個方面，就是語文核心素養的四大組成部分。因此，語文教育的功能，就是在語文內容的教學實踐中培養學生的核心素養，實現學生的全面發展。核心素養的四個組成部分並非單獨施行，分別實現，而是在實際的語言教學實踐中綜合推進。《義務教育語文課程標準（2022 年版）》（以下簡稱《標準》）在「課程資源開發與利用」中指出，語文課程資源既包括日常生活資源，也包括地域特色文化資源，要整合區域和地方特色資源，設計具有區域特色的語文實踐活動，增強語文課程內容的豐富性和課程實施的開放性。因此在探索廣府文化資源融入大灣區語文教育的路徑時，要基於語文學科本身的課程特點和語文課程實施的實際要求，形成文化資源與教材、教案和教學的全方位融合。

（一）深入研析語文教材內容，合理轉化廣府文化資源

教材是開展教學活動的依據，是語文教育的教學資源載體。《標準》明確提出，教材在合理安排基本課程內容的基礎上，應關注不同區域教育實際，給地方、學校和教師留有調整、開發的空間。灣區語文教材應基於大灣區多語多文的語言生活和多元文化交匯共存的社會形態，深度挖掘廣府文化資源並進行合理轉化，為廣府文化資源融入灣區語文教育提供切實的教材資源支撐。通過教材彰顯灣區獨特的文化魅力，塑造灣區人文精神內涵，推進中華優秀傳統文化的傳承與發展。

1. 明確教材編寫理念，組建粵港澳教材編寫團隊

編寫理念是教材編寫的指導思想和理論依據，它從頂層設計上直接決定了教材編寫的方向。立足粵港澳大灣區背景，結合培養學生語文核心素養的目標，教材編寫理念應遵循兩個原則：首先，教材要突出中華文化作為母體文化在語文教學中的重要作用，注意吸收廣府文化、港澳文化和外國文化精髓，培養學生的本土情懷、國際視野和跨文化意識，增強學生對灣區文化的深度瞭解與認同。其次，教材編寫應考慮組建粵港澳三地的語文教師團隊，充分討論，共同參與到教材的編寫中。結合三地語文教師的教學經驗，對粵港澳語文教材進行比較，以此為基礎，確定三地在文化上的最大公約數。廣府文化資源融入語文教材的最終成果，應是教材整體既有助於學生築牢中

華民族共同體意識，樹立文化自信，又具時代特點和現代意識，內容上能體現粵港澳大灣區特色，實現以地域文化為媒介促進學生的文化認同與傳承的目標。以澳門第一套自主編寫的教材《中國語文》為例，該教材由澳門教育暨青年發展局主導，由粵港澳教育人士合作編寫，以澳門課程標準為依據，在編寫理念上立足語文學科核心素養的整合，突顯中華文化傳承，關注到澳門本地特點，相容多元文化，為灣區語文教材傳承中華優秀傳統文化、實現文化認同提供了很好的借鑒。

2. 教材選文適當凸顯地域特色

教材編排結構上，應將語言表達、知識傳授和文化教育作為整體在教材中呈現。選文着重整合區域特色文化資源，適當增加體現廣府文化的內容，注重經典性、時代性的同時，適當凸顯地域性。可以考慮從學生熟悉的日常語言表達和生活場景，延伸到廣府文化的地域特質。例如粵語童謠、粵劇唱詞均可考慮作為拓展閱讀教材選入。以粵語童謠《落雨大》為例，「落雨大，水浸街，阿哥擔柴上街賣，阿嫂出街着花鞋，花鞋花襪花腰帶，珍珠蝴蝶兩邊排。排排都有十二粒，粒粒都係解放牌。」這首童謠道出了嶺南雨季長、降雨多的氣候特點和下雨時街道漫水的場景，內容非常具生活氣息，能藉助日常場景引發學生情感共鳴，引導學生在作文寫作時注重觀察身邊生活現象，發現並提煉寫作素材。在語音方面，以粵語發音的大、街、賣、鞋、帶、排、牌中的 [ai] 為韻腳，仄平相間，抑揚有致，環環相扣，迴旋反覆。聲韻和諧，節奏明快，琅琅上口，極富有音韻節奏美感，很好的展現粵語童謠押韻特色。又例如粵劇《帝女花》的唱詞：「孤清清，路靜靜，呢朵劫後帝女花，怎能受斜雪風淒勁。滄桑一載裏，餐風雨續我殘餘命。駕鴛鴦劫，避世難存塵俗性，更不復染傷春症。心好似月掛銀河靜。身好似夜鬼誰能認。劫後弄玉怕簫聲。說甚麼連理能同命。」唱詞中既有「呢朵劫後帝女花」、「身好似夜鬼誰能認」、「說甚麼連理能同命」這般口語化通俗化的方言土語，也有「斜雪」、「淒風」、「銀河」、「簫聲」等典雅意象，具有很高的藝術鑒賞價值，體現了粵劇雅言俗語共存的語言特點。

（二）精心設計語文教學方案，融入廣府文化資源

教學方案的設計中應結合學生的學習階段、具體的教學內容與教學條件，把廣府文化資源有機融入教學方案的設計之中，將家國情懷教育、人格修養教育的目標與語文知識學習和能力培養目標結合起來。可以嘗試設計學習任務群，根據不同學段有梯度地開展語文教學，基礎的任務包括課文閱讀、語言積累、語言知識點掌握，中級任務以研習為主，包括拓展閱讀、語言表達、文學鑒賞、經典研習；高級階段以研討形

式，開展專題研討，如傳統文化專題、跨文化專題、文學作品專題等。

以「水族詞」為例，在粵方言中，「水」作為一個自由語素，以「水」為構詞語素，形成豐富的與水相關的詞彙。以「水族詞」作為教學點，可根據不同學段學生的理解能力和認知水準進行教學設計。在小學階段，主要以詞彙教學為主，通過「水族詞」的展示和意義的分析，如「水緊」（義為缺錢）、「補水」（義為補差價）、「抽水」（義為賺取佣金）、「豬籠入水道道來」（義為財源滾滾八方來），幫助學生掌握粵語中「水」的基礎義和引申義，初步掌握廣府地區河涌交錯，水道密佈的地貌特徵與粵方言「水族詞」豐富的內在聯繫。在中學階段，可以結合課外閱讀材料，講授粵語「以水喻財」的語言表達，讓學生能理解並正確運用這一表達。在此基礎上，對粵語中「以水喻財」的語言現象進行較為深入的分析，由此引申至廣府地域心理的「親水情結」。高中階段，可以將「親水情結」結合廣府海洋文化作為專題展開，以歷史上的海上絲綢之路切入，讓學生在課堂進行研討，分析廣府社會重海、重商、重利的文化心理和廣府人民勇於拚搏、開拓進取的品格特徵之間的內在關聯。結合當下「一帶一路」倡議的現實背景，理解粵港澳大灣區作為國家發展戰略的重大意義和灣區的發展目標。

媽祖信俗與語文教學的結合，也應由淺及深，逐層遞進。在小學階段，媽祖傳說可作為課外閱讀材料，讓學生從媽祖文化的「立德、行善、大愛」中得到啟發，引導學生形成向善積極的道德品格。在初中階段，以媽祖信俗為主題，讓學生在研習中嘗試提煉媽祖信俗的文化內涵，如勇敢、開放、包容、善良、堅韌等，通過對媽祖廟的匾額、楹聯、壁畫、碑刻等物質文化遺產中的語文文字如「海國安瀾」、「慈航普渡」、「安瀾利運」的解讀，理解其中蘊含的中華文化精神。高中階段則以培養學生的思維能力為主，讓學生對國內、海外、港澳不同區域的媽祖信俗進行對比，從建築風格、節慶儀式、傳播途徑等不同維度，深入比較各地媽祖信俗的異同，並思考媽祖信俗作為一種中華文化現象，其凝聚力從何而來？媽祖信俗的文化內涵為何具有普適性？在港澳台地區和海內外，如何發揮其文化紐帶作用？

（三）豐富課堂教學活動，激發學生學習興趣與內在情感

課堂教學應遵循學生的認知規律、遵照語文學科的特點，探索廣府文化與語文教學活動的有機融合，開展豐富多樣的語文教學活動，如誦讀品析、交流討論、表演展示、探尋研究等，讓學生參與其中，在實踐活動中激發學習興趣與內在情感。

1. 誦讀品析類

由於粵語保留着中古語音，吟誦詩詞時具有先天優勢，抑揚頓挫，極具聲律之

美。在學習古詩詞時，可以先由教師範讀，學生傾聽，隨後老師帶讀，學生跟讀，最後讓學生獨立誦讀。在這個過程中，通過教師範讀、學生跟讀能夠有效糾正部分字詞發音，讀準詩詞作品中的書面語用字、生僻字。學生在多次誦讀中，能加深對詩詞的記憶與理解，直觀體驗押韻的韻味，通過音律的起伏變化去感受古人創作時的心境。例如，柳宗元《江雪》：「千山鳥飛絕，萬徑人蹤滅。孤舟蓑笠翁，獨釣寒江雪。」詩中第一、二、四句末字「絕」、「滅」、「雪」押入聲韻，入聲的完整保留，使得粵語誦讀更能體現音韻的美感，韻腳一觸即收的塞音，傳達了詩人內心的鬱悶與苦惱。粵語口語中保留了古漢語單音節詞，如「衫」（衣服）、「行」（走）、「食」（吃）、「飲」（喝）等，這些單音節詞同樣出現在古詩詞中，如「座中泣下誰最多，江州司馬青衫濕」、「山一程，水一程，身向榆關那畔行」、「碩鼠碩鼠，勿食我黍」、「欲飲琵琶馬上催」，這些詩詞用粵語朗讀，能從語義上幫助加深對古漢語單音節詞的理解。以廣州五羊命名的五羊小學，就以越秀區的「廣府文化進校園」之名邀請著名廣府文化學者饒原生從《學粵語，幾盞鬼（萌萌噠）》粵語推廣課開始，開展不同類型的粵語實驗課程，走上了探究在小學階段開展粵語教育之路。

2. 交流討論類

交流討論類活動，目標主要是培養學生的語言表達能力，讓學生學會查找運用資料，在與他人的合作中，共同探討、分析、解決問題。涼茶文化既是中華優秀傳統文化的組成部分，也是廣府飲食文化的代表，可以將涼茶文化作為課程主題，以涼茶相關的民間故事、歷史故事為載體，圍繞涼茶的定義、起源、種類、發展歷程和現狀等，根據不同學段的特點，組織學生進行交流討論，開展教學活動。在交流討論中，可以讓學生自選與涼茶文化相關的話題，如涼茶種類、功效、不同年齡群體對涼茶的認知等進行自由討論，也可以以話題導入的方式，讓學生就涼茶與廣府地域之間的關係，進行有針對性的探討。廣州京師奧園南奧實驗學校，以「新國潮，新涼茶」為主題開展綜合性學習，邀請廉江市同安堂中醫藥文化第六代傳承人講述粵港澳三地涼茶的發展歷史、中國傳統茶文化以及涼茶公司的正常運作與流程等，並現場手把手教導學生們如何配製涼茶，讓學生初步體驗涼茶的功效以及搭配與口味的相關知識等。在此基礎上，採用對分課堂形式，以問題為導向，讓學生分組討論涼茶在現代社會如何創新以適應時代的需求，擴大影響力等問題，繼而形成文字並進行書面彙報。這樣的學習形式能使學生的思維創新能力、寫作能力和語言表達能力得到充分鍛煉。

3. 表演展示類

邀請粵劇名家進校園，以「講演場」、「名家講座」、「體驗館」、「進劇場展演」、「粵劇培訓」、「粵劇考級」等多種形式開展活動，寓教於樂。粵劇表演藝術家對粵劇臉譜、服裝、動作的講解，教師對粵劇中的行話、諺語中廣府文化和語文知識的普及，學生對粵劇表演身段的積極嘗試，形成互動交流場域。例如粵劇行話「七情上面」、「橋唔怕舊，最緊要受」、「米飯班主」等轉化為粵語熟語的理據探究。「七情上面」中「七情」指的是喜怒哀樂愛惡欲。舊時形容粵劇演員面部表情豐富，能夠藝術地表達人物內心的各種感情。現在也用作指一個人表情豐富。「橋唔怕舊，最緊要受」指劇本中好的橋段（故事情節）不怕重複使用，關鍵在於觀眾是否接受。後引申為只要是行之有效的辦法就不會過時。米飯班主舊時泛指僱請戲班的主會和觀眾。後來引申為生活中經濟利益的提供者。通過以上的例子，一方面能讓學生瞭解粵語詞彙的來源多樣性，另一方面也讓學生對粵劇行業內的歷史、典故、運行方式有所認識。廣州朝天小學開展粵劇研學活動，即依託廣州紅線女藝術中心，將研學內容聚焦在當代粵劇紅派藝術，從粵劇名伶紅線女的學藝經歷、藝術成就、個人創立的「紅腔」、代表作品、人物形象等開展「南國紅豆播朝天、粵劇紅派進校園」活動。學生在體驗粵劇的美學價值與語言魅力的同時，對中國傳統戲劇有更多的瞭解，培養學生的審美鑒賞能力，增強其對傳統文化的認同感，堅定文化自信。

4. 探尋研究

課外活動是對語文課堂教學的延伸和補充，教師以教材為依據，在日常生活挖掘語文教學資源，將課本知識與課外活動相結合，能激發學生學習語文的興趣，拓寬學生的知識面並培養綜合的思維方式。充分利用以粵語、粵劇、涼茶文化、媽祖信俗為代表的廣府文化資源，可以讓語文知識在生活中獲得新的生長點。例如以興趣班的形式，組織引導學生就某個有價值的知識點，尋找課外資源，由點到面，力求有更深入的瞭解。以媽祖信俗為例，除了拓展閱讀、課堂討論外，可以組成調研團隊，實地到廣州的南沙天后宮，對天后宮的建築、匾額對聯、慶典儀式進行觀察，考察其中蘊含的文化要素和地域特色；實地觀摩澳門農曆三月二十三日的媽祖誕（天后誕）祭典，體驗媽祖信俗。在觀摩體驗基礎上，就如何加強媽祖文化對年輕群體的吸引力進行研討，撰寫學術論文。而針對涼茶文化，可以選擇走訪涼茶店，與經營者進行交談，瞭解涼茶的製作工藝，與消費者進行訪談，探尋消費者對涼茶的認知，撰寫調研報告。充分利用圖書館、互聯網、社區生活場景、文化場館等，拓展學習資源，增強跨學科學習的綜合性和開放性。教師可以帶領學生主動走出去，前往粵劇藝術博物館、嶺南

方言文化博物館等公共文化空間，充分調動學生參與活動的積極性，在參與過程中學會觀察、思考、交流，培養學生的個性智慧和創新思維方式。

(四) 做好課後教學反思，優化融促路徑

教學反思本質上是一種內省活動，語文教師作為反思主體，把語文教學實踐作為審視觀察的對象，總結語文教學的經驗與不足，深入分析，積極尋找新的教學策略來優化課堂教學。廣府文化資源融入灣區語文教育，課堂教學是其中關鍵一環，如何能將語文知識、文化浸潤和地域特色在課堂教學中作為整體呈現，需要教師通過反思式研究，進一步優化和改善。教師可以進行個體反思，即個人與教學活動進行自我對話，通過教學日記、學生反饋等形式對語文課堂教學效果展開反思。也可進行群體反思，粵港澳三地語文教師應形成教學實踐共同體，以研討會的形式展開反思，對教學方法、教學內容、教學材料進行充分的探討，一篇課文通過群體反思，能實現多樣見解的交流共享，在思維的碰撞中激發深度思考。

四、結語

在「人文灣區」的建設與發展過程中，灣區群體共同的文化記憶，是形成文化認同與灣區歸屬感的基礎。廣府文化的傳統根基，能發揮文化凝聚和文化認同作用，成為灣區文化互動與整合的強大推動力。灣區的語文教育，重在培養灣區青少年的本土情懷和國際視野，強化身份認同。周清海（2000）指出，語文教學國際化和現代化必須以本土化為基礎，加強民族傳統文化教育，藉以樹立民族自尊、自信和自豪感。廣府文化資源融入大灣區語文教育，能實現灣區青少年「最大公約數」的文化認同，促進粵港澳三地教學理念的交流與互補，形成具有灣區特色的語文教育，加強灣區的文化軟實力，為灣區未來的發展積累良好的人才儲備。

參考文獻

郭宇菲（2021）：〈香港「兩文三語」的歷史與現狀〉，《語言生活皮書——粵港澳大灣區語言生活狀況報告》，北京：商務印書館。

林暉（2017）：〈21 世紀澳門語文教育發展述評〉，《開封教育學院學報》，4，頁 172-174。

林暉（2022）：〈文化認同與傳承視角下的澳門新教材《中國語文》，《教育導刊》，2，頁 11-16。

李莉（2021）：〈語文教學中融入中華優秀傳統文化教育的實踐路徑探析〉，《西安文理學院學報（社會科學版）》，03，頁 76-80。

羅麗（2017）：〈紅豆生南國：粵劇與廣府文化〉，《南國紅豆》，頁 2-3。

劉恩樵（2020）：〈澳門初中語文教育述略〉，《語文建設》，11，頁 76-80。

沈慶利、葉枝梅（2015）：〈靈動的中華神——媽祖信仰的中華文化特質透視〉，《文化遺產》，5，頁 92-98。

王紅岩（2007）：〈兩岸四地語文課程檔的比較研究〉，《廣東教育學院學報》，2，頁 62-67。

王寧（2016）：〈語文核心素養與語文課程的特質〉，《中學語文教學》，11，頁 4-8。

王聰（2018）：〈香港回歸 20 年來的語文教育政策新進展〉，《當代教育理論與實踐》，1，頁 9-12。

王傑（2018）：〈「廣府文化」要義說略〉，《湖南社會科學》，3，176-179。

張心科（2017）：〈論語文核心素養及語文教育改革〉，《河北師範大學學報（教育科學版）》，5，100-104。

周穎（2007）：〈「涼茶現象」與嶺南傳統文化〉，《五邑大學學報（社會科學版）》，4，頁 7-11。

周清海（2014）：〈從全球化的角度思考語文教學裏的文化問題〉，《華文教學與研究》，1，頁 49-54。

周清海（2021）：〈從「大華語」的角度談語言融合，語文政治化與語文教學〉，《中山大學學報（社會科學版）》，3，頁 59-64。

Research on the Path of Guangfu Cultural Resources Integrating into Chinese Language Education of Greater Bay Area

ZHENG, DongYu

University International College,
Macau University of Science and Technology

Abstract

The Greater Bay Area comprises Hong Kong, Macao and the nine municipalities of Pearl River Delta , which are all parts of the Canton region and geographically close to each other. The integration of Guangfu cultural resources into the Chinese language education of bay area helps to reinforce the youth culture identity in the bay area. It can be the connecting link of cultural force formed by guangfu culture. The integration can deep the bay area cultural community concept, promote the construction and development of "humanistic bay area" . The Chinese language education in the Bay Area can extract the key cultural factors from the numerous cultural resources of the Canton for development and utilization. In Chinese language teaching, language, diet, art and belief in customs are selected as the entry points. Cantonese vocabulary, herbal tea culture, Cantonese opera performance and Mazu belief in customs are used as teaching resources to explore the path of Guangfu culture integrating into Chinese language education.

Keywords   Guangfu cultural resources, the greater bay area, Chinese language education